'꿈을 나누며, 삶을 아름답게 바라보기'

인생은 강물처럼…

| 서상호 자서전 |

국립중앙도서관 출판시도서목록(CIP)

인생은 강물처럼… : 서상호 자서전 / 지은이: 서상호. --
대전 : 오늘의문학사, 2017
    p. ;   cm

ISBN 978-89-5669-811-3 03810 : ₩15000

자서전[自敍傳]

990.99-KDC6
920.02-DDC23   CIP2017009083

인생은
강물처럼…
서상호 자서전

■ 머리말

　나의 고향에는 섬진강이 흐른다. 흐르는 섬진강은 깊은 상념에 잠긴 채 말이 없다. 포근히 하얀 모래밭을 어루만지고 갯버들에게 이야기를 건네는 모습이 평화롭고 다정스럽다. 조용히 흐르는 강물은 늘 같아 보이지만, 어제와 오늘이 다르고 여름과 겨울이 다르다. 아침 강 안개는 피어났다가 사라지고 고요한 강물도 폭우가 쏟아질 때면 무서운 황톳빛 홍수로 돌변해 두려움에 젖게 한다. 그러다가 언제 그랬냐는 듯 다시 조용하고 적막에 싸여 흐른다.

　한 사람의 인생도 섬진강과 닮아있지 않을까. 지리산 깊은 산골, 그 어디에선가 막 태어난 옹달샘 물은 청년 냇물로 성장하고 장년의 강물이 되었다가 온갖 풍상을 겪으며 본향인 바다로 흘러들어 생을 마감한다. 우리의 삶 또한, 어머니의 생명 자리에서 태어나 청년기를 지나고 굴곡의 삶을 살다가 본향인 자연으로 돌아가는 모습이 매우 닮았다는 생각이다. 이렇듯 살아 있는 모든 유기체는 태어남과 죽음이 반복되는 생명의 순환이 끊임없이 일어난다. 순환이 반복되는 인생에는 많은 삶의 흔적이 있고 사랑이 있고 그리움으로 채색된다.

　나 또한, 지금까지 살아오면서 강물이 여러 변화를 겪듯 구불구불 굴곡진 우여곡절의 삶이었다. 그런 삶의 흔적을 언젠가 기록으로 남기고 싶었다. 어느 날 울산시청 인재개발과에서 퇴직이 가까운 직원을 대상으로 '자서전 쓰기' 교양과정을 개설했다. 고대하던 교육과정이라 몹시 반가웠다.

수업 중 각자 삶의 질곡을 적은 글을 읽어 내려갈 때, 때로는 코끝이 시큰해 왔고, 난관을 헤치고 성장한 글에는 찬사를 보냈다. 삶은 서로 돕고 살아간다는 것, 성실하게 열심히 살다 보면 어떤 행운이 찾아오기도 한다는 것을 알았다. 나 또한, 가슴에 묻어둔 진솔한 이야기를 써서 읽을 때, 쑥스럽기도 했지만, 가슴에 응어리가 쑥 빠져나간 듯해 위안과 치유를 받기도 했다.

　나는 두 딸에게 내 삶의 흔적을 남겨줘야겠다는 생각에 꼭 자서전을 완성하고 싶었다. 완성 시기는 인생의 전반기가 끝나는 퇴직 무렵이었으면 좋겠다는 생각이었다. 그동안 시간이 날 때마다 두 딸에게 내가 걸어온 삶의 흔적이나 인생관·가치관을 들려주곤 했지만, 말로 하는 이야기는 아침 안개처럼 오래 머물지 못했다. 오래도록 아이들 가슴에 남겨주는 것은 글로 된 자서전이라 생각하고, 시간이 날 때마다 적었던 글을 모아 이렇게 완성할 수 있어 기쁘다.

　60여 년 지나온 삶을 자서전으로 쓰기는 만만치 않았다. 오래된 기억을 더듬어 진실하게 쓰는 것이 때로는 고통이었다. 기억이 아삼하면 형님, 누님에게 묻고 친구들과 옛 시절 이야기를 나누면서 회상을 했다. 자서전을 쓰면서 지난 삶을 돌아보게 되고 어머니의 사랑을 다시금 되새겨 보았으며, 형제간의 우애, 척박한 삶의 개척, 아내와의 결혼, 두 자녀의 축복…. 내 삶의 일대기가 주마등처럼 흘러갔다.

나는 이 세상을 떠나기 전 두 딸에게 당부하고 싶은 게 있다. 내가 인생 소풍을 마치고 하늘나라로 간 뒤 추모일이 돌아오면 자서전 한 꼭지를 꼭 읽도록 당부하려 한다. 좋아하지 않는 전이나, 떡, 선어 같은 제사상을 차려 놓고 의례적이고 형식적으로 절하는 추모보다 영정 앞에 좋아하는 돼지 수육 한 접시와 막걸리 한 사발을 차린 소담한 추모상 앞에서 두 딸이 자서전 한 꼭지를 돌려가며 읽고, 촛불을 켜 놓고 지나간 아버지의 사랑과 추억을 되새기며 그리워하는 가슴 훈훈한 시간이었으면 하는 바람이다.

인생의 전반기를 정리한 자서전은 정리했지만, 퇴직 이후 삶을 정리한 2권은 또 언제 나올는지…. 30년 후가 될지, 40년 후가 될지 아직은 모를 일이다. 하지만 1권에서 다 못한 이야기와 제2의 인생을 살아가면서 겪은 이야기를 언젠가 다시 정리해 내 삶을 자서전으로 꽃피우리라.

이 책이 나오도록 자서전 쓰기를 가르쳐준 이남희 강사님, 자서전 쓰기 과정을 개설한 울산시청 인재개발과 관계자, 자서전 완성이 되도록 서로 자극이 되어준 문우들, 수필 쓰기를 가르쳐준 주인석 선생에게 깊은 감사를 드린다. 그리고 무엇보다도 자서전이 완성되기까지 항상 지지해주고 성원해 준, 사랑하는 아내와 두 딸에게 모든 영광과 기쁨을 돌린다.

2017년 3월 봄날에 저자

차례

■ 머리말 • 4

제1부 꿈에도 그리운 시절

생애 희미한 첫 기억 • 13
정겨운 고향 풍경 • 17
섬진강은 흐르고 • 20
어린 시절 살던 정다운 집 • 24
초등학교 시절의 기억 • 29
학교를 마치고 집으로 오면 • 34
친구들과 다정한 시간들 • 39
깡통 차기 • 43
어린 시절 즐거운 놀이들 • 46
명절이 오면 • 51
어머니의 기도 • 55
신나는 외갓집 가기 • 59

제2부 아파야 청춘이던가

어느새 중학생이 되어 • 65
땅벌로 놀려주기 • 69
공부는 교과서로 • 73
한지(韓紙) 말리기의 고통 • 77
이불 속 발맞추기 • 82
간식으로 먹는 고구마 • 86
고사포 소변 • 90
첫 부산 나들이, 기술은 젬병이던 나 • 94
기술학교, 간첩으로 오인 • 98
어머니의 죽음과 가출 • 104

제3부 삶의 꽃도 피어나고

공무원 첫 발령, 아련한 사랑도 • 113
예술의 고향 통영 • 120
울산에 입성(入城)하다 • 126
군 입대와 제2 하사관학교 • 131
성찰과 성숙을 준 군 생활 • 139
분대원과 포상 외출, 아가씨와 즐거운 시간을… • 147
진로에 대한 부산외숙과 상담 • 151
직장 복직과 대학을 꿈꾸며… • 154
직장과 대학 생활의 고단함 • 159
지푸라기 위기 • 165
떠나간 사랑 • 169
요가로 신경쇠약을 이겨내다 • 173
통신직에서 건축직 전직 • 177
친구에 대한 믿음과 보증사고 • 182
사랑하는 아내와의 만남 • 188
결혼과 신혼여행 • 193
레몬향기 가득한 신혼 생활 • 199
큰아이의 탄생 • 205
작은아이의 탄생 • 211

제4부 성실과 보람의 자취

보금자리 마련의 기쁨 • 219
따뜻하고 사랑이 많던 장모님 • 226
민원 봉사상 수상의 행운 • 231
사무관 승진의 기쁨과 건축과장 보람 • 237
마음 졸인 전국체전 시설, 공공인프라 구축 • 243
외숙의 죽음에서 삶의 성찰을 • 250
정원관리, 그림 걸기, 음악방송의 기쁨 • 254
실개천에 피어나는 버들강아지 • 261
붉은 감을 기다리며 • 264
오묘한 오색팔중 동백이 피어나면 • 268
삶을 아름답게 바라보기 청사 갤러리 • 271
두 아이를 위한 헌신 • 274
두 딸에 대한 지나간 애환과 후회 • 281
아내와 오붓했던 솔마루 길 • 290
작은형님의 죽음 • 294
부모님 묘 이장이 이어준 영혼의 끈 • 297
서기관 승진과 상수도본부 근무의 보람 • 303
눈물을 닦아 주었던 민원인 • 309
언제나 기분 좋은 느티나무 숲길 • 313
수돗물= 생명수, 안심하고 드세요 • 316
댐은 가뭄으로 애타고… • 319
종착역을 기다리며 • 322

1부

꿈에도
그리운 시절

서상호 자서전 | 인생은 강물처럼…

생애 희미한 첫 기억

비극적 동족상잔인 6.25 전쟁이 끝나고 다시 분단된 채로 평화가 찾아왔다. 전쟁은 많은 사람이 죽어간 엄청난 비극이었다. 동족상잔의 비극이 지나가자 부모들은 전쟁 중 죽어간 자식을 생각하며 자녀를 갖고 싶어 했고, 가난한 삶이지만 자식 많은 게 복이라며 많은 아이를 잉태했다. 그로 인해 1955년부터 1963년 사이에 유독 많은 아이가 태어났고 우리는 그 세대를 베이비붐 세대라 한다. 나 또한 베이비붐 세대의 중간쯤에 태어났다. 기해생(己亥生) 돼지띠인 1959년(호적은 1958년, 면사무소에 불이 나 호적을 다시 정리하면서 누군가의 실수로 한 살 더 많이 올려짐) 음력 3월 4일, 다섯 형제 중 막내로 힘찬 울음을 토해내면서 인생은 시작되었다. 그렇게 살아온 삶이 60년을 눈앞에 두고 있다.

내가 태어난 곳은 경상남도 하동군 화개면 삼신 마을로 화개장터에서 쌍계사 쪽으로 중간쯤에 있는 마을이다. 마을 앞에는 맑고 깨끗한 화개천이 흐르고 뒤에는 지리산 줄기의 높은 산등성이 있는 배산임수의 오륙십 여 가구가 모여 사는 마을이었다. 화개골은 지리산 줄기의 준봉들이 앞뒤 병풍처럼 둘러싸인 첩첩 산골이고, 가난이 덕지덕지 묻어나는 빈촌이었다. 산업화 이전, 문명의 혜택이 아직은 우리 곁에 오지 않아 밤이면 이내 잠자리에 들던 때라 그런 걸까. 가난한 우리 마을에도 한 집 걸러 아이 울음소리가 울려 퍼졌고 또래들이 많이 태어났다. 5, 60여 호의 작은 마을에 열다섯여 명의 새 생명이 태어난 것이다. 남녀 성비 균형까지 잘 맞춰서….

나는 어머니의 양수 속에서 열 달을 있다가 병약하게 태어났고 위 누님과는 여섯 살 터울이었다. 요즈음 세대처럼 여러 자녀 낳기를 꺼려하거나 피임이 발전한 세상이었다면, 세상 빛을 보지 못했을 생명이었으리라.

태어나자마자 나는 잦은 병치레로 어머니 애간장을 무던히도 태웠단다. 어머니는 모든 정성을 다해 살려보려 애태웠지만 죽은 것 같아 보에 싸서 윗목에 밀쳐놓으면 어느새 꼼지락거리면서 살아나기를 거듭했다고 회상하셨다. 어머니는 돌이 지날 때까지 노심초사 걱정이셨고, 돌이 지나는 고비를 넘기자 그때서야 한시름을 놓으셨단다. "생명은 한순간 짧을 수도 있지만, 너에게서 질긴 생명의 모습을 보았다."면서 어머니는 내게 갓난아이 적 이야기를 들려주곤 하셨다.

행복했던 가정은 아버지의 장사 실패와 빚보증으로 힘든 삶이었고, 아버지는 가슴앓이를 앓다가 내가 네 살 때 영면하셨다. 너무 어린 나이에 돌아가셨기에 나는 아버지 얼굴이나 생활 모습은 기억이 없다. 사진으로만 모습을 짐작할 뿐…. 어머니가 들려준 이야기로는 병들어 쇠약해진 아버지는 어린 내가 치근대면 귀찮아하면서 힘들어하셨단다.

내 삶의 최초 기억은 아버지의 죽음이다. 희미한 기억으로는 꽃상여를 맨 두건 쓴 남자들이 요령 소리를 따라 넓은 마당을 돌았다. 가족과 친지들이 상복을 입고 눈물을 흘리며 뒤따르던 모습이 희미하게 떠오른다.

다음 기억으로는 아버지가 돌아가신 후 일 년쯤 지났을까. 이 동네 저 동네를 떠도는 작은 곡마단이 우리 집을 찾아왔다. 우리 집 마당은 동네에서 가장 넓어 묘기를 보이기가 좋았던 모양이다. 밤이 되자 동네 사람들이 모이고 곡마단의 쇼가 벌어졌다. 쇠꼬챙이 끝에 많은 접시를 올려놓고 돌리는 기묘한 모습에 모두 신기해하고 손뼉 치며 환호했던 기억이 스친다.

또 다른 기억 하나, 어린 나는 어머니 가슴을 자주 파고들었다. 어머니는 늦둥이 막내였던 나를 유독 사랑하셨고 "우리 막냉이" 하면서 형제 중에서도 더 많은 사랑을 주셨다. 그런 어머니가 좋아 밤이 되면 어머니 팔베개를 베고 어머니가 토닥여주는 자장가를 들으며 빈 젖을 빨다가 스르르 잠이 들곤 했다. 어머니의 살 냄새 나는 가슴은 포근하고 안락했으며 까칠한 삼베옷이었지만 어린 나를 편히 잠들게 했다. 나는 어머니의 빈 젖이 너무 좋아 다섯 살까지 빨았다(내 또래 막내들은 다 그랬음). 어린 나이의 습관인지 어머니 빈 젖을 빨아야 편안하게 잠들 수 있었다. 어머니도 내가 막내다 보니 젖을 꼭 떼려 하지 않았고 잠잘 때 아이의 편안한 심리, 사랑을 느끼도록 쉬 젖을 물렸던 것 같다.

누구나 어릴 때 오줌을 싸 소금 얻으러 간 경험이 있듯이 나도 그랬다. 다섯 살쯤이었다. 오줌 가릴 나이가 되었는데도 나는 간혹 이불에 지도를 그렸고 마당 한가운데 있는 빨랫줄에 지도 그린 이불이 널리곤 했다. 이불에 오줌을 지린 어느 아침, 이불을 빨랫줄에 널던 어머니는 나보고 뒷집에 가서 소금을 얻어오라며 작은 그릇 하나를 주셨다. 나는 어머니 말대로 줄레줄레 가서 "소금 있으면 우리 어매가 소금 좀 달래요." 했다. 뒷집 아주머니는 "너 엊저녁 오줌 쌌구나. 나이가 몇인데 이불에 아직도 오줌을 싸나." 하면서 무안을 주셨다. 나는 몹시 부끄러웠고 울면서 집으로 돌아왔던 희미한 기억이 스친다.

  다섯 살 이전의 기억은 몇 안 되는 한정된 기억이다. 많은 일이 있었을 텐데, 네댓 개의 기억밖에 안 나는 것은 기억에 남는 사건이나 행동은 충격이었거나, 따뜻했거나, 신비로웠거나, 부끄러웠던 일들이었다. 한번 각인된 기억은 오랜 세월이 흘러도 사라지지 않고 아직도 내 머리와 가슴에 남아서 내 삶의 유년기를 회상하게 한다.

정겨운 고향 풍경

나는 고향인 화개골에서 중학생일 때까지 살았다. 고등학교에 입학하기 위해 떠났던 고향, 이제는 어쩌다 간혹 들르는 곳이 되었지만. 마음속에는 추억과 그리움이 되어 내게 정서적 위안과 따뜻한 서정을 가슴에 담게 한다.

내가 자란 화개골은 경상남도 서쪽 제일 끝으로 전라남도와 경계 지점이다. 우리나라에서 가장 정감 있고 아름다운 섬진강을 거슬러 오르면 화개 장터가 나온다. 그곳에서 멀지 않은 곳이 나의 고향이다.

어릴 때 고향 마을은 두메산골이었다. 지리산 높은 줄기여서 겨울에는 열 시경 해가 뜨고 오후 네 시경이면 서산으로 졌다. 산촌이라 논도 별로 없다. 산비탈을 개간한 밭이 대부분이고 약간의 쌀농사, 보리, 고구마, 감자가 주식이었다. 산에서 나는 밤, 고사리, 산나물을 장터에 내다 팔았고 그게 주요 수입원이었다. 힘든 산촌 생활이라 모두 도시로 떠나가고 싶어 했다.

하지만 '수류화개'라 칭했던 것처럼 화개천을 따라 난 신작로에는 꽃이 만발해 아름다움과 낭만이 있는 고향이었다. 화개장터부터 쌍계사까지 핀 십리 벚꽃은 깨끗한 화개천과 어우러져 그림 같은 풍경을 자아냈다. 봄이 오면 신작로에 피어난 벚꽃 터널은 등하교 때 마음을 환히 밝혀 주었고 형님 누님들은 달밤에 꽃구경을 갔다가 연분이 나기도 했다. 동네 아주머니들은 한복을 곱게 차려입고 꽃놀이를 하였고, 그 날 하루만은 시름을 내려놓고 막걸리를 마시고 진도아리랑을 부르면서 춤추고 가슴속 한을 풀어냈다.

꽃이 질 때면 하얀 눈송이처럼 내리는 꽃비는 또 얼마나 황홀하던지…. 봄이 지나면 벚나무 버찌로 허기진 배를 채우고 장난치고 깔깔대며 집으로 돌아오곤 했다.

지금도 그렇지만 지리산 골을 따라 바위 사이를 흐르는 화개천은 참 맑았다. 마을 앞을 흐르는 냇물은 여름날 멱 감기 좋았고 어린 우리는 깊은 소(沼)가 있는 곳에서 남자의 자존심을 내놓고 신나게 물장구를 쳤다. 깊이 잠수해 돌을 건져오고, 높은 바위에서 풍덩 뛰어내리기도 했다. 그러다가 추우면 뜨끈뜨끈한 너럭바위에 엎드려 몸을 말렸고, 여름날 태양은 까만 피부를 만들어 건강한 선탠을 선사해주었다. 지금도 고향 친구가 좋은 것은 서로 알몸으로 놀던 추억 때문이 아닐까.

여름날 산등성이 위 하늘에는 하얀 뭉게구름이 솜뭉치처럼 피어났는데 몹시 포근해 보여 구름 속에 파묻히고 싶었다. 하교 후에는 꼴 베고, 겨울이면 뒷산에서 솔가리를 긁고 그루터기를 캐어오기도 했다.

우리 마을에는 감나무가 아주 많았다. 길가 감나무 아래 너럭바위는 쉼터가 되어 사람들은 더운 여름을 그곳에 모여 담소도 나누고 피서를 했다. 여름에 뜨거운 햇살을 받지 않고도 고샅길을 걸을 수 있을 정도로 동네에는 감나무 잎이 무성했다. 그 많은 감나무에 늦가을이면 빨강 감이 조랑조랑 열렸고 온 동네는 불을 밝히듯 붉게 물들었다.

내 고향 마을은 가파른 비탈진 언덕배기에 형성된 잡성촌 이었다. 비탈면이라 집집마다 축대를 쌓아 마당을 만들고 경계를 따라 돌담을 축조하고 집을 지었다. 그러다 보니 골목길은 가파르고 좁았다.

그런 골목에는 어귀마다 귀신 스토리가 많아 밤길을 걸으려면 무척 두서웠다. 특히 달이 없는 그믐밤이면 무서워 어두운 밤길을 뛰다시피 걸었고, 으슥한 모퉁이를 지나치려면 머리털이 쭈뼛쭈뼛 서곤 했다. 특히 우리 집 앞에는 폐병 환자가 살았는데 골방밖에 들릴 만큼 심한 기침을 했다. 뱀탕을 주야장천 먹었음에도 결국은 각혈을 하다가 죽었다. 폐병 환자가 죽고 난 뒤 그 집 앞 골목길을 지나칠 때면 오싹했다.

신작로에는 '해갱돌이'라는 으슥한 산모롱이가 있었다. 그곳에는 아이 무덤이 많았다. 밤이면 개호랑이(삵)가 지나가는 사람에게 흙을 뿌려 낮에도 지나오기가 꺼려지는 곳이었다. 장터를 다녀오거나 학교를 마치고 올 때는 해 지기 전 바삐 그곳을 지나와야 했다.

동네 인심은 이웃 간에 팥죽 한 그릇도 나눠 먹을 정도로 후했다. 제사가 있는 집은 온 동네 사람들을 초청해 음식을 나눠 먹었고, 거동이 불편한 노인이 있는 집에는 함지박에 음식을 담아 가져다 드렸다. 마을 사람 상호 간에는 상부상조도 잘되어 품앗이로 힘겨운 농사일을 헤쳐 나갔다. 서로 없는 살림이지만 정이 넘치는 따뜻한 마을이었다.

그런 고향에서 나는 어머니, 큰형님 내외, 조카들과 살았다. 4칸 집 보통 크기의 집에서 어머니, 나, 큰 조카는 큰방에서 큰형님 내외와 어린 조카는 작은방에서 생활했다. 큰 누님은 결혼해 같은 동네에 살았고, 작은형님과 작은누님은 아직 결혼하지 않아 도시에 나가 있었다.

섬진강은 흐르고

　섬진강이 화개천과 만나는 합수 지점에는 화개골이 시작되고 초입에는 김동리 단편소설 '역마' 배경이 되는 화개장터가 있다. 1970년대, 어릴 적 고향은 빈촌이었고 문명화된 도시가 몹시 부러웠다. 지긋지긋한 산골은 하루빨리 떠나고 싶은 대상이었다. 산비탈 고샅길을 오르내리는 일은 너무나 힘들었고, 무거운 짐을 지고 오를 때면 헉헉대는 숨소리에 땅이 꺼질 정도로 고된 산골 생활이었다.
　지겨웠던 고향 산골도 세월이 흐르다 보니 도시민의 휴식과 힐링 장소가 되어 많은 사람이 찾고 별장이 즐비한 마을이 되었다. 상업화되어 가는 고향이 씁쓸하고 아쉬울 때도 많지만 옛 추억이 남아 있는 고향은 나에게 위안이 될 때가 많다. 힘들고 삶이 서글퍼질 때면 가고픈 고향이지만, 먼 거리라 자주 가지는 못하고 휴가나 성묘 때 찾게 된다.
　몇 해 전 가을, 집안일로 고향에 들를 일이 있었다. 오랜만에 찾은 고향은 어릴 적 추억이 새록새록 되살아났다. 돌아가신 부모님, 이곳저곳으로 흩어진 친척, 한솥밥을 먹던 식구들, 추억을 만들던 친구, 살아온 나날의 애환 등…. 여러 일들이 주마등처럼 지나갔다.

따뜻함을 전해주는 고향을 가려면 섬진강을 따라 난 국도를 거슬러 올라가야 한다. 차를 몰아 하동 읍내에서 섬진강을 따라 고향인 화개장 터로 갈 때면 한적함, 아련함, 평화로움, 그리움, 역사의 한(限) 등 만감이 밀려온다. 하얀 모래밭, 맑고 조용히 흐르는 섬진강을 보고 있으면 어떤 편안함, 친근함, 강물의 순리가 내게 찾아든다.

내가 찾은 가을날, 섬진강은 서정을 가득 담고 있었다. 국도변 벚나무는 여러 빛깔로 물들었다가 낙엽이 되어 떨어지고, 잡나무들과 낙엽송의 조락하는 단풍은 강물과 더불어 낭만적 운치를 자아냈다. 가을비가 촉촉이 내린 섬진강은 안개가 산허리를 감싸고 있었는데 산안개와 강의 조화가 선경처럼 느껴졌다.

단풍이 든 한적한 2차선 도로를 차들이 스쳐 지나가는 모습은 목가적이었다. 언젠가 TV에서 단풍이 든 라인 강변도로를 평화롭게 달리는 차들의 풍경을 봤다. 오랜만에 찾은 고향의 가을 길은 그에 못지않게 정감 있고 운치 있었다. 평사리를 지날 때는 소설 『토지』 속 서희와 길상을 상징하는 두 소나무가 서로 헤어지기 싫은 듯 가을비 속에 서 있었다. 가을걷이가 끝난 들판은 황량하고 평사리 강변 공원에는 악양 대봉감 축제가 열려 가을 서정을 더했다.

광양 매화마을 청매실 주인 홍쌍리 여사는 '섬진강 이야기'에서 여명이 밝아 오는 섬진강 안개는 너무 아름다워 가슴을 저리게 한단다. 강물을 덮은 안개가 아침 햇살을 맞아 피어오르면 삶의 고단함을 강물에 내려놓고 하염없이 물안개를 쳐다보게 된다고 했다.

백운산과 지리산 사이를 흐르는 섬진강은 마냥 평화로운 강만은 아니었다. 하동 백사장에서는 동학 때 참수로 많은 피를 흘렸고, 일제 강점기 때는 징용을 피해 숨은 화전민의 슬픈 삶, 6.25 때는 남부군과 국군의 싸움과 그 틈바구니에서 이유도 모르게 희생이 된 민초들의 핏물이 흘렸던 애환의 강이다. 역사의 굴곡마다 한(恨)을 강물에 띄워 보내며 속울음을 울었던 민초의 아픔이 서려있다. 이러한 이야기는『토지』『지리산』『남부군』등 소설에도 잘 나타나 있다. 지금도 섬진강은 자식들을 도시로 떠나보낸 이 마을 저 마을 노인들의 자식에 대한 그리움과 소원을 담아 유유히 바다로 흘러간다.

그 강변에 서서 우미자 시인의 시「겨울 강가에서」를 조용히 읊조려 본다.

　이제는 마음 비우는 일
　하나로 살아간다

　강물은 흐를수록 깊어지고
　돌은 깎일수록 고와진다

　- 중략 -

　높고 낮은 가락을 고르며
　뜨거운 노래로
　흘러가는 강물

　거스르지 않고 순하게 흘러
　바다에 닿는다

강안(江岸)을 돌아가
모든 이별이 손을 잡는
생명의 합장

겨울 강을 바라보며
한 포기 지란(芝蘭)을
기르는 마음으로 살아간다

 가을이 깊어가는 섬진강물을 바라보면서 번잡한 나의 마음을 강물 위에 살며시 내려놓는다. 언젠가는 도시의 삶을 정리하고 돌아가고픈 나의 고향, 항상 그곳을 그리워하며 살아가리라.

어린 시절 살던 정다운 집

　어느 해인가. 고향 큰 누님 댁에서 다섯 형제가 모였다. 오랜만에 만난 형제들은 밤 가는 줄 모르고 안부와 옛이야기를 나눴다. 이튿날 아침 작은누님은 어릴 적 집을 둘러보잔다. 찾아간 고향 집은 주인이 세 번이나 바뀌었고, 편리하게 고쳐 기억 속 옛집과는 많이 달랐다. 하지만 돌담장, 감나무, 돌확, 뒤란…. 몇 가지 모습은 그대로여서 그나마 기억을 되살리게 했다. 감나무를 안아보고 담 밑 돌확을 만지면서 옛 생각에 가슴이 시큰했다.

　내가 살던 집은 돌담이 부정형으로 둘러쳐져 있고 3동의 건물이 있었다. 남향집인 본채와 마당을 사이에 두고 본채와 평행하게 아래채가 있으며 그 너머는 으슥한 변소와 돼지우리가 있었다. 돼지우리는 낮아 커다란 흑돼지가 종종 뛰쳐나와 우리를 놀라게 했다. 담장 아래 동남쪽 마당 가장자리에는 두엄을 모아 두었는데 닭은 그곳을 파헤치기를 좋아했다.

　담장을 따라 여섯 그루의 감나무가 있었다. 동쪽 사립문 옆에는 큰 단감나무 두 그루가 있었는데 가을에는 달디 단 단감을 선사해주었다. 팔기 위해 개수를 세어 놓은 감을 몰래 따먹다가 어른들한테 혼나기도 했다. 아래채 주변에는 고목이 된 떫은 감나무 세 그루와 월하감나무 한 그루, 모두 네 그루의 감나무가 있었는데 여름에는 시원한 그늘을 주었고, 가을은 탐스러운 붉은 감이 익었다.

　월하감나무 아래에 닭장이 있었다. 닭들은 온종일 마당에서 자유롭게 놀다 저녁이면 좁은 닭장으로 들어가 잠을 청했다. 아무 데나 똥을 누는 닭은 미울 때가 많았다.

　닭장 옆은 소나무나 밤나무 장작을 패는 곳이었다. 아침이나 저녁 무렵 큰형님은 나무 둥치를 놓고는 장작을 팼는데 내리치는 도끼는 나무를 정확히 갈랐다. 하지만 내 도끼질에는 쪼개지기는커녕 너덜너덜했다.

　부엌 근처 마당귀에는 땔감을 모아 두는 곳으로 산에서 물거리를 해 오면 그곳에 부렸다. 그곳에 모아둔 물거리는 밥을 짓고 군불을 지피는 소중한 겨울나기 땔감이었다.

　부엌 옆 담장 아래에는 돌확이 있었고, 부엌 입구 토방에는 절구통이 있었다. 돌확에는 채소를 잘게 갈거나 숙취를 풀어주기 위해 쌀뜨물을 냈고, 절구통은 알곡 껍질을 벗기기 위해 어머니와 큰형수가 자주 절구질을 했다.

　뒤란에는 된장과 고추장, 간장이 익어가는 장독대가 있었다. 그 옆 담장 아래에 향기로운 치자나무 한 그루가 있었는데 치자를 따 음식 색소로 쓰곤 했다. 뒤란 처마 아래에는 땔감인 장작을 켜켜이 쌓아 두었고 한지를 말리는 땔감으로 주로 쓰였다.

　본채는 왼쪽부터 부엌, 안방, 대청, 작은방 순으로 된 일자형 4칸 집이었다. 부엌에는 가마솥과 중간 솥, 작은 솥이 세 개였다. 부엌 한쪽에는 땔감을 갖다 놓았는데 그곳 오목한 구석에다 암탉이 알을 낳았다. 큰형님은 따끈한 유정란을 꺼내 앞뒤 구멍을 낸 후 후루루 쭉~ 목으로 넘겼다. 조카와 나는 그 모습에 입맛만 쩝쩝 다실뿐이었다.

부엌은 그릇을 올려놓은 살강이 있고 그 아래에 개수대인 구시통이 있었다. 부엌 천장과 벽은 세월의 켜만큼이나 온통 시커먼 그을음으로 그을렸다. 어머니는 부뚜막 앞에서 조왕신에게 손을 비비며 기도를 하곤 했다. 아침이나 저녁이면 가마솥에서 뽀글뽀글 거품이 오르며 밥물이 넘쳤고 맛있는 밥이 익어갔다.

안방은 다용도였다. 침실, 응접실, 작업실, 식당 등 여러 용도로 쓰였고 식사 때마다 형수는 부엌에서 겸상 하나와 두리기상 하나, 두 개의 밥상을 날랐다. 겨울이 되면 살얼음이 얼어 상 위의 반찬 그릇이 미끄럼을 탔다.

안방 벽에는 벽장이 있었는데 그곳은 늘 컴컴했고 온갖 잡동사니가 그득했다. 우리 집은 다른 집과 다른 특성 하나가 있었는데 상품으로 팔 하얀 한지 뭉치가 안방 벽에 빙 둘러 가지런히 놓여있었다.

저녁을 먹은 다음 나는 조카들과 따끈한 큰 방에서 뒹굴다가 잠이 들곤 했다. 겨울, 윗목에는 화롯불과 요강이 있었는데 아침마다 요강은 가득 찼고 화롯불은 가물거렸다.

중간 대청에는 놋쇠그릇과 뒤주, 어머니가 사용하는 장롱, 반닫이가 있었다. 여름날 그곳은 시원해 낮잠 자기 좋았으며 명절이면 제사 음식을 보관했다.

안방, 대청과 토방 사이에는 일자형 청마루가 있었는데 마루 위 벽에는 방문하는 누구라도 밖에서 볼 수 있게 가족사진 액자가 두 개 걸려 있었다. 마루 위 시렁에는 명절 준비 음식을 얹어 놓았다. 유과, 깨강정, 인절미 등 먹거리가 얹혀 있어 마루에서 까치발로 몰래 꺼내 먹기도 했다.

대청 다음에는 작은방이 있는데 그곳은 큰형님 내외가 생활하는 곳으로 '학(鶴)과 SWEET HOME, 꽃'을 수놓은 휘장(보)이 벽에 처져 있었다. 형수가 시집올 때 손수 자수를 놓았단다. 그곳은 내가 마음대로 들어갈 수 없는 곳이었다.

여름에는 온 가족이 모깃불을 피워놓고 평상에서 팥칼국수나 수제비를 먹었다. 저녁을 먹은 후 더위를 식히면서 평상에 누워 하늘을 쳐다보면 북두칠성, 은하수, 별똥별, 인공위성이 하늘을 아름답게 수놓았다.

가을에는 탈곡을 위해 마당에 벼를 져다 날랐다. 탈곡하는 날은 신났다. 탈곡기는 어른들이 발로 밟아 돌렸고 볏짚은 뒤로 던졌다. 어린 나는 뒤에서 기다리고 있다 냅다 받아 볏단 쌓기를 하였다. 볏짚으로 굴도 만들고 신이 났다. 털어낸 알곡은 풍로로 쭉정이를 분리하였고, 어른들이 풍년이라고 말할 때는 덩달아 기분이 좋았다. 가을이 되면 감이 붉게 익어 갔고 마당에는 벼를 말려 정부에 팔았다. 수매하는 날은 집에 돈이 두둑했다.

추수가 끝나면 어른들은 낡은 볏짚 지붕을 걷어내고 새 이엉 얹기를 했다. 헌 볏짚을 걷어내면 굼벵이가 많았고 징그러운 지네가 기어 나오고 집지킴이 커다란 구렁이도 있었다. 새 이엉으로 단장한 노란 볏짚 지붕은 단아했다. 초가집은 새마을 운동이 일어나면서 70년대 초 양철지붕으로 바뀌었다. 동네 방앗간에서 보내주던 희미한 전깃불은 양철 지붕으로 바뀔 즈음 지금 같은 밝은 전기가 들어왔고 어둠을 환히 밝히는 전기는 대낮같이 밝아 속이 다 시원했다.

밤이면 어머니와 동네 아주머니들은 담을 사이에 둔 우리 뒷집 이웃 할머니가 사는 안방에 마실 와 여러 이야기를 나눴다. 마실 간 어머니가 늦게까지 안 오면 나는 무척이나 기다려졌다.

겨울이면, 하얀 눈이 밤새 몰래 내려와 온 세상을 덮었다. 나뭇가지에는 눈꽃이 피어났으며 아침 장독대 위에 내린 눈을 손으로 뭉쳐 솜사탕처럼 먹기도 했다. 마당에 쌓인 숫눈에 발자국을 내면서 걷는 일은 몹시 신났다.

지금도 어릴 때 살던 고향 집 기억은 번잡한 세상살이에 훈훈한 화롯불이 되어 지나간 시절을 그립게 한다.

초등학교 시절의 기억

한 생애를 살면서 학교 추억으로는 초등학교 시절이 제일 그립지 않을까. 초등, 중등, 고등, 대학과정이 있지만, 초등은 첫 학교이고, 6년의 긴 과정, 동심 어린 시절이라 더 추억이 생생하다. 나 또한, 고향에 가면 초등학교가 어떻게 변했을까 늘 궁금하고 아련한 추억에 가슴이 젖어든다.

50여 년 전, 1965년 3월 5일, 나는 일곱 살이 되어 화개초등학교에 입학했다. 매화, 산수유가 피어나고 봄이 몰래 찾아왔지만 아직은 추웠다. 가장 아끼는 밤색 코르덴 옷을 입고 앞가슴에는 콧물닦이 수건을 달고, 6학년 누나를 따라 학교에 갔다. 어머니, 큰형님 등 어른은 일손이 바빠 입학식에 올 형편이 못됐다. 대개 형이나 누나들을 따라 첫 등교를 했다.

1km 신작로를 걸어 학교에 도착했다. 학교는 높은 언덕에 있었고, 수십 개의 계단을 올라야 했다. 진입로 계단 양옆에는 커다란 벚나무가 우리를 반겼다. 힘들게 한참 계단을 오르니 문 없는 교문이 나왔다. 그곳에는 완장을 찬 무서운 규율부가 지키고 있어 지각하거나 교칙을 어기

는 학생을 지도했다. 처음 본 운동장은 너무도 넓었다. "와! 크다!" 운동장 주변은 오래된 벚나무, 은행나무, 플라타너스(버즘나무)가 있고, 시소, 철봉, 미끄럼틀, 그네가 있었다.

운동장보다 높은 곳에는 기다란 단층 기와지붕을 한 학사가 있었다. 가운데는 경사진 포치가 위엄 있게 있었는데 그곳이 학사의 중심임을 표시했고 교장 선생님과 담임 선생님만 그곳으로 들락거렸다. 포치 옆에는 큰 편백나무 두 그루가 서 있었다.

10시쯤 입학식이 시작되었다. 선배들과 선생님이 운동장에 모였다. 담임 선생님은 우리에게 "앞으로 나란히! 바로!" 하면서 열을 맞추도록 했다. 교단 아래 선생님은 학생을 마주 보고 자기 반 앞에 일렬횡대로 섰다. 연주 지휘봉을 든 선생님 지휘에 맞추어 애국가를 부른 다음, 뒤이어 입학을 축하하는 교장 선생님 환영사가 있었다.

입학식을 마치고 담임 선생님을 따라 교실로 갔다. 나무 마룻바닥인 긴 복도가 있고 교실 앞에 신발장이 있었다. 아이들 신발은 대부분 검정 고무신이었다. 처음 본 교실의 앞에는 녹색 칠판이 있고, 바닥은 마루였으며, 두 사람이 같이 쓰는 낡은 나무 책상과 걸상이 있었다. 교과서를 받으려면 아직 며칠 더 기다려야 했다. 선생님은 학교생활에서 지켜야 할 주의 사항을 들려주고 일찍 마쳤다.

2학년까지는 결식 아이들을 위해 미국원조로 받은 옥수수 죽이 나왔다. 점심때쯤이면 벚나무 아래 큰 솥에서 죽이 끓었다. 나는 극빈자가 아니어서 죽을 받지는 않았지만 때로는 한 그릇 얻어먹고 싶기도 했다.

그러다가 3학년 때쯤 죽 대신 모든 전교생에게 일주일에 한 번씩 커다란 옥수수 빵이 나왔다. 정사각형 빵 한 판에는 약 20개가 붙어있었고 정오쯤 빵 차가 오면 당번이 받아왔다. 선생님이 지켜보는 가운데 주번이 떼어주는 빵을 하나씩 받았고 나는 그 자리에서 다 먹을 수 없어 반 정도는 아껴 집에 가져왔다. 아직 학교 입학을 하지 않은 어린 조카는 그 빵을 몹시 좋아했는데 "삼촌, 오늘 빵 나오는 날 아니야?"하면서 빵을 먹고 싶어 했다. 맛있는 옥수수 빵은 6학년 마칠 때까지 나왔다.

등하교 때는 둘둘 만 책 보따리를 등허리에 묶거나 어깨에 엑스자로 묶고 다녔다. 하교 때 뛰어서 올 때면 빈 도시락은 반찬통이 부딪혀 요란한 소리를 냈다.

봄이 오면 십 리 벚꽃 터널을 걸어 다녔고, 여름에는 냇가 소(沼)에서 물놀이하고 더위를 식힌 다음 집에 왔다. 겨울 골바람은 몹시 차가워 손과 귀를 비비며 종종걸음을 쳤다. 칼바람을 피하려고 바위 뒤에 몸을 잠시 숨겼다가 학교에 가곤 했다.

광복절이었다. 중절모를 쓰고 두루마기를 입은 면장은 "에~" 하면서 끝도 없는 연설을 했다. 끝나려나 싶다가도 다시 이어지고…. 뙤약볕 아래 서 있는 아이들은 일사병으로 쓰러지기도 했다. 그래도 고리타분한 면장의 연설은 끝나지 않았다. 무슨 할 이야기가 그리도 많은지….

가을 운동회 때는 만국기가 하늘을 뒤덮고 학부모까지 참가하는 온 면민의 잔치였다. 검정 팬티와 흰 런닝을 입고 청백 머리띠를 두른 우리는 응원단장의 깃발과 선창을 따라 "빅토리! 빅토리! 브이아이시티 오아르 와이!"를 외치며 응원했다. 나는 달리기를 잘하지 못했다. 장애물 경주 때나 겨우 3등 하여 연필 한 자루를 탈 뿐이었다. 점심때 어머니가 준비한 맛난 도시락을 먹고 사이다도 마실 수 있었다. 엿장수 가위 소리도 간간이 들렸다. 5, 6학년 선배의 텀블링은 묘기였고 모두가 손뼉을 쳤다. 용감무쌍한 기마전과 바구니 터뜨리기는 온 운동장이 떠나갈 듯 응원하게 했고 운동회는 절정을 이뤘다.

1.21사태(1968년) 이후 생겨난 예비군은 운동장에서 구령에 맞추어 죽창을 들고 제식 훈련을 했다. "우로 갓! 좌로 갓! 뒤로 돌아 갓!" 제대한 지 오래된 예비군은 여러 번 연습해도 틀렸다. 그럴 때 예비군은 M1 소총으로 엉덩이를 후려 맞는 호된 벌을 받았고, 우리는 창문으로 그 광경을 보면서 웃었다. 씩씩한 군인들은 휴식시간에 벚나무에 단도를 던져 꽂았다. 우리는 그 모습을 보며 손뼉을 쳤고 군인들은 으쓱해 했다.

5월 5일 어린이날이면 장터 모래사장에 갔다. 악대장 지휘로 큰 북, 작은 북, 심벌즈를 두드리는 악대가 앞서고 뒤이어서 저학년부터 따랐다. 그곳에서 비스킷, 풍선껌, 사이다도 사 먹고 보물찾기도 했는데 나는 보물을 잘 찾는 옆 친구와는 달리 바위틈이나 은밀한 곳에 있는 보물을 잘 찾지 못했다.

봄에는 인근 쌍계사로 소풍을 갔다. 큰 은행나무 아래 전교생이 모여 장기자랑, 보물찾기를 하면서 즐거운 하루를 보냈다. 어린이날 소풍, 운동회 같은 행사 날은 비가 자주 와 애를 태우기도 했다.

어느 일요일이었다. 큰형님이 고된 한지 일로 와사풍이 왔다. 국화의 한 종류인 대국(大菊)을 달여 먹으면 좋다는 민간요법을 누군가 전해주어 어머니는 나보고 학교에 핀 국화를 따오라고 했다. 난 학교로 가 커다란 가방에 몰래몰래 국화를 땄다. 오후 서너 시쯤 되자 그 많고 탐스럽던 국화는 몇 송이 남지 않았다. 국화를 따온 나에게 어머니는 수고했다면서 칭찬을 해주었다. 월요일 담임선생님은 "일요일인 어제 누군가 국화를 몰래 따갔는데 본 사람 없나? 참 나쁜 사람이구나." 할 때는 죄인이 된 마음에 쥐구멍이라도 숨고 싶었다.

6학년 때 우리 반 담임은 키 작은 선생님이었는데 '때롱' 선생님이라는 별명이 붙었다. 그 선생님은 간혹 야외 학습을 한다면서 여름날 시원한 느티나무 아래에서 재미있는 이야기를 들려주곤 했다. 무섭지 않고 재미나는 이야기를 들려주시던 옛 담임 선생님이 몹시 그리워진다.

그 당시 학생이나 학부모는 담임 선생님을 우러러보았고 마음으로 존경했다(변도 안보는 줄 알았다). 선생님이 가정 방문을 오면 어머니는 있는 것 없는 것 다 내놓아 대접하곤 했고, 선생님에게 자식을 맡긴 걸 미안해했다. 그런 선생님에게서 교육받은 우리는 졸업식 때 정들었던 교정을 떠나 선생님, 친구와 헤어진다는 생각에 눈물바다였다. 송가 답가를 들으면서 선배, 후배, 선생님 모두 훌쩍였다.

이제는 세월이 많이 흘러 초등학교 친구 중에는 애석하게도 하늘나라를 먼저 간 친구도 있고 살아 있는 친구들은 머리에 하얀 서리가 내려앉은 오십 대 후반을 지나고 있다. 친구들과 술 한 잔 할 때는 초등학교 이야기를 나누며 시간 가는 줄 모른다. 그만큼 초등학교는 우리의 삶에서 가장 먼저 다가오는 학창시절이고 그리운 추억으로 가슴 속에 살아 있기 때문이리라.

학교를 마치고 집으로 오면

땡 땡 땡, 마지막 수업 종소리가 울렸다. 종례를 마친 나와 친구들은 책 보따리를 등허리에 두르고 삼삼오오 집으로 향했다. 집으로 오는 1km 길은 걷다가 뛰다가, 장난치고, 멱 감고….

등하교 길에는 가파른 신작로가 있었다. 가뭄에 콩 나듯 지나가는 버스 한 대가 시커먼 매연과 먼지를 풀풀 날리면서 가파른 신작로를 힘겹고 느리게 올랐다. 우리는 버스 뒤를 따라 달리며 신나했고 뒤 범퍼에 매달렸다. 그러다가 오르막이 끝날 즈음 잡았던 범퍼를 놓았다. 위험해 보이기도 했지만, 차가 느려 다치는 일은 거의 없었다.

어떤 날은 장터에서 오는 소달구지가 워낭 소리를 내면서 우리 곁으로 다가왔다. 우리가 인사하면 인심 좋은 아저씨는 소를 멈추고 태워주면서 물었다.

"어느 동네 사노? 느그 아버지가 누꼬?"

"삼신마을 삽니더. 울 아버지는 돌아가셨는데요. OOO씨가 저의 큰형님입니다."

"그렇나! 니 형하고 많이 닮았구나."

소달구지 주인은 마을 어귀에 우리를 내려주었다.
"고맙습니다."
이구동성 큰소리로 인사했다. 우리를 내려준 소달구지는 느릿느릿 윗마을을 향하여 가던 길을 갔다.

마을 어귀에 도착한 우리는 동네 고샅길을 오르면서 각자 집으로 들어갔다. 친구들은 하나같이 "어매, 학교 갔다 왔어요." 큰소리로 외쳐보지만, 모두 일 나가고 텅 빈 집이었다.

적막한 집에는 닭이 이곳저곳 돌아다니면서 마당에 늘어놓은 나락을 헤집어 놓고 마루에는 물똥을 서너 군데 싸놓았다. "이 노무 다구새끼 직이 비리까. 또 똥 쌌네!" 발로 닭을 내 차듯 투덜거리며 걸레로 똥을 치웠다.

아래채 기둥에 매어 놓은 흑염소는 말라버린 풀을 먹는 둥 마는 둥 하면서 '냇가 신선한 풀 있는 곳으로 데려다주세요.' 애원하는 듯했다.

나는 보리밥과 열무김치로 점심을 먹은 후 집에서 키우는 앙고라 토끼풀을 뜯으러 가야 했다. 하얀 앙고라 토끼털은 길게 자라면 양털을 깎듯 털 깎기를 하여 비싼 가격에 팔았다. 가로 다섯 줄, 세로 여섯 줄인 토끼장에는 30여 마리 토끼를 키웠다. 지금도 우리가 사는 아파트를 볼 때면 그 모습이 꼭 앙골라 토끼장 같다는 생각이 든다.

점심을 먹은 나는 친구들과 두 마리 염소를 몰고 꼴망태를 메고 냇가로 갔다. 냇가로 가는 염소는 신나했고 그곳에 도착해 긴 목줄을 나무에 묶어 도망가지 못하게 매어 놓으면 염소는 혀를 날름거리면서 신선한 풀을 신나게 뜯어 먹었다.

더운 여름에는 친구들과 시냇물에 멱을 감았다. 더위를 식힌 다음 나는 토끼풀을, 친구는 쇠꼴을 벴다. 토끼는 아카시아 잎을 무척 좋아했다. 토끼가 좋아하는 여러 풀을 꼴망태에 담은 후 해거름 녘에 두 마리 염소를 몰고 집으로 왔다. 염소는 목에 맨 긴 줄을 놓아도 집을 잘 찾았다. 집에 도착해 염소를 기둥에 맨 후 꼴망태에서 풀을 끄집어내 토끼에게 주면 배고팠던 토끼는 입을 오물거리며 잘 먹었는데 그 모습이 몹시 귀엽고 앙증맞았다.

5월 늦봄은 보리 베기와 타작으로 바빴다. 학교 갔다 오면 논으로 가 도와야 했다. 어느 해인가 봄비가 자주 내렸고 수확하지 못한 보리는 싹을 틔웠다. 어머니는 올 보리농사는 낭패라며 큰 걱정을 했다. 보리는 까끄라기가 있어 몹시 싫었다. 옷 안에 들어가면 깔끄럽고, 가렵고, 스멀거렸다. 보리타작은 발동기가 설치된 동청 넓은 마당에서 했는데 까끄라기와 먼지를 온몸에 뒤집어써야 했다. 같은 마을에 사는 큰 자형은 보리타작 전문가였다. 힘이 좋아 발동기를 잘 돌렸는데 발동기 코를 잡고 힘차게 돌리면 "쉬~쉬~" 소리를 내다가 "텅텅텅" 큰 소리를 내면서 힘차게 돌았다.

보리 수확이 끝나면 모내기를 했다. 온 동네 사람들이 품앗이로 협동하였고 모내기 날은 몹시 바빴다. 새참과 점심을 해다 날랐는데 어머니, 형수는 큰 함지박에 밥과 반찬을 이고 모내기하는 곳으로 가져왔다. 널찍한 잔디밭에 점심을 펼치고 어른들은 막걸리를 마시면서 풍년을 기원했다. 동네 사람이 지나가면 "어이! 이리와 밥 먹고 가!"라고 불렀다.

모내기는 두 남자가 못줄을 잡으면 아주머니들은 못줄에 나란히 있다가 허리를 굽혀 잽싸게 모를 심었다. 다 심었다 싶으면 못줄 잡이가 "자~" 하면서 못줄을 다음 심을 곳으로 넘길 때 굽혔던 허리를 폈다. 학교를 마치고 온 나는 아주머니들 뒤에 못단을 부지런히 날랐다. 푹푹 빠지는 물 논은 비척거렸고 못단 나르기는 재미있었다. 넓은 논은 아주머니들의 빠른 모심기로 차츰 연둣빛으로 변해갔다.

여름날 모는 뜨거운 햇볕을 받으며 쑥쑥 자랐다. 논두렁 풀도 덩달아 자랐다. 풀이 자라면 벼가 성장방해를 받을 수 있어 논두렁 풀을 베어 줘야 했다. 논두렁 풀이 많이 자라면 큰형님은 나보고 풀을 베고 오라고 했다. 논두렁이 잡풀로 우거진 집은 동네 사람들이 게으르다면서 속으로 흉을 봤다.

또한, 뙤약볕에 콩밭을 매거나 채소를 심으려 밭을 일구는 어머니를 도왔다. 괭이로 땅을 파고 밭이랑에 씨앗을 넣으면 부드러운 흙으로 덮었다. 그리고 형님이 하는 한지(韓紙) 일도 도왔는데 지소(紙所)로 가 닥종이 첨가제인 닥풀 밟는 일을 도와야 했다.

가을에는 학교 갔다 와 군침 도는 단감을 몰래 따먹고 벼 베는 일을 도왔다. 태풍으로 쓰러진 벼는 베기가 힘드나 반듯한 벼는 두세 포기를 잡고 힘차게 낫을 당기면 싹둑 잘려 신나고 재미있었다. 진척이 느린 큰 다랑논은 힘들었지만 작은 논은 금세 끝나 기분이 좋고 가뿐했다.

어머니는 밤이 익으면 뒷골 높은 먼 산에 밤을 주우러 갔다. 어두워져야 오는 어머니를 마중하러 갔다. 개울 옆으로 난 가파른 산길을 이삼십 분 오르면 어스름한 어둠 속 어머니가 무거운 밤 자루를 이고 내려왔다. 마중 온 나를 본 어머니는 반가워하며 "뭐 한다고 올라왔냐? 내가 이고 갈긴데, 공부나 하고 있지 않고." 그렇게 말하지만, 마중 나온 아들을 대견해 했다. "밤은 많이 열었습디까? 오늘도 독사가 보입디까?" 나는 어머니에게 하루의 안부를 물었고, 밤 자루를 받아 지게에 지고 어머니와 도란도란 이야기하며 어둠이 밀려오는 산길을 내려오는 시간은 무척이나 기분이 좋았다.

단감이 익으면 어머니는 나에게 "야야, 오늘은 단감 좀 따거라. 죽은 가지 안 밟도록 단단히 해라." 하면서 단감을 따도록 했다. 나는 긴 간짓대를 가지고 나무 위에 올라가 감을 땄는데 감이 길 위에 떨어져 깨질 때는 무척이나 아까웠다.

또한, 늦가을 고구마 캐는 날은 냇가를 건너 먼 밭에서 고구마를 발채에 담아 땀을 뻘뻘 흘리면서 집으로 져 날랐다. 밭이든 논이든 산이든 어디서나 어머니 일을 돕는 일은 항상 기분 좋고 즐겁고 행복했다.

겨울이면 학교를 마치고 주변 산에 올라가 솔가리를 긁거나 개똥구리(그루터기)를 캤다. 마을에서 가까운 산은 다른 사람들이 벌써 솔가리를 긁어가 거의 없었다. 그런 곳일지라도 다시 갈퀴로 긁으면 별반 소득은 없지만, 솔가리를 조금 해 올 수 있었다. 또한, 그루터기를 괭이로 캤는데 캐기 쉬운 것은 다른 사람이 이미 다 캐 가버려 힘든 그루터기만 남아 캐려면 몹시 힘들었다. 소득이 별반 없는 몇 안 되는 그루터기지만, 짊어지고 와서 군불을 때면 밥값을 했다는 보람이 밀려왔다.

겨울밤은 온 가족이 모였다. 봄이 오면 만들 한지(韓紙) 재료인 닥 겉껍질을 벗겼다. 졸린 눈을 비벼 가며 껍질을 긁는 작업은 새벽 1시가 되어야 끝났고, 밤참으로 먹는 동치미와 고구마는 꿀맛이었다. 야심하고 호젓한 겨울밤, 간간이 부엉이 우는 소리가 들려왔다. 그제야 피곤한 몸을 잠자리에 뉘었고 나는 곧장 꿈나라로 날아갔다.

친구들과 다정한 시간들

　전쟁 후 집집마다 자식 많기를 바라서 그랬는지 우리 마을도 같은 또래가 많았다. 한마을에서 열다섯 명의 아이들이 앞서거니 뒤서거니 태어났으며 천연두나 홍역, 콜레라 같은 전염병을 앓지 않고 모두 건강하게 자랐다. 자연스럽게 동네 친구가 많았고 모두 부모의 귀여움을 받으며 순수한 시골 정서가 몸에 밴 착한 아이들로 자라났다.
　초등학교에 다니게 되자 동네 친구들은 모여서 학교 가기를 즐겼다. 제일 높은 곳에 사는 아이가 내려오면서 "OO야, 학교 가자!" 하면 " 곧 나갈게." 하면서 곧장 튀어나왔다. 혹 준비가 되지 않을 때는 "조금만 기다려, 같이 가게." 하면 친구네 집 작은방 소죽 솥 불잉걸을 쬐면서 기다렸다. 다음 친구에게 "OOO야. 학교 가자!" 하면 "방금 갔다." 하면서 방문을 연 친구 어머니 목소리가 들렸다. 마을 고샅길에서 신작로로 나가면 윗마을 친구를 만났다. 초봄에는 보리가 파릇하게 자랐고, 4월이면 벚꽃이 피어 화사했다. 허리에 책 보따리를 둘러멘 우리는 장난치고, 깔깔대면서 학교를 오갔다.
　학교를 마치고 집으로 올 때는 봄에 새순으로 피어난 삘기를 뽑아 씹고, 보리피리를 불고, 냇가에 있는 곰보 딸기(복분자)를 따 먹었다. 새로 피어난 찔레나무의 어린순을 꺾어 먹는 것도 고픈 배를 채우는 데는 아주 좋았다. 그러다가 더우면 알몸으로 냇가에 첨벙 뛰어들었다.

 동네에는 못된 형 하나가 있었는데 골목대장이었다. 그 형은 동생들을 모아 냇가로 가서 못살게 굴었다. 멱 감는 동생들을 물속에 머리를 눌러 숨을 못 쉬게 했으며 많은 물을 먹고 간신히 목을 내밀고 가쁜 숨을 쉬면 다시 물속에 밀어 넣었다. 멱을 감은 후에는 모래밭에서 친구끼리 싸움을 붙였다. 서로 뺨을 때리거나, 주먹질을 하면 코피가 났다. 몸을 뒹굴면서 싸움하다 보면 힘센 친구가 약한 친구를 눌렀고 몸이 약했던 나는 힘센 친구에게 자주 깔렸다. 이렇게 괴롭히는 그 형을 모두 싫어했다. 강제로 붙인 싸움이라 친구끼리는 곧 화해를 하였고 감정이 뒤틀리지는 않았다.

 앞집 친구네는 겨울이면 소죽을 끓였다. 작두로 여물을 썰고 콩깍지를 섞어 삶았다. 우리 집은 소를 키우지 않아 나는 친구네 쇠죽 솥 모닥불 쬐기를 좋아했다. 가을이면 숯불에다가 방아깨비를 구워 먹고, 겨울은 불잉걸에 고구마, 감자를 구워 먹었다. 그때의 구수한 방아깨비 맛은 지금도 잊을 수 없다.

 가을날, 휴일이면 작은 지게를 짊어지고 산에 땔감을 하러 갔다. 11월이면 산소에는 맛있는 음식을 차려와 조상에게 시향을 지냈다. 우리는 한쪽에 모여 끝날 때까지 기다렸다. 제사가 끝나면 얻어먹고 싶어 기다린 우리에게 인절미, 유과, 산적 같은 음식을 나눠 주었다. 고맙다고 인사하고 친구들과 맛있게 나누어 먹었는데 배고픈 시절이라 꿀맛이었다. 깍쟁이 짓을 하는 시향은 제사가 끝나면 묘 주변에 똥을 누어서 앙갚음을 했다.

산에서 게으름을 피우다 보면 해가 뉘엿뉘엿했다. 급한 마음에 주인이 아껴놓은 솔숲 솔가리를 긁다가 "이놈, 그 누고, 당장 나가지 못해!" 큰소리가 나면 혼비백산 도망쳤다. 때로는 붙잡혀 지게와 갈퀴를 다 뺏기고 집에 와 어른들한테 혼이 나기도 했다.

주변 산은 민둥산이어서 땔감 마련하기가 쉽지 않았다. 방학 때는 친구들과 깊은 산으로 땔감을 하러 갔다. 도시락을 싸 깊은 산에 가면 마른가지, 죽은 나무, 솔가리 등이 많았다. 신나게 나무를 해서 끙끙 땀을 흘리면서 내려오면 어둑한 저녁이었고 좋은 땔감을 해왔다고 어머니는 칭찬해주었다

평일 학교 갔다 와 한나절 시간이 날 때는 친구와 근처 산에 그루터기를 캐러 갔다. 오래된 그루터기는 힘 안 들이고 쉽게 뽑지만, 아직 썩지 않은 그루터기는 힘든 괭이질을 오래도록 해야 했다. 뿌리를 캐고, 그루터기를 이리저리 흔들고 씨름을 하다 보면 땀에 흠뻑 젖었다. 큰 그루터기를 캐서 발채에 담아 지고 올 때는 마음이 뿌듯했다.

친구네 작은방은 겨울이면 고구마를 방 한편에 쌓아 놓고, 메주를 선반에 달아 놓았다. 그 방은 늘 퀴퀴한 냄새가 났지만, 친구들과 모여 놀기는 좋았다. 우리는 그 방에서 놀다가 배가 고프면 낫으로 고구마 껍질을 벗겨 우적우적 씹었다. 문틈에선 빈대가 숨었다가 밤이 되면 슬금슬금 기어 나와 사람 피를 빨았고 그럴 때마다 긁적거렸다.

나는 또 다른 친구네 집에 모여 공부하기를 좋아했는데 친구 방을 마음대로 드나들었다. 친구 어머니나 아버지도 공부하러 들락거리는 아들 친구를 넓은 마음으로 이해했다. 시험이 가까워 오면 모여 공부를 했는데 식사 때는 집으로 와야 했다. 친구 어머니가 "우리 집에서 밥 같이 먹자."고 하지만 그 말을 곧이곧대로 들어서는 안 됐다. 허물이 없는 사

이일지라도 식사 때 남의 집 폐를 끼치는 것은 염치없는 짓이었고 예의에 어긋난다고 어머니는 가르쳤다. 다 풍족하지 않던 시절이라 남의 집 신세 지는 것을 미안해했다.

각자 저녁을 먹은 후 다시 친구 집에 모여 공부를 했다. 이야기 나누다가 공부하다가 보면 자정이 되었고 그제서야 집으로 왔는데, 그믐날이면 깜깜한 골목이 무서웠다. 폐병 환자가 살다가 죽은 앞집을 지나쳐 올 때는 더 무서워 머리가 쭈뼛거렸다.

시간이 나면 친구들과 말 등 타기, 숨바꼭질, 깡통 차기, 딱지치기, 물놀이, 칼싸움 놀이를 하면서 우정과 사회성을 키웠다. 이제 그 시절 친구들은 모두 50대 후반을 지나고 있다. 먼저 저세상으로 간 친구도 있다. 지금도 친구들 모임에서는 옛이야기를 하면서 회상에 젖기도 한다. 어릴 때 추억을 같이 가지고 있기에 가정 대소사에는 꼭 찾아보고, 고향 친구로서 우정의 끈을 놓지 않고 있다.

깡통 차기

초등학교 시절, 학교를 마치면 부모님 일손을 돕기 위해 친구들과 곧장 집에 와야 했다. 어른들은 밥을 먹었으면 밥값을 해야 한다며 부지런함과 근면을 가르쳤다. 어른들은 공부를 닦달하지 않았고 집안일 돕는 것을 대견스러워했다.

어릴 때 놀고 싶은 마음은 시대를 초월하여 늘 마찬가지라 생각된다. 어릴 적 동네 친구들도 시간만 나면 모여서 놀고 싶어 했다. 좋아하는 놀이로는 깡통 차기, 숨바꼭질, 말 등 타기, 물놀이, 딱지치기, 비석치기, 자치기…. 이런 놀이었다. 모든 놀이가 즐거웠지만, 그중에서도 신났던 '깡통 차기'가 기억에 생생하다.

마을 골목에는 여러 갈래 길이 모이는 작은 광장 같은 절점이 있었다. 숨을 곳이 많고 먼 곳까지 깡통을 찰 수 있어 우리는 그곳을 좋아했다. 한 친구가 "000야 놀자. 00으로 와!" 하면 친구들은 "응, 알았어. 곧 갈게." 하고 그곳으로 모여들었다.

점심을 먹은 후거나 해거름 녘, 예닐곱 친구가 모였다. 모인 친구들은 모두 다 꾀죄죄했다. 부스럼도 있고, 누런 코를 흘리는 친구, 기계충으로 머리 피부가 하얀 친구도 있었다. 옷은 남루하였고 대부분 '기차표', '다이아몬드표' 검정 고무신을 신었다. 인원수가 부족하면 끼고 싶어 하는 동생들도 끼워주었다.

깡통은 고등어 통조림 같은 양철통에 작은 돌 몇 개를 넣고 주둥이를 오그리면 되었다. 돌이 들어간 깡통은 조금만 흔들어도 요란한 소리를 냈다. 돌담에 숨겨둔 깡통을 꺼내 곧바로 놀이에 들어갔다. 우리는 깡통을 놓을 자리에 작은 원을 그렸고 그곳에 깡통을 두었다. 친구들은 가위, 바위, 보로 술래를 정했다. 모두가 술래가 되지 않기 위해 손목을 비틀어 한쪽 눈으로 작은 구멍을 들여다보거나 손등을 밀어 올려 주름의 형태로 뭘 내야 할지 미리 점쳐 보기도 했다. 몇 번의 가위, 바위, 보를 거친 후 술래가 정해졌고, 술래는 깡통 옆에 서고 다른 이는 술래를 둘러쌌다. 깡통을 제일 멀리 찰 수 있는 친구가 힘껏 깡통을 내질렀다. 깡통은 요란한 소리를 내면서 멀리 날아갔다. 헐렁한 검정 고무신도 함께 공중을 날아 갈 때도 있었다.

술래는 멀리 날아간 깡통을 빨리 주어다가 원 안에 두고 숨은 친구를 찾아야 했다. 친구들은 담 밑, 헛간 뒤, 집 모퉁이, 닭장 뒤에 몸을 숨겼다. 술래가 숨은 자를 찾으면 깡통으로 달려와 'OOO 찾았다. 꽝' 하고 소리를 쳤다. 들킨 친구는 죽게 되고 깡통주위에 와서 대기해야 했다. 그러다가 술래 몰래 누군가가 달려와 깡통을 다시 차면 원 둘레에 죽었던 자들도 다시 살아나 숨었다. 그렇게 찾고, 내지르고 반복하다가 다 찾으면 죽은 자들끼리 가위, 바위, 보를 해 새 술래를 정했다. 그렇게 몇 번의 술래가 바뀌는 동안 시간은 금세 흘렀다.

신나게 놀면 시간 가는 줄 모른다. 땅거미가 지고 집집의 굴뚝에는 연기가 피어올랐다. 그때 친구 어머니의 거칠지만 사랑이 담긴 목소리가 온 동네를 떠나갈 듯 울려 퍼졌다. "호랭이가 씹어갈 OO야! 밥 먹어라! 쎄가 만발이나 빠질 놈아! 해가 지면 집으로 싸게 들어와야제!" 다른 어머니들도 친구 어머니의 목소리가 들리는 시점에 이제는 그만 놀고 집으로 가자며 데려갔다. 친구들은 아쉽지만, 내일 또 놀자고 약속하고 헤어졌다. 얼굴은 상기되고, 땀은 온몸을 적셨다. 그렇게 뛰어 놀다가 배고픈 나는 어머니가 차려주는 보리밥, 열무김치, 고구마 줄기 반찬은 꿀맛이었다.

친구들과 천진난만하게 어울려 깡통 놀이를 즐기던 그 시절, 이제는 아련한 추억이고 친구들이 그립다. 그때 같이 놀던 이웃집 동생은 몇 해 전 하늘나라로 갔다. 깡통 차기 놀이하던 그 골목도 지금은 변해 흔적이 없다. 하지만 내 마음속에는 깡통 놀이는 온전히 남아 그 시절을 추억하게 한다.

어린 시절 즐거운 놀이들

　누구나 못살던 초등학교 시절, 집이건 학교건 읽을 책이 별로 없었다. 교과서 외에는 책다운 책이 없던 시절이다. 초등학교 4, 5학년 때 나는 독서 경진대회에 차출되어 선생님이 구해준 피노키오와 단테 신곡을 읽었다. 그때 읽은 '신곡'은 거의 기억이 없다. 다만 책 속에서 지옥, 연옥, 천국을 이야기하던 기억만 있다.
　신작로 변에 사는 친구는 매주 한 번씩 오는 '소년 한국일보' 어린이 신문을 봤다. 일간 신문보다 작았지만 많은 읽을거리가 있었다. 나는 그 신문이 읽고 싶어 친구 집을 자주 찾아가곤 했다.
　또 다른 친구는 향토 농산물을 중계상하는 집 아들이었는데 그 집에는 돈이 많았다. 그는 우리 동네에서 유일하게 '동아 전과'를 가지고 있었다. 선생님이 숙제를 내주면 그는 숙제를 뚝딱했는데 전과 안에 답이 다 있기 때문이었다. 모두가 '동아 전과'를 가진 그를 부러워했다. 나는 숙제를 하다가 어려우면 친구 집에 가서 동아 전과를 보고 모르는 것을 깨우쳤다.
　반(半) 공일(지금의 토요일)이나 일요일도 친구들은 부모를 도와야 했고 자율시간이 넉넉지 않았다. 자투리 시간이 나면 우리는 모여 놀기를 좋아했다. 바깥에서 하는 놀이로는 숨바꼭질, 딱지치기, 땅따먹기, 무궁화 꽃이 피었습니다, 칼싸움, 자치기, 구슬치기… 등 여러 놀이를 하면서 놀았다.

숨바꼭질은 남녀 누구나 함께 어울릴 수 있는 놀이었다. 가위 바위 보를 해서 술래가 정해지면 열을 셀 동안 모두 숨었다. 술래는 숨은 친구들을 열심히 찾았고 다 찾으면 다시 술래를 정했다. 술래에게 잡힌 친구들은 "꼭꼭 숨어라, 머리카락 보인다."를 외치면서 숨어 있는 친구들이 술래에게 들키지 않도록 응원했다. 우리는 뒤란, 외양간, 장독대, 변소… 등 으슥한 곳에 숨었다. 외양간에 숨을 때는 소똥을 밟아 짚에 신발을 문질렀고, 큰 소가 왕방울 눈으로 쳐다볼 때는 무서웠다. 변소에 숨어 있으면 똥 돼지가 와서 꿀꿀댔다.

딱지치기는 2, 3명이 했는데 내 딱지로 상대편 딱지를 힘껏 내리쳐서 뒤집히면 자기 것이 됐다. 잘 안 넘어가면 딱지에 발을 대고 밀치듯 쳤다. 우리 집은 한지를 만드는 첨가제인 두꺼운 폐종이가 많았다. 딱지 만들기 좋은 두꺼운 종이는 숨겨 놓았다가 센 딱지를 만들었다. 다 잃은 친구들은 달력이나 비료 포대를 뜯어서 딱지를 만들다가 자기 아버지한테 혼이 나기도 했다. 딱지 모아두는 곳에는 늘 딱지가 그득했다. 어른들은 "밥이 나오나 떡이 나오나? 그걸 뭐 한다고 모으느냐?"고 하시면서 꾸지람을 했다. 어른들은 우리가 즐기는 재미를 알 리가 없다.

땅따먹기는 땅에다가 나뭇가지로 적당한 크기의 사각을 그렸다. 귀퉁이에 손바닥을 펼쳐 손 크기만큼 자기 집을 우선 그렸다. 가위, 바위 보를 하여 순서를 정한 다음 병마개나, 사금파리를 자기 집에서 세 번을 튕겨 다시 집으로 돌아오면 지나간 자리는 자기 땅이 된다. 세 번 만에 못 돌아오거나 금 밖으로 도구가 나가면 땅을 넓힐 수가 없다. 순서대로 돌아가면서 땅을 넓혔는데 많은 땅을 가지면 이겼다. 이외에도 여러 재미있는 놀이가 많았다.

　실내 오락으로는 화투 놀이가 있었다. 가장 쉬운 '민화투' 놀이를 많이 즐겼고, 심심하다 싶으면 '나이롱뽕'이나 '짓고땡' 같은 도박성 화투 놀이도 했다. 친구 집에 모여 밤늦게까지 하는 때도 있었는데 나는 화투 놀이를 별로 좋아하지 않았다. 초등학교나 중학교 시절 나이롱뽕, 짓고땡을 즐기던 친구들은 어른이 되어서도 돈내기 화투놀이를 즐겼다.

　초등학교 때 우리 집은 한지를 만들어 돈을 제법 벌었다. 형님은 읍내 장에서 '금성 라디오' 한 대를 사 오셨는데 굵은 로케트 배터리를 넣는 라디오였다. 마당에서 한지 첨가제인 굽지(하얀 폐지)를 가리는 일을 할 때면 마루에 라디오를 크게 틀어 놓고 작업을 했다. 처음 라디오를 본 동네 사람들은 "저 안에 사람이 들어 있단가? 저 작은 곳에서 어찌 사람 소리가 난단까?" 하면서 궁금해 했다.

　라디오에서는 매일 11시 40분이 되면 20분짜리 '법창 야화' 드라마를 방송했다. 흉악한 범죄자가 단죄를 받는 드라마였는데 다음을 안 듣고 못 배기게 아슬아슬하게 끝났다. '강진 갈가리 사건' 드라마는 무시무시 했다. 살해 후 시체를 무지막지하게 토막 내 사람들을 공포에 떨게 했다.

　12시 55분에는 '김삿갓 북한 방랑기'가 구수한 목소리로 5분 동안 흘러나왔다. '눈물 젖은 두만강' 연주곡을 배경음악으로 '땅덩어리 변함없되 한 허리는 동강 나고 / 중략 / 어찌하다 북녘 땅은 핏빛으로 물들었나.' 하는 김삿갓 목소리는 아직도 귀에 쟁쟁하다. 이 프로그램은 가상으로 김삿갓이 북한을 방랑하면서 주민이 겪는 참상을 들려주는 드라마로 국민에게 반공정신을 높여 주는 프로그램이었다.

스포츠 방송으로는 말레이시아 쿠알라룸푸르에서 열리는 메르데카배 축구대회와 태국에서 개최되는 킹스컵 축구 대회를 라디오로 중계를 해주었는데 긴박감 넘치는 아나운서 목소리에 우리나라 선수가 최고인 줄 알았다.

내가 중학교 3학년쯤이다. 큰형님은 집에 TV를 한 대 사 왔는데 동네에는 단 두 대뿐이었다. 나는 친구들 앞에서 으쓱했다. 우리는 '수사반장', '전우', '웃으면 복이 와요.' 같은 프로그램을 즐겨봤다.

'수사반장'은 최불암, 조경환 등 4명의 수사관이 어떤 범죄인도 예리한 수사력으로 검거하는 프로그램이었는데 재미있었다.

'전우'는 6.25 때 우리 국군 1개 소대가 소대장을 중심으로 전우애로 똘똘 뭉쳐 북한군을 무찌르는 용감무쌍한 드라마였다. 국군은 언제나 북한군에게 승리했고, 북한군은 항상 더 많이 죽었다.

'웃으면 복이 와요'는 고인이 된 서영춘, 배삼룡 등 명 코미디언이 어설픈 동작과 개그로 웃음을 주던 프로그램이었다.

음악 프로그램으로는 갑자기 등장한 신데렐라 같은 가수가 있었다. '당신은 모르실거야'를 부른 혜은이였는데 청순한 얼굴, 아름다운 미모, 감미로운 목소리는 동네 친구들의 넋을 잃게 했다. "와~! 예쁘고, 노래도 잘한다." 모두가 감탄했다.

스포츠 경기로는 홍수환 권투 경기, 김일 선수 레슬링 경기를 즐겨 봤다. 우리나라 선수가 상대편 선수를 KO시키거나 일본 레슬러를 무찌를 때는 모두 신났다. 특히 남아공화국 더반에서 홍수환 선수가 4전 5기로 챔피언을 거머쥐고는 "엄마, 나 챔피언 먹었어!" 할 때는 모든 친구들의 가슴이 뭉클했다.

장터 섬진강 모래사장에는 간혹 가설극장이 들어왔다. 이른 저녁을 먹고 형들과 2km 길을 걸어 영화를 보러 갔다. 돈이 없을 때는 모래를 파 개구멍을 만든 다음 그곳으로 몰래 기어 들어가 도둑 영화를 보거나 영화가 중반을 지날 때까지 기다렸다가 입구를 지키는 사람이 그제서야 공짜로 들여보내주면 나머지 영화를 보았다. '용문의 여검'이라는 무협 영화는 검객들이 나무 위로 휙휙 날아다니면서 칼싸움을 하였는데 신났다. '비 내리는 고모령'이란 멜로 영화는 사랑하는 사람을 그리워하며 비 오는 거리를 주인공이 울면서 헤맬 때는 가슴 아파 같이 울었다.

가설극장이 오면 선전대가 차를 타고 다니면서 "눈물 없이는 못 볼 영화, 미워도 다시 한 번! 손수건 꼭 준비하세요." 하면서 순진한 시골 사람들이 영화를 안 보고는 못 배기도록 자극했다. 그 시절 영화는 상영 중에 끊기기 일쑤였고 화질이 좋지 않아 비가 내리는 듯한 스크린이었다. 모두가 가슴 저리는 추억 이야기다.

명절이 오면

　추석이 우리 곁에 가까이 다가오고 있었다. 들판은 황금색으로 변했고 앞뒤 산에 열린 밤송이는 알밤을 쏟아냈다. 온 동네 감나무는 불 먹은 감으로 익어 갔고 주홍빛, 연둣빛, 붉은빛, 검은 반점으로 물드는 예쁜 감잎 단풍은 자꾸만 짙어갔다. 선생님은 국어 시간에 "추석이 가까워 왔습니다. 밤도 익어 갑니다. 감도 익어 갑니다." 추석과 관련된 글을 큰소리로 읽게 했다. 수업 진도가 추석에 맞추어졌다.

　또 추석이 지나고 동지가 지나면 설이 다가왔다. 새해를 맞는 설은 가장 추운 때였고 처마 끝에는 고드름이 달리고 하얀 눈이 소복이 쌓이기도 했다.

　추석이 오면 어머니는 다랑논 양지쪽에서 일찍 익은 벼를 베어 논두렁에 며칠 말린 후 홀태로 벼를 훑어서 절구통에 찧은 다음 키질을 했다. 뜨거운 여름 햇살을 담뿍 머금은 햅쌀은 첫 수확이라는 감격과 자연에 대해 감사하게 했다. 햅쌀로 지은 흰 쌀밥은 첫 수확한 밤, 감, 대추와 함께 차례 상에 올렸다.

　명절이 오면 동네 공동 목욕탕은 부산했다. 동네 주민 모두가 목욕해야 하기에 순번을 정했다. 목욕하는 날 아침, 우리 집 식구는 장작을 지고 공동 목욕탕으로 가 물을 데워 어른인 큰형님부터 먼저 목욕을 하고 나와 어머니는 두 번째로 그 다음은 형수와 어린 조카가 했다.

어머니는 나에게 몸을 물속에서 푹 불리도록 했다. 내가 탕에 발을 넣다가 "앗, 뜨거워!" 하면 먼저 탕에 들어가 있던 어머니는 "시원하다!" 하면서 내가 서서히 탕 안으로 들어오도록 했다. 어머니는 물에 불린 내 몸을 수세미 같은 거친 천으로 등과 팔을 문질렀다. 한 해에 추석과 설 명절에만 하는 목욕이라 많은 때가 나왔고 아팠다. "엄마! 아파. 좀 살살 밀어." 하면 "좀만 참아라. 다 돼간다." 하면서 한참을 밀었다. 손등이나 발뒤꿈치에는 굳은 때가 많아 돌로 문질러야 했다. 목욕을 하고 나면 몹시 개운해 날아갈 것 같았고 잠도 잘 왔다.

또한, 명절이 오면 구석구석 집 청소를 하고 마당을 쓸었는데 마당 쓰는 일은 어린 나와 조카 몫이었다. 두엄도 걷어 올리고, 장작 패는 곳도 깨끗이 정리해야 했다.

명절이 오면 도시로 나간 작은 누님은 고향으로 돌아왔다. 서울에서 비둘기호 열차를 열 시간 넘게 타고 구례 역에 내려, 다시 읍내 차부에서 버스를 타고 왔다. 누님이 오면 어머니는 부엌에서 일하시다가 "우리 새끼 왔나!" 하면서 급히 뛰어나와 눈물을 훔치시고 얼싸안았다. 누님은 어머니의 겨울 내복을 사오셨고 큰형님과 형수를 위해서는 스웨터나 양말을, 나와 조카를 위해서는 학용품, 귀마개, 장갑 같은 선물을 사 왔다. 어머니는 "돈도 없을 긴데 뭐 한다고 이런 것을 사 왔냐?" 하시면서 도시에 나가 고생하는 누님을 안쓰러워했다.

큰형님 형수는 구례 장에 나가 설빔을 사왔는데 코르덴 옷 한 벌과 고무신을 사다 주었다. 대개 옷은 입어보면 컸는데 커가는 아이들은 옷을 좀 크게 입어야 한다며 소매를 접어서 입도록 했다. 큰 신발은 다음 장에 가서 다시 바꿔다 주었다. 아무튼, 명절이 오면 몹시 좋아했는데 그 이유는 맛있는 음식을 먹을 수 있다는 것과 새 옷을 입을 수 있기 때문이었다. 그런 명절을 손가락을 꼽으면서 기다렸고 기다리는 시간은 참 더디게 갔다.

명절 전날은 큰형님이 떡메를 쳤다. 쫀득쫀득한 찹쌀 인절미를 만들기 위해서다. 떡메를 들어 올릴 때마다 어머니와 큰형수는 퍼져 나간 떡을 가운데로 모았는데 위험해 보였지만 호흡이 잘 맞아 탈 없이 작업을 마치곤 했다. 떡메 작업이 끝나면 떡판을 대청으로 가져가 인절미를 만들었다. 또한, 큰 가마솥 시루에는 호박 시루떡이 김을 내면서 익어가고…. 형수는 동네 방앗간에서 가래떡을 뽑아와 어머니와 함께 밤새 떡을 얇게 썰었다. 추석 명절에는 큰 시루에 소나무 잎을 넣고 송편을 쪘고 엿기름으로 달콤한 조청을 끓이고 유과와 깨강정을 만들었다.

어머니와 형수는 거꾸로 달구어진 솥뚜껑에 전을 부쳤다. 인절미나 전 부침을 할 때는 나와 조카는 한입 얻어먹으려고 옆에 쪼그리고 앉았다. 그러면 어머니는 벌린 입에다 한입씩 넣어주었.

근엄한 큰형님은 안방에서 양반 자세로 앉아서 생률밤치기를 했다. 온 동네가 명절 준비로 부산했고 고소한 냄새가 진동했다.

설 전날인 그믐밤에 자면 눈썹이 하얗게 센다고 어른들은 아이들을 놀렸다. 뜬눈으로 지새우려고 애써보지만, 자정이 넘으면 나도 모르게 스르르 눈이 감겼다. 식구들은 놀래주려고 하얀 밀가루를 눈썹에 묻혔고 아침에 잠에서 깨면 거울을 보고 놀라는 나를 보며 모두가 웃었다.

설날 아침이면 두 형님(큰형님, 작은형님)은 두루마기를 입고, 나와 조카는 설빔을 차려입고 차례를 지냈다. 설날은 떡국으로, 추석은 햅쌀

밥으로 차례상을 차린 후 조상에게 예를 다해 절을 했다.

설에는 차례를 지낸 다음 세배를 했는데 세뱃돈으로 1원, 10원짜리 지폐를 받았다. 어른들은 세배하는 우리에게 "올해는 몇 학년 되노? 건강하게 크고 공부도 열심히 하거래이." 덕담을 건네주었다.

차례를 지내고 나면 형님 두 분과 나, 조카는 조부모와 아버지 산소를 들렀다. 냇가 징검다리를 건너 묘에 도착하면 준비한 술과 음식을 차려놓고 절을 했다.

성묘를 다녀온 다음에는 친구들과 어울려 동네 어른들께 세배하러 다녔다. "OO 할매 계십니까? 세배 왔심더!" 하면, 문을 열고는 "방으로 얼른 들어오니라." 정겨운 목소리로 말했다. 세배한 후 "가실 편히 쉬셨습니까?" 하면 "우리 새끼들 아프지 말고 쑥쑥 크거라." 하는 덕담과 함께 떡국, 조청, 인절미, 유과 상을 내놓았다. 동네 세배가 끝날 때쯤이면 다른 날은 느껴보지 못한 포만감이 밀려왔다.

동네 어른들께 세배가 끝나면 우리는 친구 집에 모여서 받은 세뱃돈으로 민화투, 나이롱뽕 화투 놀이를 했다. 추석에는 동네 어귀 언덕에 있는 커다란 소나무에 굵은 그네를 매고 그네를 타며 즐겁게 놀았다.

어린 시절 명절은 새 옷 입고, 맛있는 음식을 실컷 먹을 수 있어 신났고 즐거웠다. 요즈음 아이들은 명절에 대한 애틋한 추억이나 있으려나.

어머니의 기도

'하느님은 이 세상 집집마다 천사를 보낼 수 없어 어머니를 보냈다.' 유대인 격언이다. 연어가 자식을 위해 자신의 살점을 다 내어주듯이 세상 모든 어머니는 자식을 위해 한없는 사랑을 쏟고 헌신을 하다가 세상을 등진다.

신바람 건강법 강의로 유명한 고인이 된 황수관 박사가 하루는 방송에서 어머니의 자식 사랑과 희생 이야기를 들려주었는데 재미있어 웃었지만 깊은 의미가 있었다. 1.4 후퇴 피난길, 황수관 박사의 네 가족도 남쪽으로 피난을 떠났고, 피난 중에 적 포탄이 인근에 떨어졌단다. 어머니는 두 자식이 다칠까 봐 가슴으로 품어 엎드렸는데 포탄이 멈춘 다음 아버지가 보이지 않아 주변을 살폈더니 아버지는 언덕 밑에 혼자 머리를 감싼 채 매에 쫓기는 꿩의 모습으로 숨어 있더란다. 어머니는 자기가 죽는 한이 있더라도 자식을 살려야 한다는 책임감이 가득한데 아버지는 자신만 살아남으려는 모습에서 어머니와 아버지의 자식 사랑과 희생 차이를 느낄 수 있었단다. 그런 어머니의 헌신과 사랑이 있었기에 지금의 자신이 있었다며 어머니의 위대한 사랑을 이야기했다. 이 외에도 세상에는 어머니 사랑을 절절히 그리워하는 사모곡과 글은 수없이 많고 언제나 가슴을 시큰하게 하고 감동을 주곤 한다.

나의 어머니 또한 여느 어머니처럼 자식 사랑과 희생, 헌신으로 살다 간 삶이었다. 어머니는 여섯 자녀를 낳았고 한 자식만 어릴 때 잃었을 뿐 나머지 다섯 자녀(3남 2녀)를 건강하게 키우셨다. 아버지는 장사 실패와 보증으로 가사가 기울자 자신을 자책하다가 화병으로 세상을 떠났다. 아버지 죽음은 어머니가 44세 때 일이었다. 남편을 먼저 저 세상으로 보낸 어머니는 오직 자식들만을 바라보고 수절하면서 고단한 삶을 사셨다.

어머니는 갸름하고 순한 얼굴에 야위고 가냘팠다. 가느다란 팔과 다리는 여린 나뭇가지처럼 안쓰러웠다. 그러나 잔병치레를 하지 않는 건강한 체질이었고 병원을 찾거나 약을 먹는 일은 거의 없었다. 쪽 진 머리에 비녀를 꽂고 무명이나 삼베 치마와 저고리를 입으셨다.

성품은 외모를 닮는 것일까. 어머니는 온화하고 친절하고 정이 많았으며 사랑이 가득한 분이었다. 힘든 일을 해도 그게 어머니의 운명이려니 생각하는 듯 했고 짜증스러워하거나 불평하지 않았다. 6.25 전쟁 때 국군 장교로 공을 세웠던 성공한 외숙은 "내 누님은 마음이 보살이고 천사예요. 어찌 그리 인정도 많고 온화한지요. 배우지 못한 누님이지만 누구보다도 누님을 존경한답니다." 말하곤 했다.

친구 중에는 자식한테 모진 욕을 쏟아내는 어머니도 있었다. 나의 어머니는 자녀한테 화를 내거나 욕을 하지 않았고 언제나 따뜻한 말로 토닥였다. 자식 공부도 닦달하지 않았다. 시험이 있어 늦게까지 공부하고 있으면 "밤도 늦었는데 고단하지 않느냐? 힘닿는 대로 하거라. 늦은 밤인데 이제 자자." 하시며 늦게까지 공부하는 자식을 안쓰러워했다.

큰형님(스물두 살 차이)은 나와 조카가 바르게 크지 않으면 훈육하려고 회초리를 들었다. 회초리를 맞아 장딴지가 부어오르면 어머니는 나보고 "잘못했다고 빨리 빌거라." 하면서 속히 용서를 빌도록 했고 애달파했다. 안방에서 단둘이 있을 때는 "얼마나 아프냐!" 하시면서 매 맞은 장단지를 어루만져주시고 아버지 없음을 안타까워하면서 막내인 내가 매 맞는 것을 몹시 가슴 아파했다.

어머니는 나이 많은 사람과 결혼하고(명이 짧아 나이 든 사람과 결혼해야 그나마 명을 이을 수 있다는 샤머니즘적 생명관), 남편을 일찍 여의어 부부간 사랑이나 정을 모르고 살아온 것, 자식만 바라보고 살아온 수많은 나날들이 가슴에 늘 한과 억눌린 마음으로 다가오는지 항상 기도하는 삶을 사셨다.

안방에는 어머니와 나, 어린 큰 조카가 함께 잠을 잤는데 어머니는 늦은 밤이나 어슴푸레한 새벽이면 방문 앞에 왼 다리를 세우고 쪼그리고 앉아 하얀 방문만 면벽 수행하듯 바라보면서 엽초 담배를 말아 피우신 다음 "관세음보살~. 관세음보살~"을 수없이 외고 "새끼들 아무 탈 없이 돌봐주시고 하고자 하는 일 이뤄지게 해주십시오." 하면서 자식 건강과 소원 성취를 간절히 기원했다. 어머니의 기도는 매일 똑같았다. 그렇게 관세음보살을 수없이 반복해 외며 기도하다가 아침이 밝으면 밖으로 나가 아침 거동을 했다.

어떤 특별한 날은 부엌 조왕신에게도 두 손을 비비면서 "조왕신님! 어쨌든 자식들 아무 탈 없이 보호해주시고 좋은 일만 많게 비나이다." 부엌 신한테도 기도했다.

자식 생일이 돌아오면 밥상에 찰밥, 미역국, 생선, 시금치나물, 도라지나물 등…. 생일상을 안방 윗목에 차려 놓고 두 손을 비비며 "조왕신,

삼신할미! 어야 둥둥 집안 식구들 아픈 일 없게 하고, 공부 잘하고, 모든 일이 술술 풀리도록 보살펴 주이소. 비나이다. 비나이다." 하면서 치성을 드렸다. 특히 베트남 전쟁에 파병된 작은형님 생일은 건강하게 살아 돌아오기를 기원하면서 더 오래 기도했고 간절했다.

어머니는 신(神)이 우리 삶을 주관하고 길흉화복을 관장한다고 믿는 것 같았다. 그런 신앙관을 가진 어머니는 자식을 위해 기도하는 게 어미의 도리라 생각하는 듯했고 기도 속에서 마음의 평정을 찾는 듯했다

언제나 자식 걱정과 천사의 마음으로 살던 어머니는 당신이 오래 살지 못하고 일찍 죽음이 찾아올 것을 운명적으로 예감하는 듯 했다. 뒷집 할머니 집에 밤마실을 자주 갔는데 보름달을 보면서 "저 보름달이 쟁반보다 작아 보이면 육십을 못 넘긴다는데 나는 언제나 쟁반보다 작아 보이네요." 하셨단다. 그렇게 운명적으로 장수하지 못할 거라고 말씀하던 어머니는 자신의 예언대로 내가 고등학교 2학년 때, 57세의 일기로 사랑과 희생을 자식들에게 남긴 채 이 세상을 떠나가셨다.

신나는 외갓집 가기

누구에게나 외갓집은 참 포근하고 정겨운 곳이다. 오랜만에 가는 외갓집은 반갑고 외할머니의 넉넉한 사랑은 그곳을 더 가고 싶게 한다. 나의 두 딸도 어린 시절, 시골 외할머니 보러 가자하면 너무 좋아하고 신나했다.

나 또한 어릴 때 외갓집 가는 것은 나의 두 딸과 마찬가지 마음이었다. 내가 초등학생 때 어머니를 따라 외갓집을 가는 것은 늘 신나고 기분 좋은 일이었다. 외할머니와 이모, 외숙이 나를 예뻐해 주었고 외사촌들과 재미나게 놀 수 있어 그랬지 싶다.

아버지는 독자셨다. 그렇다 보니 친가 쪽으로 친척이 없었다. 사촌이 있어 서로 울이 되고 제사도 같이 지내고 큰어머니, 작은어머니 부르는 친구가 부러웠다.

난 친사촌은 없지만, 외사촌은 여러 명 있었다. 우리 집은 자연히 외가 친척과 가깝게 지냈고 외갓집 행사가 있으면 어머니는 그곳에 가고 싶어 했고 나는 어머니를 따라나섰다.

외할아버지 제사가 돌아오면 어머니는 외갓집 가는 것을 손꼽아 기다렸다. 우리 집에 시집온 지 꽤 세월이 흘렀음에도 언제나 외할머니가 계시는 친정을 그리워했다. 어머니는 제사 때 친정에 가면 외할머니와 이모(어머니 언니)와 세 외숙(어머니 남동생)을 만날 수 있기 때문이었다. 남편도 일찍 여의고 수절하며 살아온 삶에서 어떤 억눌리거나 가슴 속 묻어둔 한이 당신의 형제를 만나면 응어리가 풀어지는 듯 했고, 피를 나눈 형제라 그냥 반가웠을 것이다.

어머니는 할아버지 제사 하루 전에 "상호야! 내랑 외갓집 갈래?" 그러면 나는 "와! 좋아요. 저도 외갓집 가고 싶었어요. 외할머니도 보고 형, 누나, 동생들도 보고 싶어요." 했다.

제삿날 어머니는 쪽찐 머리를 곱게 빗고 아껴 놓은 옷으로 차려입은 다음 제사에 가져갈 쌀, 곶감, 고사리 같은 제물을 싼 보통이를 머리에 이셨다. 나는 코르덴바지와 상의를 입고 신나하면서 어머니보다 먼저 길을 나섰다. 외갓집은 우리 집에서 2km 떨어진 화개장터가 있는 탑리 마을이었다. 집을 나서 동네 길을 내려와 신작로를 걸으면서도 나는 아직 흥분이 가라앉지 않아 깡충깡충 뛰고, 그러다가 어머니 옆에 줄레줄레 걸었다. 그런 나를 보고 어머니는 "외갓집 가는 게 그리 좋으냐?" 하셨다.

추운 겨울 섬진강에서 불어오는 골바람은 차가웠다. 냇가에는 군데군데 하얗게 얼음이 얼어있고, 벚나무는 모든 잎을 떨어뜨린 채 차가운 바람을 맞고 있었다. 나는 어머니를 따라 종종걸음으로 걸었고, 어머니는 내가 옆에서 걷는 게 심심치 않은 듯했다. 어머니는 옆에서 걷는 나를 보고 "우리 막냉이 언제 다 클꼬? 네하고 네 누나하고 결혼시킬 때까지 내가 살아 있어야 할긴데!" 낮은 목소리로 웅얼거렸다.

음침해서 지나가기 무서운 '해갱돌이'도 지나고 한 시간 남짓 걸어 장터에 도착했다. 화개장터에서 탑리부락을 가려면 일제 강점기 건설한 높은 콘크리트 다리를 건너야 했는데 난간대에 기대어 내려다본 화개천의 맑은 물은 까마득했고 고소공포로 무서웠다.

드디어 외갓집에 도착했다. 외숙모들은 제사음식 준비로 몹시 분주했다. 어머니는 전을 굽는 외숙모한테 "올케 내 왔네. 고생이 많구나." 하면서 반가운 인사를 했고 외숙모는 "형님 오십니까? 삼신 형님 오셨네요!" 하면서 안방에 있는 외할머니, 이모, 외숙한테 고했다. 이모는 마루로 나와 "동생 어서 오니라. 이제나 저제나 오려나 기다렸구나. 먼 길 걸어서 온다고 고생 많았제." 하면서 반갑게 맞이했고, 모두 안방으로 들어갔다. 나와 어머니는 외할머니한테 먼저 큰절을 했다. 어머니가 자리에 앉자 이모, 외숙은 어머니와 서로 안부를 묻고 오랜만의 만남을 기뻐했다. 특히 부산 외숙(국군 장교로 6.25 전쟁에도 참여한 성공한 외숙)은 어머니의 손을 두 손으로 잡으며 "우리 누님 많이 늙으셨네. 건강은 어떠십니까?" 물으면서 몹시 반가워하고 좋아했다.

나는 외사촌 형, 누나, 동생이 모여 있는 작은방으로 달려가 반가운 인사를 한 다음 장난치며 놀았다. 부산에서 온 세 명의 외사촌 동생은 옷맵시나 말투가 고급스러웠다. '~ 있나. ~예, ~노'로 끝나는 부산 사투리 끝말은 세련돼 보였다. 시골 사는 사촌들과는 맵시의 격이 달랐다.

외사촌 중에는 재미나는 행동으로 귀여움을 받는 백회마을 어린 동생이 있었는데 우리는 그 당시 가장 인기 있는 나훈아 노래를 그에게 주문했다. 어린 그는 씩씩하게 일어나 "사랑이 무어냐고 물으신다면♩, 눈물의 씨앗이라고 말하겠어요♪." 나훈아의 '사랑은 눈물의 씨앗'을 악을 쓰며 불렀다. 방 안에 있던 모두가 웃었고 잘한다며 박수를 쳐주었다.

누군가 밖에서 "버스 지나간다!" 외쳤고 나는 버스를 보려고 마루로 쫓아 나갔다. 먼지를 뽀얗게 일으키며 빨간 줄이 그어진 경전여객버스 한 대가 외갓집 앞 신작로를 느리게 지나갔다. 나와 사촌들이 신기해하며 버스에 손을 흔들어 주었다. 우리는 버스가 지나갈 때마다 빨간 버스를 보려고 마루로 쫓아 나가곤 했다.

외갓집 책상 서랍에는 지금까지 보지 못한 진기한 물건이 많았다. 호치키스, 고장 난 시계, 줄자, 빗, 손톱깎이, 쌍안경, 선글라스 등…. 희귀한 것이 많았는데 나는 그게 갖고 싶었다. 집으로 올 때 호치키스 하나를 갖고 왔는데 나중 외사촌 형은 당장 갖다 놓으라고 호통 쳐 되돌려주었다.

외갓집이 있는 탑리 마을에는 일제 강점기에 지은 일본풍의 큰 기와집 면사무소가 있었고, 순경이 근무하는 지서, 그리고 커다란 담배 수납 창고도 있었다. 장터에는 이층집도 있어 내가 사는 마을과는 다른 도시적 풍경에 주눅이 들기도 했다.

그렇게 나는 외갓집에서 외사촌과 즐거운 하루를 보냈고 어머니도 오랜만에 만난 외할머니와 이모, 외숙과 밤이 깊도록 이야기를 나누었다.

제사 다음 날, 부산 외숙 식구가 먼저 부산으로 떠나고 화개골에 사는 다른 친척도 각자 집으로 떠나야 했다. 어머니는 숙모가 싸준 제사 음식 보퉁이를 손에 들고 외갓집을 나섰다. 대문까지 마중 나온 친척에게 나는 "외할머니 안녕히 계세요. 삼촌, 숙모님도 잘 가세요. 00야 잘 가!" 이별 인사를 했고 어머니도 "동숭들 다음 제사 때 다시 보세!" 하면서 아쉬움과 섭섭함이 물든 작별을 했다.

집으로 오는 도중 불어대는 화개골 골바람은 외갓집으로 갈 때보다 더 차갑게 불어 왔다.

2부

아파야
청춘이던가

서상호 자서전 | 인생은 강물처럼…

어느새 중학생이 되어

 훌쩍훌쩍, 모두가 머리를 숙이고 콧물을 닦으며 울고 있었다. 1971년 2월 초등학교 졸업식 날이었다. 몹시 추운 겨울이라 운동장에서 졸업식을 할 수 없었다. 우리 반은 견고한 벽으로 구획된 다른 교실과는 달리 옆 반과 떼어다가 붙이는 간이 칸막이벽이었다. 두 교실 사이에 있는 칸막이를 걷어내면 합해져 제법 너른 공간이 되었고 강당 역할을 했다. 그곳에 졸업생과 재학생이 모였다.
 바쁜 농촌이라 졸업 축하객은 몇 명 안 됐다. 졸업생인 우리는 6년을 마쳤다는 기쁨과 섭섭함이 교차했다. 정든 교정을 떠나야 했고 중학교를 진학 못하는 친구들과는 기약 없는 이별이었다.
 졸업식은 교장 선생님의 훈화가 있은 뒤 5학년 후배의 송사가 있었고, 졸업생 대표의 답사에서 절정을 이뤘다. 5학년 후배의 송사 때 몇 명 학생만이 소리 죽여 훌쩍였으나 졸업생 대표의 울음 섞인 답사를 읽어갈 때는 모두가 참았던 울음을 토해냈다. 헤어짐에 대한 아쉬움, 석별이 주는 슬픔, 지난 시간에 대한 회상이 교차하여 모두가 울었다. 풍금에 맞추어 졸업식 노래를 부를 때도 울음은 섞여 있었고, 그렇게 눈물 속

졸업식은 끝났다. 선생님은 떠나는 우리에게 훌륭한 사람이 되라고 일일이 등을 두드리며 배웅해 주셨다.

졸업식 날 나는 면장상을 받았다. 상품으로 작은 국어사전이 주어졌다. 최고상인 교육장상은 학생회장이 받았고, 군수상은 최우수 학생에게 돌아갔다. 졸업식을 마친 나는 상장과 상품을 들고 기쁜 마음으로 집으로 향했다. 집안일을 하고 있는 어머니에게 "엄마, 나 상 받았어." 상장과 상품을 내밀었다. "어디 보자. 우리 막냉이 잘했구나." 하면서 어머니는 등을 토닥이며 칭찬해 주었다. 어머니 칭찬에 나는 으쓱했고 기분은 날아갈 듯 기뻤다. 지금도 서가에 꽂힌 면장상이라는 고무도장이 찍힌 빛바랜 작은 국어사전을 볼 때면 40여 년이 훌쩍 지난 옛 기억이 스친다.

초등학교를 졸업한 그 해, 나는 친구들과 화개면에 있는 중학교에 입학했다. 내가 입학한 학교는 개교한 지 일 년 된 신설학교였다. 일 년 전만 해도 우리 면은 중학교가 없었다. 인근 악양중학교나 읍내 하동중학교로 유학해야 했다. 가난한 시골에서 먼 곳에 하숙을 하면서 학교를 보낼 부모는 많지 않았다. 먼 유학은 한 학년에 다섯 명 정도나 진학하였을까. 대개는 초등학교를 마치면 부모 농사일을 돕는 게 효도라 생각했다.

그런 우리 면에 중학교가 설립되자 면민과 졸업생인 우리는 무척 기뻤다. 어렵게 우리 면에 중학교가 생겼다지만, 모두가 진학하지는 않았다. 가정 형편이 어려운 몇몇 친구는 중학교 진학을 포기하거나 일이년을 쉬었다가 입학했다.

우리가 중학교에 입학했을 때 2학년 선배는 한 개 반이었다. 선배들은 학사도 없어 고생을 많이 했다. 우리가 다니던 초등학교 교실을 한

칸 빌려 더부살이를 했고, 학사가 없어 나무그늘 아래 야외 수업을 했다. 2학년 선배는 우리 면에 중학교가 설립되자 초등학교를 졸업한 지 오래된 사람도 늦깎이로 함께 입학하여 같은 학년인데도 나이가 들쭉날쭉했다. 학사도 없고 나이 차이도 크게 나 면학 분위기가 어수선했다. 모자도 삐딱하게 쓰고 행동도 거칠어 공부에 전념하기가 어려웠다.

우리가 입학한 날은 남쪽으로부터 봄소식이 전해지는 3월 5일이었다. 두 번째로 입학한 우리는 선배들과는 달리 여섯 개 교실이 있는 콘크리트 단층 학사가 마련되어 있었다. 우리 학년은 두세 명을 제외하면 선배들과는 달리 나이가 들쭉날쭉하지 않았고 비슷한 또래였다. 입학한 신설학교는 학사만 있고 교문과 운동장이 없었다. 2학년 한 반, 1학년 두 반, 총 세 반, 약 180여 명의 미니학교였다. 운동장이 없어 학사 옆 너른 공터에서 입학식을 가졌다. 중학생이 되자 모두 검정 교복을 입고 삭발 머리에 中 자가 박힌 학생모를 썼고 책보자기 대신 청색이나 검정색 책가방을 들었다.

입학하고 얼마 지나지 않은 어느 날이었다. 교사(校舍) 앞은 밭이었다. 그곳은 운동장을 만들 곳이었다. 밭에는 묘 세 개가 있었다. 묘를 이장키 위해 후손들이 와서 흙을 파자 해골과 뼈가 나왔다. 우리는 우르르 다가가 그 모습을 지켜보았는데 어른들은 "어이, 애들은 저리 가라." 하면서 쫓았으나 흩어졌다 다시 모여들었다. 나는 태어나 처음 해골을 봤고 으스스하고 무서웠다. 후손들은 하얀 한지에 뼈를 정성껏 싸서 어디론가 떠나갔다.

묘 이장이 끝나자 며칠 뒤 노란색 불도저 한 대가 밭에 왔다. 불도저는 "부릉~, 부릉~" 시꺼먼 연기를 내면서 힘찬 엔진 소리를 냈고, 학사 앞 밭떼기를 힘차게 밀었다. 큰 돌멩이도 거뜬히 먼 곳으로 옮기는 게 거칠 것이 없었다. 며칠 작업 끝에 운동장이 대략 만들어졌고, 불도저가 민 자리에 땅 고르는 장비가 와서 반듯하게 골랐다. 장비가 고른 운동장에는 돌멩이가 많았는데 점심때는 전체 학생이 동원되어 돌멩이를 골라내야 했다. 체육 시간은 수업보다는 돌 고르기 작업이 대부분이었다. 마사 흙이 뿌려지고, 비가 내리고, 삽으로 고르기를 여러 번, 드디어 운동장다운 모습이 완성됐고 학사와 운동장이 갖춰진 학교다운 모습을 갖추었다. 그러기까지는 한 학기가 지난 뒤였다.

  우리는 중학생이 되자 교복을 입었다. 교복은 동복과 하복 두 종류였다. 경상남도 교육청에서 교복의 색깔과 모양을 지정하여 모든 학교 교복이 같았다. 겨울 동복은 선배들과 같은 검정 교복이었으나 하복은 선배와 달랐다. 선배의 하복은 전통적으로 이어져 온 쑥색 긴 바지에 청색 반소매 셔츠였으나 우리는 진청색 반바지에 누런 반소매 셔츠였다. 선배의 쑥색 긴 바지 교복은 멋지고 품격이 있어 보였으나 우리가 입은 누런 반소매 셔츠와 반바지 하복은 맨다리를 내어놓아야 해 품위가 없어 보였다. 우리는 선배들의 교복을 부러워했고, 다리를 들어내야 하는 경망스러운 반바지 교복을 불평했다. 나와 친구들이 다닌 새내기 중학 생활은 이러한 모습으로 시작되었다.

땅벌로 놀려주기

　중학생이 되자 평일 수업은 초등학교 때와는 달리 오후 네 시나 다섯 시 되어야 마쳤다. 학습량이 많아진 것이다. 시험이 있을 때에는 방과 후에도 남아 공부를 했고 어둑해져야 집에 왔다. 하지만 토요일은 오전 수업만 하는 반공일이었다. 12시가 되면 종례를 마치고 일찍 집에 와 어머니가 차려주는 점심을 먹었다.
　반공일, 오전 수업을 마치고 집으로 올 때는 친구들과 장난치고 이야기를 나누며 왔다. 책가방은 손에 들거나 팔에 걸고 걸었다. 여름은 진청색 반바지에 황색 반소매 셔츠를 입고 검정 학생모를 쓴 나는 1km 남짓한 신작로 길을 부지런히 걸어 다녀야 했다.
　신작로 변에는 봇도랑 물이 논으로 흘러들었고 짙푸른 벼가 싱그럽게 자랐다. 봇도랑 맑은 물에는 피라미, 버들치 등 여러 물고기가 한가롭게 헤엄을 쳤고 겁을 주면 쏜살같이 내달렸다.
　신작로 양쪽에 서있는 고목인 십리벚나무에는 잎이 무성한 여름이면 노란 애벌레가 스멀스멀 기어 다녔다. 징그러운 벌레들은 다닥다닥 잎에 붙어 갉아 먹었고 앙상한 잎은 애처로웠다. 선생님은 여름이 되면 벚나무 애벌레 잡는데 우리를 동원했다. 잡은 벌레는 신발로 무지막지하게 으깼다. 학생들이 손으로 잡는 방식만으로는 별반 효과가 없어 면사무소에서 독한 농약으로 방제해보지만, 매년 여름에 애벌레들이 어김없이 나타났다. 애벌레가 머리 위나 옷 위에 떨어지면 남학생들은 대수롭지 않게 잡아서 으깨었으나 여학생은 '으악!'하면서 징그러워했고 자지러졌다.

여름이면 숲이나 논두렁에는 벌들이 많았다. 나팔 모양 벌집을 만드는 쌍쌍 벌이 가장 많았다. 쌍쌍 벌은 땅벌처럼 독하지는 않았으나 그래도 쏘이면 몹시 아팠다. 풀을 베다가 나뭇가지나 바위 아래 붙은 쌍쌍 벌집을 보면 우리는 돌을 던지고, 긴 나뭇가지로 건드려 벌집을 따려 했다. 그럴 때마다 벌은 자기 집을 지키려고 안간힘을 썼다. 공격을 당한 벌들은 빙빙 날면서 우리를 쏘려고 했고 움직이면 쏘기에 납작 엎드려 벌이 어디로 나는지 관찰했다. "00야! 네 위에 벌." 하고 큰 소리로 경고하면 친구는 포복하듯 자세를 낮추어 가만히 있었다. 안전하다 싶으면 우리는 다시 벌집을 공격했다. 자꾸 괴롭히면 벌은 자기 집을 포기하고 어디론가 날아갔는데 벌이 포기한 벌집을 따면서 우리는 전리품인 양 좋아했다. 벌집에는 많은 방이 있는데 방마다 노란 애벌레가 꿈틀거렸다. 한 마리 한 마리 끄집어내 모양새를 관찰하다가 재미가 없으면 으깨거나 던져버렸다. 벌은 뱀만큼이나 친해질 수가 없는 존재였다.

벌 중에서는 땅벌과 말벌이 가장 무섭다. 땅벌은 논두렁이나 묘 주변 땅속에 집을 짓고 좁은 구멍으로 들락거렸다. 땅벌은 자기 집이 공격을 받으면 많은 벌이 나와 건드린 사람을 독하게 공격했다. 목표물을 발견하면 어디든 따라와 떼로 달려들어 쏜다. 심지어는 물속에 들어가도 위를 빙빙 돌다가 물 밖으로 얼굴을 내밀면 쏠 정도로 지독한 벌이다. 악

바리나 집요한 사람을 보고 '땅벌' 같다는 말은 적절한 비유라 생각된다. 성묘하다 벌에 쏘여 죽었다는 뉴스를 접하는데 대개는 말벌이나 땅벌이 주범이다.

중학교에서 오는 신작로 변 논두렁에는 땅벌 집 하나가 있었다. 벌집을 안 건드려도 지나다닐 때마다 벌이 윙윙거려 늘 조심스러웠다. 햇볕이 내리쬐는 한여름 토요일, 나와 친구들은 종례를 늦게 마친 윗동네 다른 반 친구들을 놀려주자고 모의했다. 우리 마을을 지나야 하는 윗마을 친구들은 땅벌 놀이의 표적이었다. 다섯 명의 친구는 돌을 하나씩 들고 멀리서 땅벌 집을 향해 힘껏 던졌다. 벌집 근처에만 돌이 떨어져도 땅벌은 벌떼같이 날아올랐다. 우리는 돌을 던지고 혼비백산 달아나 바위 뒤에 숨어 태연히 걸어오는 윗마을 친구들이 어떻게 당하나 지켜보았다. 성난 벌은 신작로 위를 날았고 우리 위로도 비행했다. 우리는 죽은 척 움직이지 않고 친구들의 행동을 관찰했다.

벌들이 화가 난 줄도 모르는 친구들이 모퉁이를 돌았을 때 신작로 위에는 독을 품은 벌들이 가득했다. 위급함을 직감한 친구들은 신작로에 납작 엎드리고, 쪼그려 앉아서 어쩔 줄을 몰랐다. 그 모습을 보면서 우리는 낄낄거렸다. 남학생들과 거리를 두고 뒤따르던 여학생들은 땅벌로 곤욕을 치르는 머슴아들 모습과 "땅벌!"이라고 외치는 남학생의 경고 소리에 먼 냇가로 빙 둘러서 갔다. 벌 공포에 떨던 친구들은 "삼신 동네 새끼들이 또 벌집을 건드렸네. ×××들" 하면서 욕을 해댔다. 어떤 친구는 쏘여서 눈두덩이와 머리에 큼지막한 혹이 생기기도 했다. 땅벌로 친구들을 골려주는 것은 대성공이었다.

뒷날 학교에 가면 "삼신 새끼들 죽을 줄 알아." 하면서 씩씩거렸다. 여학생들은 "삼신동네 머슴아들아, 땅벌 좀 건드리지 마라." 애원했다. 당한 친구들은 우리에게 복수를 다짐하곤 했는데 우리도 윗마을 친구들이 건드려 놓은 벌집에 당하기도 했다.

그렇게 복수 혈전을 벌이며 즐기던 땅벌 놀이는 벌에 쏘여 씩씩거리던 동네 형이 밤에 가서 벌집을 캐옴으로써 끝났다. 용감한 형은 밤에 그물망을 둘러쓰고 짚단과 라이터를 가지고 가서 벌집에 불을 놓았다. 땅벌은 어둠 속 집에서 나오다 타죽었다. 불길을 뚫고 나온 벌이 있을지라도 어둠 속에서는 힘을 못 썼다. 뒷날 형 집에서 캐온 땅벌 집을 가까이서 보았다. 모기장 안에 갇힌 땅벌은 자기 집을 지키기 위해 독이 올랐지만, 밖으로 나올 수는 없었다. 가까이서 유심히 지켜보니 독하게 생긴 작은 벌이다. 나는 오싹했다. 요즈음도 동기 모임에 가면 땅벌 집 건드리기 이야기로 한바탕 웃곤 한다.

공부는 교과서로

등교하는 아침이었다. 지난밤에 수업 준비물을 챙겨 놓고 자야지 다짐했지만, 그렇지 않아 아침이면 허둥대는 일이 다반사였다. 급히 벽에 붙은 오늘 시간표를 보면서 책과 공책을 주섬주섬 챙겼다. 어제 시간표 책과 노트는 빼고 오늘 교과서와 공책을 가방에 챙겨 넣었다. 큰형수가 싸주는 도시락을 가방 안에 쑤셔 넣고 모자를 둘러쓰고 "학교 갔다 오겠습니다." 건성으로 인사하고 헐레벌떡 사립문을 나섰다.

평상시는 동네 친구들과 어울려 갔으나 그렇지 못하는 날도 있었다. 새벽부터 한지를 말리는 날은 어머니가 아침상을 건조실로 이고 왔는데 아침 식사가 늦어 나 홀로 등교를 해야 했다. 후다닥 아침을 먹고 가방을 팔에 끼고 뛰기 시작했다. 저만치 윗동네 친구 하나가 보였다.

"OO아~. 같이 가자."

뒤따르며 고함을 쳤다.

"동네 친구들하고 같이 안 가고 어째 너 혼자 가니?"

"오늘은 한지 말리는 날이라, 아침을 늦게 먹어 막 뛰어오는 길이야."

친구와 어울려 가면 귀신이 나온다는 '해갱돌이'를 지날 때도 무섭지 않았고 지각해도 단체 기합이기에 마음이 편했다.

1km 남짓 신작로를 걸어 교문에 도착했다. 다행히 아홉 시 전이라 지각은 아니었고 우리는 복도를 지나 각자 교실로 들어갔다. 먼저 온 친구들은 뛰고 장난치며 조잘댔고 교실은 몹시 시끄러웠다.

오전 아홉 시 수업시간 벨이 울렸다. 선생님은 출석부와 대나무 뿌리로 만든 막대기를 들고 교실에 들어섰고, 시끄럽던 아이들이 쥐죽은 듯 조용해졌다. 반장이 일어나 "차렷! 선생님께 경례." 하면 일제히 "반갑습니다." 선생님께 아침 인사를 했다. 선생님은 출석을 불렀고, 그때 먼 곳에서 오는 두세 명의 지각생이 헐레벌떡 들어왔다. 선생님은 그들을 세워 놓고 양장피 출석부로 "빨리빨리 좀 다녀라!" 머리를 두세 번 가볍게 내리쳤다. 맞은 아이들은 머리를 긁적이면서 제자리로 들어왔고, 수업은 시작되었다. 교실은 절간처럼 조용하게 흐르고….

학원도 참고서도 없는 시골 학교라 수업은 철저히 교과서 중심이었다. 선생님은 교과서를 펼치고는 칠판에 필기를 가득 적었으며 우리는 선생님 등에 가린 칠판 글씨를 적으려고 고개를 좌우로 기웃거리면서 열심히 따라 적었다. 선생님은 칠판에 글을 다 쓴 다음 우리가 필기할 수 있도록 시간을 조금 더 주었다. 그런 다음 근엄한 목소리로 우리에게 설명하기 시작했다. 배울 곳은 학교뿐이기에 친구들은 선생님 말씀에 집중했다. 선생님은 수업 중에 중요 부분은 꼭 강조했다.

"이 부분 중요하다. 시험에 나온다. 알겠나!"

밑줄을 그으셨다. 나는 그런 곳은 별표 표시를 했다. 공부를 못하는 친구들은 중요 부분을 강조해도 관심이 없었다. 학우들은 선생님이 중요하다는 부분은 놓치지 않기 위해 귀를 쫑긋했다. 수업시간은 아무리 졸려도 졸거나 엎드릴 수가 없었고 돌덩이 같은 눈꺼풀을 감았다가 떴다가 사투를 벌여야 했다.

　시간표를 잘못 보아 교과서를 틀리게 가져온 날은 선생님에게 호된 벌을 받아야 했는데, 교실 뒤에서 한 시간 내내 걸상을 두 손으로 드는 벌을 받기도 했다. 교과서를 안 가져온 친구들은 쉬는 시간에 옆 반 친구한테 급히 달려가 빌렸다. 남자 친구에게서 빌리기도 하지만 여자 친구한테서 빌리는 친구도 있었다. 여자 친구 교과서를 빌린 친구는 부러움을 샀고 책을 펼치면 벚나무 단풍이나 네잎 클로버 잎이 예쁘게 박제되어 꽂혀있기도 했다. 돌려줄 때 사랑 고백 쪽지를 끼워 넣는 친구도 있었다. 중학교 때 그렇게 연분이 되어 예쁜 사랑을 지속하다가 졸업 후 두 쌍이 결혼에 성공했다.

　시험 때 교과서와 노트는 중요한 교제였다. 성실히 필기한 노트는 더 깊은 공부를 할 수 있게 했고 필기를 놓친 경우는 친구에게 빌려와 밤새 필사를 했다. 특히 수학 공부 때는 부잣집 친구가 가지고 있는 참고서가 큰 도움이 되어 나는 참고서를 빌리려고 친구의 비위를 맞추기도 했다. 선생님은 중간고사나 기말고사는 철저히 교과서에서 출제하여 교과서와 필기 노트를 열심히 공부하면 좋은 성적이 나왔다.

　중학생이 되자 책 보따리가 아닌 책가방을 들고 다녔고, 수업시간이 많은 날은 여러 권의 책으로 몹시 무거웠다. 특히 3학년 때는 가방 안에 책이 많아 가방을 들면 어깨가 기우뚱할 정도였다.

　가방 속에는 도시락을 넣고 다녔는데 밀폐가 단단치 않아 김칫국물이 흘러 교과서와 노트를 적신 날에는 매우 속상했다. 집에 와서 말려보지만, 책장을 넘길 때마다 시큼한 김치 냄새가 풍겨와 싫었다.

　방학이 되면 담임선생은 다음 학기 교과서를 나누어 주었다. 수업료에 교과서 대금이 포함되어 있어 개인적으로 살 필요가 없었다. 서점도 없는 시골이라 이런 방법이 아니면 교과서를 구입할 방법이 없었다. 새 책을 받던 날은 기대와 설렘으로 집에 와서 무슨 내용이 있을까 훑어보면서 새 책 냄새를 맡고 마음이 들뜨기도 했다. 한 학기 동안 소중하게 다루어야 할 교과서라 달력이나 복합비료포대 종이로 책갈피를 입혔는데 잃어버릴까 봐 뒷면에는 학년과 반, 이름을 꼭 썼다.

교과서는 모든 교양과 지식이 균형 있게 잘 구성되어 있다. 60, 70년대 학생은 읽을 책이 많지 않아 교과서를 도서 읽듯이 했는데 그게 공부를 잘하는 비결이었으며 교과서를 자주 펼치다 보니 누더기가 되어갔다.

요즈음도 이곳저곳 여러 학원에 다니기보다는 교과서를 여러 번 읽고 전체 윤곽을 잘 파악한다면 공부 잘하는 비결이 되지 않을까?

한지(韓紙) 말리기의 고통

　누구나 어릴 적 경험은 평생 삶에 영향을 주고 특히 고통을 준 기억은 때로는 오싹함, 거부감, 공포심을 주게 된다. 나는 뜨거운 한지 말리기 기억으로 남들은 시원하다는 찜질방 불가마 같은 곳을 후천적으로 싫어한다.
　시골이었지만, 동네에서 꽤 잘 살던 우리 집은 아버지의 장사 실패와 빚보증으로 거의 다 날렸고, 아버지는 결국 화병으로 돌아가셨다. 오 형제의 맏이였던 큰형님은 책임감이 강했고 잃은 살림을 기필코 되찾겠다며 고된 한지 일을 시작했다. 내가 중학생일 때인 70년대쯤은 대부분의 초가나 기와집 한옥이어서 방문이나 창호에 한지를 많이 썼다. 쓰임새 많던 한지는 부족해서 생산하면 금세 비싼 가격에 팔렸다. 고생한 만큼 돈도 잘 벌렸고 온 가족은 한지 만들기에 매달렸다. 돈벌이가 잘 되어 다시 논도 사고, 산도 사고, 아버지가 잃었던 재산을 예전처럼 회복하게 되었다.
　우리 가족에게 희망을 주었던 한지, 하지만 그 일은 몹시 고되고 힘들었다. 한지를 만들려면 늦가을쯤 산이나 밭 주변에서 닥나무를 베어 마을 어귀 삼나무 찌는 곳에서 뜨거운 불로 쪘다. 흙을 걷어내면 수증기가 뭉게구름처럼 피어나고 쪄진 닥나무는 잘 벗겨졌다. 온 동네 사람들은 모여 신나게 자기 닥나무를 벗겼고 다 벗기고 나면 막걸리로 고단함을 달랬다.

"오늘은 참 잘 쪄졌거마. 잘 벗겨지구먼!"

막걸리를 한잔 하면서 어른들이 하는 소리였다.

벗긴 닥은 가을날 햇빛에 말렸고 형님은 동네 닥을 다 사들였다. 그렇게 사온 닥은 겉껍질(상피)을 벗겨야 했다. 겉껍질을 벗기려면 닥을 겨울 차가운 개울물에 이삼일 담가서 불려야 했고 얼음이 언 닥을 건져 올 때는 두 손이 꽁꽁 얼었다. 개울에서 건져온 언 닥을 가족은 아침부터 저녁까지 칼로 겉껍질을 벗겼다. 나는 학교 갔다 오면 닥 긁기에 동참해야 했고 새벽 한 시쯤 마쳤다. 나와 어린 조카는 졸린 눈을 비비며 오는 잠을 견뎌야 했는데 참 하기 싫은 일이었다. 하지만 어른들은 게으름을 용납하지 않아 잠이 오면 얼음물로 세수하고 오라했다.

새벽 한 시쯤 작업이 끝나면 온 가족은 고흐의 '감자 먹는 사람들'처럼 고구마와 동치미 야식을 놓고 둘러앉아 먹었는데 야심한 밤의 밤참은 꿀맛이었다.

벗겨진 백(白)닥은 겨울 햇살에 말려 봄이 오면 한지를 만들었다. 우선 큰 솥에 닥과 양잿물을 넣어서 삶은 다음 끄집어내 물로 세척한 후 잘게 부쉈다. 그런 다음 점성을 가진 닥풀과 굽지라는 첨가제를 넣어 널찍한 통에서 작대기로 골고루 휘저었다. 거름망 같은 발을 앞뒤 좌우로 가볍게 물질을 해 발 뜨기를 했다. 발에 골고루 묻은 닥물을 조심스럽게 들어 내려놓은 후 그 위에 롤러를 굴려 물을 뺐다. 똑같은 동작을 두 번 해야 한 장의 한지가 완성됐다.

형님은 온종일 좌우 앞뒤로 발 뜨기와 허리를 굽혔다 폈다 하면서 롤러질을 했다. 늘 물속에서 하는 작업이다 보니 손이 허옇게 부르트고 몸속 영양소가 손을 통해 다 빠져나가는 듯했다. 하루 종일 반복하는 일은 참 고된 노동이었다. 오후 새참 시간, 형수는 막걸리를 사와 형님에게 드렸는데 형님은 막걸리 한잔으로 하루의 고단함을 달랬다. 그렇게 해서 일주일 동안 3천여 장의 한지가 만들어지고 밤새 작기로 눌러 물을 제거한 다음 건조실로 옮겼다.

만들어진 한지는 주에 한 번씩 건조실에서 말렸다. 매주 일요일은 한지 말리는 날이었는데 새벽 3시면 모든 가족이 일어나 부산하게 움직였다. 형님은 지게에 장작을 가득 짊어졌고 어머니와 형수, 나, 조카, 누구나 할 것 없이 종일 땔 장작을 머리에 이고 지고 건조실로 향했다. 꼭두새벽 내가 일어나기 힘들어하면 어머니는 "한참 잠 많은 나이에 얼마나 자고 싶을까?" 안쓰러워하면서 조금이라도 더 자도록 마음 써 주었다. 아직 일어나지 않은 나와 조카를 향해 형님의 불호령이 떨어졌다.

"빨리 준비 안 하고 뭐하냐!"

그 소리에 나와 조카는 오뚝이처럼 벌떡 일어났다.

고요한 새벽, 하늘에는 달빛 별빛만이 어둠 속에 내려앉고 사위는 적막했다. 장작을 이고 진 가족은 뚜벅뚜벅 걷는 소리만 들릴 뿐 하루 종일 고될 일을 생각하며 말이 없었다.

고샅길을 한참 내려와 건조실에 도착한 형님은 작업 준비를 마친 다음 불쏘시개에 불을 붙였다. 곧이어 불쏘시개 위에 소나무 장작이 V자로 잔뜩 놓이고 불은 붉은 혀를 날름거리며 금세 활활 타올랐다. 불 넣는 모양은 도자기를 굽기 위해 아궁이에 불을 올릴 때와 비슷한 형태이다.

건조실은 달궈진 삼각형 긴 철판에 양면으로 여덟 장의 한지를 붙였다. 뜨거운 철판에 빗질하여 붙인 종이는 삼십여 초 지나면 바짝 말랐다. 마른 한지는 나와 조카가 재빠르게 떼어서 가지런히 모았는데 건조된 순백의 한지에서는 갓 구운 빵 냄새가 났다. 붙이고 떼고 온종일 똑같은 동작을 수도 없이 반복해야 하는 작업이었다.

한지 말리기는 여름이 시작되는 6월부터는 죽을 만큼 고역이었다. 여름날 건조실 온도는 60여 도를 오르내렸다. 그곳은 바람이 들어오면 젖은 종이가 휘말리기에 통풍구도 거의 없다. 뜨거운 온도는 실내에 가득 차고 땀이 비 오듯이 쏟아졌다. 여름날 뙤약볕에 세워둔 차 안 온도가 이와 비슷할 것이다. 숨이 턱턱 막히고 발광증이 났다. 우리 가족은 흐르는 땀으로 열사병이 걱정되어 소금을 입에 넣고 물을 마셔가면서 견뎌내야 했다.

건조실은 언덕 위에 있어 바로 아래 냇가가 훤히 내려다보였다. 여름이면 시냇물에서 동네 친구들이 신나게 헤엄치고 물장구치면서 더위를 식혔다. 건조실에서 발광증으로 힘들어하는 나는 그 친구들이 눈물겹도록 부러웠다. 당장에라도 물속으로 뛰어들고 싶지만, 밤 아홉 시까지 마치려면 잠시도 쉴 수가 없다. 더위를 참으며 발광증을 앓으며 종이를 말리는 시간은 참 더디 갔고 탈진할 정도의 고통은 밤 아홉 시가 되어 마지막 종이를 철판에 붙이면서 끝났다. "휴~!" 여름날의 한지 말리기는 한마디로 '초주검'이었다.

힘든 고통을 주던 한지 말리기는 내가 먼 곳에 고등학교를 다니면서 더는 동참하지 않았다. 이후 뜨거운 곳을 나는 의도적으로 싫어하게 되었다.

한지 말리기는 뜨거운 것에 대한 거부감만 준 게 아니었다. 힘든 그때의 고통은 살아오는 동안 어려움을 이겨나가는 소중한 자양분이 되었다. 아무리 힘들어도 한지 말리기를 생각하면 '이것쯤이야!' 하는 생각으로 이겨나가게 된다. 부지런함을 배우고 가족은 하나가 되어야 함을 나에게 일깨워 준 소중한 한지말리기 경험이었다.

이불 속 발맞추기

중학교 3학년 여름방학이었다. 왕매미, 쓰름매미, 말매미가 목청 높여 노래하고, 마당에 그늘을 드리운 감잎은 힘이 하나도 없었다. 더위에 모든 것이 늘어진 듯 바람도 불지 않았다. 멍멍이도 꿀꿀이도 무더운 더위에 축 늘어져 낮잠을 자고 있었다. 그런 날은 나 또한, 감나무 아래 너럭바위에서 낮잠을 청하기도 했다.

방학이 되어 진주로 유학 갔던 친구는 고향 집에 돌아왔다. 친구는 내가 겪어 보지 못한 도시 이야기를 재미있게 들려주었다. 나는 그 친구를 만나려고 위험한 돌담을 넘어 친구 집에 가곤 했다. 흔들거리는 돌을 잘못 디디면 떨어져 다칠 위험도 있어 어머니는 대문으로 다니라고 주의를 주었다. 대문으로 다니는 것은 안전했지만, 빙 둘러 가야 해 거리가 멀어서 나는 어머니 주의도 무시하고 담 넘는 스릴과 지름길인 돌담 넘기를 즐겼다.

어느 날 돌담을 넘으려는 순간이었다. 그 순간, '깜짝이야!' 돌담 너머에 단발머리 예쁜 여중생 하나가 마당에 매 놓은 소한테 풀을 주고 있었다. 처음 보는 여학생이라 당황하고 놀란 나는 그 여학생이 눈치 채지 못하게 황급히 우리 집 쪽으로 뛰어내렸다. 도대체 저 여학생은 누구란 말인가. 어디서 왔고 친구와는 어떤 관계일까. 가슴이 두근거리면서 궁금증은 꼬리를 물었다.

나중에 친구가 들려준 이야기는 사촌 누님 딸인데 하동 읍내 중학교에 다닌단다. 그녀는 방학을 맞아 외갓집에 왔다가 친척집에 들른 것이었다. 그녀가 사는 하동 읍내는 산골에서 사는 나로서는 도통 가보지 못한 곳이었다. 화개 장터만 가도 번화한 분위기에 주눅이 들었는데 읍내라니, 얼마나 번화한 도시일까 궁금했다. 도시에 사는 예쁜 여학생이 촌에 나타난 사실만으로도 흠모의 대상이었다. 나는 그 여학생과 마주칠 용기가 나지 않아 그녀가 있는 동안 친구 집에 가지 않았다. 하지만 마음에는 그 여학생이 자꾸만 아른거렸고 그녀와 언제든지 이야기 나눌 수 있는 친구가 부러웠다.

이틀 후, 나는 아직도 그 여학생이 있나 엿보려고 헛간 뒤 담장으로 올라가 동태를 살폈다. 그런데 '와우-!' 그 여학생이 눈앞 골목에 서 있었고 저번보다 더 또렷이 보였다. 나는 어쩔 줄을 몰랐다. 쑥스러워 당황하는 나를 그녀가 그 위에서 뭘 하고 있느냐며 의아한 눈초리였다. 나는 붉어진 얼굴을 애써 감추고 황급히 뒷걸음치며 담을 뛰어내렸다. 내려오자 후회가 밀려왔다. '어디서 왔어요? 이름이 뭐예요?' 하고 물어볼 걸….

나를 가슴 뛰게 하고 설렘을 주던 그 여학생은 사흘 후 가버렸고, 한동안 나는 서운했다. 그녀는 까까머리 중학생인 내가 이성으로 바라본 첫 여인이었다. 그녀가 떠난 다음 더는 볼 수 없는 현실이 안타까웠다. 언제 다시 볼 수 있을까. 그리웠지만, 시간이 지나가니 차츰 잊혀 갔다. 무덥던 여름이 지나 단풍이 물드는 가을이 가고 찬 겨울이 왔다. 크리스마스 쯤 기다리던 겨울방학이 돌아왔고 진주로 유학 간 친구는 다시 고향 집으로 와 나는 그 친구와 즐거운 시간을 보내고 있었다.

어느 날이었다. 여름 방학 때 가슴을 콩닥이게 한 그 여학생이 다시 친구 집에 나타났다. 그녀는 더 예쁘고 성숙해 보였다. 나는 뒷집인 친구 집에 흠모하는 여학생이 있다는 생각만으로도 기분이 좋았다. 겨울 방학 동안 그녀는 친구 집에 꽤 오래 있었는데 사교성도 좋아 동네 또래 여학생들과 인사도 나누고 친해졌다.

겨울밤, 중학교 졸업이 가까워져 우리는 친구 부모가 출타한 집에 모였다. 친구 집 큰방은 장작불을 지펴 뜨끈뜨끈했다. 아랫목에는 온기가 식지 않도록 얇은 이불 하나가 깔려 있었다. 저녁을 먹은 우리는 여자 3명, 남자 3명이 친구 집에 모였는데 나중에 윗집 친구가 그 여학생을 데리고 왔다. 그날 밤 친구 집 큰방에는 남녀 성비를 잘 맞추어 여덟 명이 함께했다. 친구는 같이 온 그녀를 우리에게 소개했다. 추운 겨울이라 처음에는 이불 밑에 양반 다리를 하거나 다리를 펴고 친구 어머니가 삶아 놓은 고구마를 먹으며 도란도란 이야기를 나누었다. 초저녁은 그냥 동네 친구로서 다정다감하게 지냈으며 별 우스운 이야기가 아닌데도 사춘기 아이들이라 깔깔깔 웃음이 많았다. 고구마를 먹은 다음 무료해지자 민화투 놀이를 했다. 팔뚝 맞기 놀이였는데 나는 그 여학생을 때려야 할 때는 살살 때렸다. 그렇게 서로 간에 팔목을 잡고 때리고 웃고 떠들다 보니 그녀와도 금세 친해졌다.

시간이 꽤 흘러 민화투 놀이도 시들해졌다. 밤 열한 시가 넘어가고 문 밖 푸른 달빛은 중천을 지나 차갑게 내려앉았다. 친구 하나가 모두 이불 속에 다리를 넣어 발맞추기 놀이를 하자고 했고 모두 좋아라했다. 늦은 밤 이불 밑으로 밀어 넣은 발은 초저녁 촉감과는 달랐다. 이성 간에 발바닥이 닿으면 묘한 감각이었고 여자 친구들은 흠칫 놀라며 깔깔 웃었다. 이불 아래서 좋아하는 이성의 발을 찾으려 했고 이불은 물결치듯 움직였다. 나는 윗집 그 여학생 발을 찾고 있었다. 다른 친구 하나도 그 여학생 발을 찾는 모양이었다. 내가 그녀에게 발을 맞추자 그녀도 싫지 않은지 가만히 있어주었다. 맞춘 발바닥에는 발가락을 꼬물거리며 좋아한다는 감정의 신호를 보냈다. 그녀도 싫은 내색을 하지 않았고 나는 달아오르는 감정을 억제하려 했다. 모두가 태연한 척했지만 이불 아래 발 맞추기는 묘한 기분으로 들떠 있었다.

그때 짓궂은 친구 하나가 이불을 확 걷었다. 모두 화들짝 다리를 오므렸지만 누가 누구와 발을 맞추었는지 다 알 수 있었다. 서로 놀리고 웃음꽃이 피어났다. 그렇게 황홀감과 웃음 속에서 밤은 자정을 넘어가고 있었고 각자 집으로 돌아갈 시간이었다. 집으로 오는 길, 나는 기분이 몹시 좋아 무섭던 모퉁이 길도 그 날만큼은 덜 무서웠다.

처음 이성에 눈을 뜨게 해 준 그녀는 내가 고등학교 들어간 다음 두 번의 만남이 있었지만, 사춘기는 바람처럼 지나갔고 철없던 중학생 때의 짜릿한 첫 이성의 감정은 숙성된 사랑으로 발전하지 않았다. 훗날 그 여학생이 큰형님 친구 딸이라는 사실을 안 다음에는 더 조심스러워졌다. 이제는 고향 친구로서 서로 안부나 묻는 정도지만, 지나간 사춘기 추억은 때로는 아름답게 피어나 까까머리 중학 시절을 그립게 한다.

간식으로 먹는 고구마

　집에서 아내는 종종 고구마를 삶아둔다. 농산물 시장이나 할인 마트에서 사온다. 삶은 고구마는 늦은 밤 출출할 때나 휴일 간식으로 제격이다. 껍질을 손으로 벗겨 한입 베어 물면 고구마 고유의 단맛이 입안에 스며든다. 하나 먹고 나면 맛있어 또 하나 먹게 된다. 삶은 고구마는 처음 넘길 때는 목이 메고 쉬 넘어가지 않는다. 물과 함께 먹어야 답답하던 고구마가 내려가면서 시원해진다. 두세 개 먹고 나면 배가 든든하다. 밥맛이 없을 때 삶은 고구마는 식사를 대신하기도 한다.
　고구마를 먹고 있으면 중학 시절 고구마에 얽힌 여러 기억이 스친다. 내가 살던 지리산 산골 고향은 다랑논이라 벼농사가 많지 않았다. 어느 집이나 부족한 양식은 고구마로 채웠는데 비탈 밭에는 고구마를 많이 심었다.
　씨 고구마에서 나온 줄기를 잘라 봄비가 오면 어머니는 밭에 모종을 했다. 비닐 포대나 볏짚으로 만든 비옷을 입고 고구마 모종 심기에 바빴다. 심은 순은 촉촉한 대지의 영양분을 먹고 뿌리 내림을 잘했다. 고구마 줄기는 땅을 따라 잘도 뻗었고, 마디에서 새 잔뿌리가 내리면서 그곳에 고구마가 땅속에서 자랐다.

　여름이면 잘 자란 고구마 잎과 줄기가 녹색 밭을 만들었다. 어머니는 밭에 나가 보자기나 대바구니에 고구마 줄기를 가득 따와 저녁을 먹은 후 희미한 전등 아래서 밤늦도록 껍질을 벗겼다. 여름밤 마당에는 모기를 쫓는 모깃불 연기가 모락모락 피어오르고…. 껍질을 벗긴 고구마 줄기는 살짝 데쳐 양념으로 무치면 맛있는 여름 반찬이 됐다.

　심은 고구마는 햇빛을 받고 비를 맞으면서 땅속에서 살을 통통히 찌웠다. 벼 수확이 끝나는 늦가을이면 고구마를 수확하기 위해 밭으로 갔고, 온 식구가 호미나 괭이로 이랑을 파면 보라색 커다란 고구마가 줄줄이 올라왔다. 캐낸 고구마는 모았다가 집까지 발채로 옮겼는데 살 오른 통통한 고구마는 얼마 담지 않아도 무거웠다. 길이라도 평탄하면 좋으련만 1km쯤 되는 농로를 등짐으로 져다 나르려면 여간 고역이 아니었다.

　고구마를 짊어지고 오는 중간쯤, 시냇가 징검다리를 건너면 깔딱 고개가 있었는데 그 고개는 너무 힘든 고개라 오르기 전 지게를 내려놓고 힘을 비축해야 했다. 가풀막을 바라보고 있으면 어떻게 올라야 하나 걱정이 태산 같았다. 마음 각오를 단단히 하고 무거운 고구마를 진 다음 고개를 오르기 시작했고, 비탈을 오를 때는 숨이 턱까지 찼다. 끙끙대며 언덕을 올라와 힘든 지게를 내려놓고 휴~ 하며 쉬는 쉼은 어찌나 가쁘하고 편안하던지…. 골바람이라도 한줄기 불어와 이마의 땀을 식히면 고마운 바람이 감사했다. 힘겹게 가져온 고구마를 집에 내려놓고 다시 밭으로 가는 시간은 얼추 한 시간이 걸렸다. 먼 거리를 하루에 여섯 일곱 번을 그렇게 나르고 나면 피로는 물먹은 솜처럼 밀려왔다.

　힘들게 수확한 고구마는 상처 나지 않은 것만 추려 마루 아래 땅굴에 저장했다. 땅굴은 사람 키 높이만큼 깊었고 아무리 추운 겨울에도 얼지 않았다. 땅굴에 저장한 고구마, 감자는 겨울에서 여름까지 우리 가족의 소중한 양식이었다. 밥을 지을 때면 어머니는 땅굴에서 꺼내온 고구마를 깨끗하게 씻은 다음 밥 위에 얹었고 부족한 밥을 보충해 주기도 했다. 그리고 바구니에 담긴 고구마는 학교 갔다 오면 소중한 간식이었다. 열무김치와 함께 먹는 고구마 맛은 시골 사람만이 맛볼 수 있는 특미였다.

어머니는 흠이 난 고구마는 얇게 썰어서 '빼때기'를 만들었고, 새끼 고구마는 쪄서 말랭이를 만들었다. 어머니는 밤새 썬 빼때기나 말랭이를 큰 바구니에 이고 마을 뒤 논 가운데 있는 햇볕 잘 드는 너럭바위로 갔다. 나도 어머니를 도와 지게에 짊어지고 뒤따랐다. 너럭바위에 널려진 빼때기와 말랭이는 가을 햇볕에 잘 말랐다. 건조되면 포대에 담아 보관해 두었다가 한겨울에 팥을 넣은 빼때기 죽을 쑤어 먹었고, 그것은 겨울의 별미였다. 또한, 살짝 말린 고구마 말랭이는 주머니에 넣고 다니면서 먹는 맛있는 간식이었다.

닥 껍질을 벗기는 작업이 끝나는 자정쯤이면 어른들은 동치미와 고구마를 갖다 놓고 밤참을 먹었다. 피곤해 잠자던 나는 두런두런 먹는 소리에 잠을 깼다. 하지만 눈을 뜰 수가 없다. 체면상 일을 하지 않고 밤참을 먹을 용기가 나지 않았다. 어른들은 나를 깨워 좀 먹어보라고 하면 좋겠는데 "자는 사람은 가만두어라."하고 길쭉하게 썬 동치미와 고구마를 맛있게 먹었다. "쩝~쩝" 먹는 소리에 잠을 깬 나는 자는 척하지만 침이 꼴깍꼴깍 넘어갔다. 거짓으로 눈 감고 자는척하며 참아 내는 것은 힘들고 섭섭했다. 그렇게 깬 잠은 오래도록 오지 않아 뒤척여야 했다.

겨울이면 고구마는 어느 집 할 것 없이 부족한 양식을 대신하는 소중한 먹거리였다. 친구 집 작은방도 대나무로 얼기설기 엮은 고구마 저장고가 있었다. 우리는 그 방에서 놀다가 배가 고프면 낫으로 생고구마 껍질을 벗겨 우적우적 씹었다. 또한, 겨울이면 소죽 솥 모닥불에 고구마를 구워 맛있게 먹었다. 숯불 속에서 끄집어낸 고구마는 몹시 뜨거웠다. 이 손 저 손 옮기는 호들갑을 떨면서 고구마 열기를 식혔다. 뜨거운 고구마 껍질을 벗기면 김이 모락모락 나고 식히기 위해 후후 불며 먹는 맛은 얼마나 맛있던지…. 지금도 집에서 고구마를 보면, 그 옛날 고향에서 먹던 고구마 추억이 살며시 피어오른다.

고사포 소변

　신설 중학교는 미흡한 시설로 불편이 크고 시설을 보완해야 할 부분도 많았다. 아직 땅이 완전히 굳지 않아 학사 주변과 통학로는 비만 오면 곳곳이 질펀해 걷기조차 힘들었다. 덜 질펀한 곳으로 걸으려고 폴짝 뛰기도 하고 조심조심 걸어야 했다.
　질펀한 길을 개선하기 위해 교장 선생님은 자갈을 깔기로 했다. 담임 선생님은 점심시간 보자기를 들고 모두 운동장에 모이도록 했고 자갈을 주우러 냇가로 갔다. 냇가에는 표면이 고운 강자갈이 많았는데 우리는 보자기에 그것을 담아 어깨에 메고 와서는 질펀한 곳에 부렸다. 학사도 더 지어야 했는데 레미콘이 없던 시절이라 콘크리트를 사람이 비벼서 만들었다. 시멘트와 모래와 강자갈과 물을 섞어 비비면 콘크리트가 만들어졌고 냇가에서 주워온 강자갈은 콘크리트 만드는 주요 재료였다. 강자갈 나르기는 주에 두 번 정도 1학년 여름 방학 전까지 날랐고, 그러한 노력으로 학사는 차츰 학교다운 모습으로 변해 갔다.
　중학교는 오전 9시 수업을 시작하여 오후 서너 시 되어야 마쳤다. 통학 거리가 먼 친구들은 자전거 통학을 하거나 하루 두세 번 오는 버스 통학을 했다. 자전거로 통학하는 친구는 걸어가는 친구를 태워주기도 했는데 오르막에서는 안장에 앉지 않고 페달에 서서 엉덩이를 씰룩이며 힘껏 밟았다. 그럴 때면 다리 힘줄은 튀어나오고 가파른 가풀막을 잘도 올랐다. 책가방은 자전거 뒤 짐 싣는 곳에 줄로 묶거나 핸들에 걸고 달렸는데 다들 선수처럼 잘 탔다. 여름날은 자전거를 타고 바람처럼 달리는 친구가 몹시 부러웠다.

도심촌이라는 먼 마을에서 등교하는 친구가 있었다. 그 친구는 항상 수업 시작쯤 헐레벌떡 뛰어 들어왔다. 통학 거리가 너무 멀어 일찍 집을 나서도 학교 도착하면 수업 시작 즈음이었다. 친구는 아침 수업 시간에 지각하지 않으려고 항상 신작로를 달렸는데 자연히 학교 내 마라톤 선수가 됐다. 학교 개교일 10km 마라톤 대회 때 그 친구는 이등과 엄청난 격차로 일등으로 골인했다. 먼 거리 통학하면서 달린 게 심폐기능을 튼튼하게 해 장거리 육상을 잘하게끔 했던 것이다.

중학교는 의무교육이 아니라 분기별로 수업료를 내야 했는데 빈촌이라 돈이 준비된 학생은 그리 많지 않았다. 여러 학생이 납부기한 내 수업료를 내지 못해 선생님은 종례 때면 수업료를 빨리 납부하라고 종용하는 게 주요 전달 사항이었다. 납부가 자꾸 늦어지는 학생은 수업 중에 수업료를 가져오도록 다시 집으로 돌려보내기도 했다. 또한, 수업료 미납자는 칠판 한쪽에 적어 놓아 가난을 부끄럽게 했다.

나는 소중한 추억이 되는 중학교 수학여행을 가지 못해 못내 아쉽다. 당시 수학여행 중 대형 교통사고가 빈번했는데 교육 당국에서 학생의 안전을 위해 전국 수학여행을 일정기간 금지시켰다. 수학여행 대신 학교에서 16km 떨어진 화엄사까지 걸어가는 극기 훈련으로 대체되었다. 군인이 행군하듯 줄을 서서 걷는 신작로 먼 길은 몹시 힘들었다.

40여 리를 걸어 도착한 화엄사는 처음 보았는데 2층의 각황전은 엄청 나게 큰 기와집이었다. 그리고 언덕에 있는 어머니를 위해 세웠다는 네 사자 삼층석탑을 보면서 자식의 효심을 느끼게 했다. 화엄사를 관람한 다음 우리는 주변 여관에서 하룻밤을 잤는데 너무 먼 거리를 걸어온 친구들은 몹시 피곤해 했고 저녁 식사 후 곧장 잠자리에 들어 별반 추억을 만들지 못했다.

　어느 날 예쁘고 여린 음악 여선생님이 우리 학교에 첫 발령을 받아왔다. 친구들은 다른 선생은 무서워하면서도 예쁘고 순한 음악 선생은 별로 무서워하지 않았다. 짓궂은 친구 하나는 치마를 입은 음악 선생님이 한 학생한테 다가와 수업 지도를 하는 동안 뒤에서 치마 아래에 작은 거울을 살짝 두어 선생님 속옷을 보려고 했다. 음악 선생님은 그 사실을 알고 울면서 나갔고 그 일은 교무실에 알려졌다. 짓궂은 행동을 한 친구는 교무실에 불려가 맞았다.

　신설학교라 그런지 우리학교에는 대학을 갓 졸업한 총각과 처녀 선생이 주로 부임해 왔다. 선생님들은 자연스럽게 서로 짝을 이뤄 사랑을 나누었는데 A선생은 B선생과 C선생은 D선생과 사랑을 나누었다. 때로는 한 여선생을 두고 삼각관계가 형성되기도 했다. 벚꽃 피는 4월, 여선생이 퇴근해서 교문을 나설 즈음 곧 뒤따라 남선생이 퇴근했는데 학생들 눈에서 벗어날 즈음 둘은 데이트를 하거나 프러포즈를 하려는 행동이었다. 그런 모습을 보면서 입담 좋은 학생은 어느 선생이 어느 선생을 좋아한다며 연애 이야기를 재미나게 풀어냈다. 그렇게 아름다운 사랑을 만들어 가던 선생님 커플은 결혼에 성공했고 두 쌍의 부부 선생이 탄생했다.

　선배 중에는 오줌발이 센 선배가 있었는데 짓궂은 행동으로 여학생을 당황하게 한 일이 있었다. 옥외에 있는 화장실은 재래식 변소라 남자 변소 긴 홈통 소변기에는 구더기가 꼬물거리며 기어 다녔다. 우리는 소변을 볼 때 벽을 기어오르는 구더기를 다시 추락시키기 위해 조준해서 갈기기도 했다. 화장실은 남녀 절반씩 썼는데 중앙에 남녀 화장실을 구분하는 2m 높이의 차단벽이 있었다. 차단벽 위는 지붕까지 트인 공간으로 상대 쪽 소리가 다 들렸다. 쉬는 시간에 여학생들은 대소변을 보기 위해 화장실에서 대기하고 있었다. 선배 하나가 보던 소변을 방향을 틀어 여자 변소를 향해 고사포를 쏘아 올렸고, 소변은 포물선을 그리며 기다리는 여학생들한테 떨어졌다. 여학생들은 "엄마야! 이게 무슨 물이야!" 놀랬고 그 선배는 낄낄댔다. 여학생들은 "OOO! 너 죽을 줄 알아!" 하면서 씩씩댔다. 그 선배는 그렇게 여자들을 한바탕 놀려주고는 시시덕거리며 줄행랑을 쳤다.

3년 동안 여러 일이 지나갔고 1974년 2월 우리는 추운 운동장에서 졸업식을 했다. 검은 교복과 모자를 쓰고 일렬로 선 우리는 애국가를 부르고, 교장 선생님의 축사와 재학생과 졸업생의 송사와 답사를 듣고 '작별' 졸업식 노래와 교가를 부르는 순으로 졸업식이 진행되었다. 여학생 중에는 정들었던 친구와 학사를 떠나야 하는 이별이 아쉬워 훌쩍이는 이도 있었지만, 남학생들은 덤덤했다. 초등학교 졸업 때와는 다른 모습이었고 그만큼 더 성숙하고 성장했다는 의미일 것이다.

나는 졸업식 때 우등상을 받았고 어머니는 초등학교 졸업 때처럼 기뻐하면서 장하다고 말해 주었다. 중학 삼 년을 마친 친구들은 절반 정도는 고등학교로 진학하였고, 나머지 절반은 생활 전선으로 뛰어들어 아주 오랫동안 만나지 못하는 석별이 되었다.

첫 부산 나들이, 기술은 젬병이던 나

　사람에게는 천부적으로 부여받은 적성이 있다. 적성이 맞으면 삶은 신나고 행복하지만, 그렇지 않으면 실패와 고통, 삶의 무의미가 엄습하게 된다. 나는 기계치여서 무엇을 만드는 것을 잘 못했다. 적성에 맞지 않은 길을 가다 첫 실패를 맛보았다.

　중학교 3학년, 여름방학이 지나고 2학기에 접어들었다. 중학 생활도 한 학기만 남았고, 상급 학교 진학을 앞둔 친구들은 어느 학교에 가야할까 고민이 생길 즈음이었다. 어느 날 오후, 기술과목 수업 시간이었다. 기술 선생님은 우리에게 방학 생활 안부를 묻고는 자기는 여름방학 동안 기술 연수를 다녀왔단다. 수업은 뒷전이고 연수를 받았던 학교 자랑을 늘어놨다.

　"이번 방학 동안 여러분들이 진학하면 딱 좋을 학교 한 곳을 보고 왔다. 우리나라 최고 기술을 가르쳐 줄 학교인데 한국과 독일 합작으로 세워진 학교다. 국립 학교여서 등록금도 없고, 기숙사 생활이어서 고등학교 삼 년 내내 돈 들어갈 일이 없다. 졸업하면 대기업에 바로 취직도 된다. 학교 이름은 부산 해운대에 있는 '부산한독직업학교'이다. 내가 봐

온 학교 중 기술을 배우기에는 최고 학교다." 선생님은 최고 기술학교라고 자신 있게 소개했다.

  1974년도 중학을 졸업하게 되는 우리는 고등학교 평준화 정책으로 연합고사가 시행되는 부산으로는 진학할 수 없었다. 하지만 기술 선생이 소개한 학교는 특수학교라 연합고사와 상관없이 갈 수 있는 학교였다. 내가 중학교 졸업쯤, 우리나라는 경제개발 5개년 계획에 따라 공업 한국을 꿈꾸며 대단위 국가 공단이 곳곳에 건설되었다. 공장마다 기술 인력이 부족했고 부모는 자식 대학 못 보낼 바에야 인문학교 나오면 어정잡이 된다며 일찍 기술을 배워 공장에 취직하기를 바랐다. 이러한 기술 열풍으로 중학교 친구들은 인문고보다는 공고나 상고로 진학을 많이 했다.

  기술선생이 과장하여 선전한 부산 한독직업학교는 전국 시골 중학교의 우수 학생이 많이 지원했다. 나는 큰형님이 고등학교에 보내주는 것만으로도 고마웠고 빨리 기술을 배워 자립하고 싶었다. 우리 학교는 나를 포함해 4명의 우수생을 선발해 지원했다.

  중학교 3학년이던 11월이었다. 나는 부산한독직업학교 실기 시험을 치르기 위해 어머니와 함께 부산행 버스에 몸을 실었다. 동네 사람은 아침 여덟 시에 화개를 출발하면 저녁 다섯 시가 돼서야 부산에 도착하는 먼 거리라고 말했다. 큰형님은 어머니와 나에게 "진주 정류장은 버스가 겁나게 많다. 화장실 갈 때 버스 번호를 단단히 알아야 차를 잃어버리지 않는다." 하시며 차를 잘못 탈까봐 신신당부였다.

  우리가 탄 버스는 비포장도로를 털털거리며 달렸고 하동 읍내 차부에서 잠시 쉰 후 진주 터미널에 들렀다. 진주 정류장에 들렀을 때 형님 말대로 비슷한 버스가 여러 대 정차해 있어 눈이 어지러울 지경이었다.

어머니와 나는 조심조심 화장실을 다녀왔다. 오랜만에 타는 버스라 멀미가 걱정되어 약도 하나 사 먹었다. 진주를 지나니 편안한 아스팔트 도로가 나왔다. 버스는 바쁠 것 없다는 듯 정류장마다 들르며 느릿느릿 달렸다.

저녁 5시쯤 우리는 부산 조방 앞 버스 터미널에 도착했고 작은형수가 마중 나와 있었다. 도시 가로등에는 불빛이 들어왔고 버스에서 내려 바라본 조방 앞 풍경은 번잡하고 눈이 휘둥그레졌다. 시골서 잡아온 닭, 쌀, 콩, 등 어머니가 싸온 보따리를 짐칸에서 끄집어냈다.

시내버스를 타고 형님이 사는 우암동으로 갔다. 공장에서 노동을 마치고 돌아온 형님은 "어머님 오셨어요. 먼 길 오신다고 고생 많았습니다." 반갑고 따듯하게 맞아주었다. 나와 어머니는 형님 집에 머물면서 한독직업학교 2차 실기 시험을 기다렸다.

2차 실기 시험은 당해 학교에서 있었는데 시험 고사장을 미리 알아두기 위해 나는 시험전날 부산한독직업학교를 찾아갔다. 교실 선반 기계가 빼곡한 모습에서 기술선생 말대로 최고 기술학교구나 하는 생각이었다.

뒷날 치른 2차 시험은 나무 널빤지를 하나 주고 시간 내에 톱질, 망치질, 페퍼질을 해서 어떤 형태를 만드는 시험이었는데 기술 적성이 맞는지 테스트하는 시험 같았다. 나는 기술과목을 제일 싫어했고, 무엇을 만드는 것은 젬병이었다. 시험장에서 땀을 뻘뻘 흘리면서 부지런히 만들었으나 내 작품은 조잡했고 완성도가 떨어졌다. 나흘 후, 합격자 발표가 났는데 나는 당연히 낙방이었다. 적성에 맞지 않는 기술학교 낙방이 한편으로는 잘 되었다는 생각이 들었지만, 같이 간 친구 중 나 홀로 떨어져 기분이 우울했다.

작은형님은 시무룩한 나에게 어머니와 함께 용두산공원 바람을 쐬고 오라고 했다. 뒷날 작은형수 안내를 받아 간 용두산공원은 촌 학생인 나의 눈에는 모든 것이 경이롭고 어리둥절했다. 그곳에는 예쁜 꽃이 핀 커다란 꽃시계가 있었고 정확한 시간을 알려주었다. 그 앞에서 나와 어머니, 형수, 어린 조카는 사진사에게 부탁해 기념사진을 찍었다. 공원에 나온 사람은 비둘기모이를 주고 모이를 쪼던 비둘기는 우르르 하늘로 날아오르는 평화로운 모습이었다. 나는 용두산 타워를 올라가 난생처음 바다를 바라보았는데 큰 배들이 항구에 정박해 있고 먼 바다는 시원하게 틔었으며 망망했다. 또한, 발치 아래 시내 모습이 한눈에 들어왔는데. "와! 진짜로 큰 도시네. 저 높고 많은 집 좀 봐!" 나도 모르게 놀라워 감탄이 흘러나왔다. 나는 바다와 항구와 도시 풍경을 보면서 낙방의 시름을 잠시 잊었고 거대 도시의 위대함을 처음 느껴 보았다.

그때 올랐던 용두산 타워는 40여 년이 지난 지금도 그 모습 그대로 우뚝 서 있다.

기술학교, 간첩으로 오인

 살다 보면 때로는 남에게 드러내고 싶지 않은 흔적이 이끼처럼 끼기도 한다. 그것은 콤플렉스가 되어 자존감을 갉아먹고, 마음에 짐이 되어 힘들게 할 때가 있다. 내 경우는 두 가지 콤플렉스가 있었다. 하나는 고등학교 생활이고, 하나는 나이보다 어려 보이는 동안(지금은 더 좋지만)이었다. 둘 다 이제는 극복된 이야기지만 오랜 기간 나를 움츠리게 했던 콤플렉스였다.
 부산 한독직업학교에 낙방해 시무룩한 내 모습을 안쓰러워하는 어머니에게 작은형님은 저녁밥을 먹은 후 말했다. 나보다 스무 살 정도 많은 형님이었는데 형제 중에서도 마음이 따뜻하고 유독 정이 많았다. "어머니! 상호는 제가 부산에 데리고 있을게요. 촌 학교 다니면 촌놈밖에 안 됩니다. 그리고 상호야, 혼자 객지에서 자치생활 하다 보면 엇나가기 쉽다. 부산에 내 큰처남이 다녔던 학교가 있는데 부산한독직업학교처럼 연합고사와 상관없이 진학할 수 있는 학교다. 하동 악양에 있는 작은처남도 이번에 그 학교 다니기로 했다. 작은처남과 같은 고향이니까 친구 삼아 다니면 좋지 않겠나?" 하면서 내일 그 학교에 가보잔다.

그날 저녁 작은형님은 시골 큰형님에게 전화해 막내동생은 고등학교 마칠 때까지 자기가 데리고 있겠다며 "여기 좋은 기술고등학교가 있는데 거기 보냅시다." 하면서 허락을 구했다. 촌에서 학교 사정을 모르던 큰형님은 그리하라고 동의를 했다.

이튿날 작은형수를 따라 그 학교를 가보았다. 용두산공원 오르는 194계단 중간쯤 7층 높이의 붉은색 학교가 있는데 운동장도 없고 학원 건물 같았다. 학교명은 '부산고등기술학교'였다.
교무실에 들르자 안내 선생은 자기 학교 선전에 열을 올렸다. "우리 학교는 통신을 배우는 학교인데 졸업을 하면 원양어선이나 큰 상선 통신장으로 일하면서 오대양 육대주를 누빌 수 있고, 연합고사와 상관없이 입학할 수 있어 시골 우수 학생이 많이 와요." 하면서 정식 고등학교 과정이라 말했다. 학교가 학원처럼 보여 마음이 썩 내키지는 않았으나 외항 선원이 되어 오대양 육대주를 누비며 돈도 벌고 외국 구경도 할 수 있다는 학교 선생 꼬임과 작은형님 추천에 나는 원서를 받아왔다.
원서를 챙겨 들고 다시 고향으로 돌아온 나는 중학교 담임 선생님께 원서를 내밀고 써달라고 했다. 선생님은 학교 안내문을 보더니 깜짝 놀라면서 못 써 주겠단다. "상호야, 너 이 학교 아는 게 있니? 이 학교는 정식 고등학교가 아니야! 지금 고등학교 2차원서 쓰고 있는데 네 실력 같으면 진주 대아고(진주고 다음으로 우수) 가능하다. 거기 써 줄 테니 대아고에 원서를 넣자." 했다. 나는 선생님께 대학에 갈 형편도 안 되고 또한, 부산 작은형님 집에서 고등학교를 다녀야 할 형편이라 후회하지 않겠다고 다짐을 하고 원서를 써달라고 졸랐다. 담임 선생님은 한참을 고심하더니 "너 진짜로 후회 안 하지?" 언짢고 걱정스러운 표정으로 학교장 직인이 찍힌 원서를 써주었다. 그렇게 원서를 챙겨들고 제출한 부산 고등기술학교는 누구라도 합격하는 학교였고 당연히 합격을 했다.

 1974년 3월, 나는 기술고등학교에 다니려고 다시 고향에서 부산으로 내려왔다. 학교 입학을 한 다음 중학교 담임 선생님 걱정처럼 정식 고등학교가 아님을 정확히 알 수 있었다. 운동장도 없고, 교복 칼라도 일반 고등학교와는 달랐다. 신부복 같은 칼라를 한 특이한 검정 교복은 다른 고등학생과 차이가 나 쑥스럽고 민망했다. 입학한 학생들 면면도 다른 학교 중퇴자나 가정 형편상 부득이 부산서 고등학교를 다녀야 하는 시골 학생이 대부분이었다. 그리고 수학, 영어 두 과목 검정고시로 합격해야 고등학교 졸업 인정이 되어 대학 진학을 할 수 있음도 알았다. 그 학교 교무선생님은 학생들 불만에 두 과목 검정고시 합격은 식은 죽 먹기라며 안심시키려 했다.
 큰형님은 훗날 이 사실을 알고 작은형님에게 따졌다. 시골에서 쌀이야 비싼 수업료야 보냈더니 정식 고등학교도 아닌 곳에 막내동생을 입학시켰다면 항의를 하곤 했다. 그럴 때면 작은형님은 "졸업 후 통신장이 되어 원양 어선이나 상선을 타면 돈도 잘 벌기고 후회 안 할 겁니다." 하면서 자기 선택이 옳다고 주장했다(같은 학교를 다녔던 고향 친구는 졸업 후 상선 통신장으로 근무하다가 지금은 LNG선을 타면서 많은 월급을 받고 있기는 하다).
 내가 그 학교에 입학했을 때 작은형님은 국제상사라는 운동화 만드는 공장을 다녔는데 우암동 단칸방 생활이었다. 단칸방은 형님 가족이 살기도 좁은 방인데 굳이 고등학생인 막내동생을 왜 데리고 있으려 했는지 지금 생각해도 이해하기 어렵다. 피를 나눈 형제애가 아니면 할 수 없는 일이다.

　형님은 이후 초등학교 서무로 취직했고 근무지를 따라 감만동으로 이사했다. 이사한 집은 다락방이 있어 나는 그곳에서 생활했다. 같은 방에서 잠을 자지 않은 것만으로도 편했다. 일 년 정도 그 집에서 살다가 학교 사택이 비자 형님네는 다시 사택으로 이사했다. 다시 단칸방 생활이었고 장롱으로 나와 형님네 생활공간을 나누었다. 나도 불편하고 형님, 형수도 불편했을 텐데…. 지금 생각하면 작은형님에게 눈치 없이 빌붙어 있었던 게 죄를 지은 느낌이다.

　나는 자퇴할 수도 없고 울며 겨자 먹기 식으로 삼 년을 버텼다. 방학 때 고향에 와도 친구들에게 학교 이야기를 하고 싶지 않았다. 그나마 한 가지 좋았던 점(?)은 광복동 용두산공원 아래 학교가 있어 삼 년 동안 부산 제일 중심가를 누비고 다닌 것이다. 우리 학교는 내가 졸업 후 차츰 학생 수가 줄어들었고 얼마 못 가 폐교되었다.

　기술학교에 다니면서 간첩으로 오인당한 일화가 있다. 내가 다니는 학교는 모스 부호로 통신을 배우는 학교였다. 통신 공부는 모스 부호를 빠르게 조합해 해독하거나 빠르게 전송해야했다. 도~쓰~돈돈.(●━●●) 하면 ㄱ자가 되고, 돈돈~쓰~돈(●●━●) ㄴ자가 되었으며 돈돈(●●)은 ㅑ가 되었다. 모음 자음마다 고유의 부호가 있었다. 모스 부호를 조합하면 어떠한 글자도 만들 수 있다.

　옛 첩보 영화에 보면 모스 부호를 이용해 암호를 주고받는 장면이 나온다. 어릴 때 심야에 단파 라디오를 틀면 북한에서 남한 간첩한테 보내는 모스 부호가 들리곤 했다. 원양어선이나 상선은 이런 모스 부호를 기지국에 보내 소식을 전하고 받았으며 선박에는 무전을 칠 통신사가 필요했다. 우리 학교는 이런 통신사를 배출하는 학교였는데 실무에서는 굉장히 빠른 속도로 전문을 주고받아야 해 많은 반복 연습이 필요했다.

나는 집에 오면 모스 부호 연습을 위해 작은 스피커를 켜 놓고 모스 기계를 두드렸다. 그럴 때마다 도~쓰~돈돈, 돈돈~쓰~돈 하면서 모스 부호 소리가 집 밖으로 새 나갔다. 그 소리에 인근 사람들은 처음에는 간첩이 전문을 보내는 소리인가 의구심을 가졌다.

우암동에 살 때였다. 어느 날 나는 하교 후 방에서 모스부호 연습을 하고 있었다. 그 소리를 들은 주인집 아주머니는 형수한테 "무전 치는 소리가 그 집에서 간혹 나던데 혹시 간첩이 그 집에 있는 것 아녀요?" 하면서 의심을 하더란다. 형수는 "우리 집 시동생이 통신학교 다니는데 통신 공부한다고 내는 소리예요." 하면서 이해를 구한 적도 있었다.

학교에서는 국어, 영어, 수학 등 고등과정을 일부 배우기는 했으나 통신학교다 보니 인문과목 공부는 뒷전이었다. 인문 공부는 삼분의 이 정도 진도가 나가다가 학기를 마치곤했다. 오로지 통신 모스 부호 연습을 해 학생들이 하루빨리 통신 자격증을 따도록 독려했다. 나는 그런 학사일정으로 고등학교 기본 지식은 턱 없이 부족했고 오로지 무선통신 기능사 2급 자격증을 취득하는데 몰두했다. 어렵게 딴 자격증은 배를 타지 않으면 거의 쓸모가 없는 자격증이다.

나는 학교도 시원찮고 그냥 될 대로 되라는 식으로 건성으로 학교를 다녔다. 소중한 고등학교 3학년 시기를 의미 없이 보낼 즈음 경상남도에서 '통신직 5급 을' 공무원 모집이 있었다. 지금의 9급 공무원에 해당하는 시험이다.

경상남도가 통신직 공무원을 모집한 이유는 통영시(당시는 통영군)처럼 섬이 많은 군에는 군청과 섬 소재 면사무소 간에 상호 연락을 위해 무선기가 설치되었고, 무선 장비를 다루는 통신직 공무원이 필요했다. 공무원을 모집한다는 소식을 들은 친구들은 "원양어선 타면 돈은 많이 벌지만, 고생이 엄청 나대! 우리 공무원 시험이나 한번 보자."하면서 한 무더기 친구들은 놀이 삼아 버스를 타고 통영군청을 찾았다. 원서를 내고 시험을 치렀는데 전국에서 통신을 공부한 사람들이 몰려와 의외로 비율이 높았다.

나는 시험에 합격해 경상남도 지방 통신직 공무원이 될 수 있었다. 나머지 학우들도 모스 부호로 전보를 취급하는 전신 전화국에 취업해 체신공무원이 되기도 했다. 또 다른 친구들은 원양 어선에 취업해 서사모아, 라스팔마스 같은 곳으로 나가 오대양 푸른 바다를 누볐다. 우리의 꿈이었던 커다란 상선을 타는 외항선원은 두세 명에 불과했다.

현재는 모스 전신기는 박물관에나 있을까. 길을 걷다가 간판을 보면서 도~쓰~ 돈돈 모스 부호를 외우고 글자를 조합하던 옛 기억이 스치곤 한다.

고등학교 콤플렉스는 세월이 지나도 한동안 나를 떠나지 않고 쑥스럽게 했다. 누군가가 "어느 고등학교를 나왔느냐?"고 초면에 물으면 얼버무리기 일쑤였다. 학교 동문이 잘 구성되어 서로 챙겨 주는 친구나 직장 동료가 나는 몹시 부러웠다.

고등학교 콤플렉스는 나를 발전시키는 자극제가 되기도 했다. 어떠한 방법으로든 대학을 꼭 가야겠다는 꿈을 가졌고 직장을 다니면서 주경야독해 지금의 전공(건축 공무원)을 갖게 했다.

항상 가슴에 찌꺼기처럼 남아있던 고등학교 콤플렉스···. 자서전을 쓰면서 지나간 나의 콤플렉스를 밖으로 들어내다 보니 마음 한편 후련해지는 치유를 느낀다.

어머니의 죽음과 가출

누구나 살아가면서 감당하기 힘든 고통과 슬픔이 밀려올 때가 있다. 사랑하는 가족을 잃을 때 더더욱 그렇다. 슬픔은 파도처럼 밀려오고 살아갈 희망을 잃고 방황하게 된다. 영혼이 빠져나간 허수아비처럼 삶이 무미건조해 흐느적거린다. 아마 성장기에 부모를 잃을 때나 결혼 후에 자식을 먼저 하늘나라로 보낼 때 그 슬픔은 더 크고 감내하기 어려울 것이다. 내게도 그러한 크나큰 상실이 있었다.

1975년, 내가 고등학교 2학년 때였다. 산과 들은 짙은 녹음으로 물드는 6월이었다. 어느 날 시골 큰형님으로부터 어머니가 편찮다는 전화가 왔다. 형님은 근래 어머니가 늘 배가 아프다 해서 읍내 병원에서 치료를 받았으나 병명도 모르고 차도도 없고 시름시름 앓고 계시다는 거였다. 일단 집에 모셔와 병원 약을 먹으며 요양을 하고 있으나 아무래도 부산 큰 병원에 가봐야 할 것 같다는 전화였다.
어머니는 야위고 가냘팠지만, 오십 평생을 살아오면서 아픈 데 없이 건강하셨다. 그런 분이 병원에 갈 정도로 아프다는 소식에 마음 편히 학교만 다닐 수는 없었다. 나는 선생님께 사정을 이야기하고 가사 결석 허가를 받았다. 시골로 향하는 차 안에서 아픈 어머니 생각에 어떤 슬픔이 목까지 차올라 울컥거렸다.

고향 집에 도착해 어머니를 뵈었다. 평소에도 연약한 몸이라 안쓰럽던 어머니는 병색이 완연해 더 늙고 약해 보였다. 어머니는 힘 잃은 눈빛으로 나를 바라보면서 "상호 왔냐? 학교는 어쩌고? 곧 있으면 나을 긴데, 뭐 한다고 먼 길을 왔느냐." 하셨다. 내리사랑이라 그럴까, 어머니는 유독 막내인 나를 더 사랑해 주셨다. 늘 "네 에울(결혼) 때까지는 살아야 할 긴데, 그때까지 살아지것나?" 하시면서 막내인 나를 안쓰러워했고 삶의 끈을 나에게 두는 듯했다.

큰형님은 어머니가 아픈 경위를 들려주었다. 한지 생산으로 돈을 번 형님은 집에서 가까운 야산을 샀다. 집 근처에 밭이 있는 이웃을 부러워하던 어머니는 그곳 밭에서 일하기를 좋아했다.

밭 가장자리에는 큰 바위가 하나 있었는데 그 아래에는 옹당한 작은 우물 하나가 있었다. 봄이 되자 그곳에 개구리는 알을 낳았고 물은 오염되었다. 밭일로 목이 말랐던 어머니는 그 물로 목을 축였단다. 일을 마치고 온 어머니는 그날 밤 배가 살살 아팠고 곧 낫겠거니 생각했던 배앓이는 며칠 지나도 쉽게 낫지 않았다. 아픈 배를 움켜쥐고 집안일이며 밭일을 계속했다.

아픈 배가 차도가 없자 큰형님은 진찰을 잘한다는 구례 읍내 의원에게 데려갔고, 며칠 입원하는 게 좋겠다는 의사 말을 따라 어머니를 입원시켰다. 의사의 진료를 받고 처방한 약을 먹었는데도 차도가 없자 결국 의사는 큰 병원으로 가보는 게 좋겠다고 권했단다. 형님은 모내기로 농촌일이 바쁜 터라 대충 가사 일을 마치면 큰 병원으로 데려가려던 참이었다.

나는 누워계시는 어머니에게 "어머니 걱정 마세요. 큰 병원에서 치료하면 곧 낫게 될 거예요." 야윈 손을 잡고 위로를 드렸다. 학교에 내었던 가사 결석이 끝나가 나는 부산으로 먼저 내려왔다. 집을 나서는 나에게 큰 방문을 열고 야윈 몸을 일으켜 앉으신 어머니는 "어서 가거라. 괜찮을 기다." 하면서 가녀린 손을 저으며 잘 가라고 배웅했다.

며칠 뒤 어머니는 큰형님의 부축을 받아 부산에 왔다. 초량에 있는 침례병원(두 번째 큰 병원)에 입원하여 X-ray, 피검사 등 여러 검사를 하였으나 뚜렷한 병명이 나오지 않았다. 다만 의사는 간이 나쁜 것 같다고 유추할 뿐이었다.

부산에는 존경하는 외숙이 계셨는데 어느 날 외숙은 "누님은 내가 살릴 테니, 내가 아는 병원으로 옮기자."고 했다. 그곳은 부산의대 외과 교수가 운영하는 사설 의원이었다. 그 의사는 부산대 병원에서도 꽤 유명한 의사였는데 검사 결과를 토대로 복부를 가르는 대수술을 했다. 위장을 나쁘게 했던 균들이 간으로 옮아 붙어 급성 간염이 되었다며 간을 잘라냈다. 그 수술은 야윈 어머니가 감당하기에는 버거운 수술이었다. 수술한 다음 어머니는 잠시 좋아지는 듯했다. 수술로 만신창이가 된 어머니는 나를 보고는 "상호야 빨리 나으마. 나으면 네 밥도 해주고 이제는 너랑 살란다." 가릉거리면서 가느다랗게 말했다. 나는 어머니의 소박한 꿈을 듣자 "빨리 나아, 그리하셔야죠." 울음을 참으며 두 손을 꼭 잡았다.

다섯 자녀의 극진한 간호와 쾌차를 바라는 염원에도 병은 나아지지 않았고, 어머니 생명의 빛은 자꾸만 희미해 갔다. 결국, 의사는 가망이 없다며 집으로 모시는 게 좋겠다고 했다.

들판은 벼가 익어 추수할 무렵이었다. 어머니는 링거와 모르핀을 손

등에 주렁주렁 꽂은 채 택시를 타고 고향으로 돌아왔다. 큰 방에 모신 어머니는 몹시 고통스러워했다. 삼사일을 고통과 괴로움 속에 지내던 어머니는 차츰 생명의 불꽃이 꺼져갔다. 죽음이 임박함을 알고 앞뒷집 아주머니들은 밤늦도록 삼베 수의를 만들었다. 수의를 보면서 "울어 봐도 불러 봐도 못 오실 어머님을~. 원통해 불러보고~" 나는 '불효자는 웁니다.' 노래를 웅얼거렸고 슬픔이 극도로 밀려와 아무도 없는 중간 대청에서 혼자 한없이 울었다.

　어머니 위중으로 동네에서 우리 집 벼 수확이 가장 늦었다. 가을 아침, 벼를 들판에 그대로 두고 있을 수가 없어 나와 형님은 들로 나갔다. 저 멀리 조카가 헐레벌떡 뛰어와 할머니가 곧 돌아가시려 한다는 말에 곧장 집으로 달렸다. 도착했을 때는 어머니는 큰형수와 작은누님이 임종을 지켜보는 가운데 운명한 뒤였다.

　나는 잠자듯 누운 평온한 어머니의 주검을 보았다. 처음은 눈물이 나지 않았다. 어머니의 얼굴을 쳐다보다 잠시 방을 나와 나 홀로 아래채 후미진 곳에서 앞산을 바라보며 어머니의 죽음을 인식했을 때 그제야 눈물이 하염없이 볼을 타고 흘렀다.

　어머니는 사랑하는 가족을 두고 떠나셨고 시간만 나면 가서 일하기 좋아하던 집 근처 야산에 안장했다. 장례 날 나는 어머니 하관을 보고 싶었으나 끝 나이가 같은 자녀는 하관을 봐서는 안 된다며 어른들이 만류해 장지까지 가지 못했다. 산 아래 홀로 남아 산등성을 올라가는 상여를 바라보면서 나는 꺼억꺼억 울었다. 장례식을 치루는 동안 눈물은 마르지 않았고 수없이 흘리는 눈물은 나의 슬픔을 말해주었다.

　그렇게 장례를 치르고 나는 일상으로 돌아왔다. 부산 작은형님 집에 와 다시 등교를 했다. 하교 후 혼자 다락방에 있는 날은 고아가 된 고독감과 어머니에 대한 그리움으로 자꾸만 목이 꺽꺽 거렸다. 슬픔이 너무 커 살아야 할 존재 이유가 무너져 내렸다.

어머니를 잃은 상실감에 나는 학교에 다니기도 싫고 우울했다. 내 마음을 그래도 잘 알아주는 작은 누님과 함께 있고 싶었다. 아직 미혼인 작은 누님은 서울에서 공장을 다녔는데 나는 공부도 포기하고 공장을 다니면서 세월 흘러가는 대로 살고 싶었다. 집을 나가기로 했다.

어느 날 큰형님이 보내온 등록금을 들고 나는 서울행 기차에 올랐다. 누님 주소를 가지고 찾아가 집 앞에서 기다리자 고된 노동을 마친 누님이 어둠 속에서 나타났다. 쪽방 생활을 하던 누님은 나의 자초지종을 듣더니만 "상호야 너의 슬픔은 알지만, 그래도 학교는 마쳐야 한다. 네 슬픔은 누나도 마찬가지야. 이런 모습은 하늘에 계신 어머니도 원치 않을 거야, 일단 학교를 마치고 올라오렴." 하면서 열차 표를 끊어 부산 형님 집으로 다시 나를 내려 보냈다.

밤을 새워 달린 기차는 어슴푸레한 새벽녘에 부산역에 도착했다. 버스를 타기 위해 정류장에 서 있는데 험상궂은 깡패 한명이 내게로 다가왔다. "야 인마! 따라와." 하면서 겁을 주었다. 그때 마침 버스 한대가 내 앞에 멈추면서 문이 열렸다. 난 두려움에 무작정 승차했다. 새벽 버스는 텅텅 비었고 일요일이라 복잡하지 않아 갈 곳도 없는 나는 오전 내내 버스만 타고 다녔다.

그러다가 어디로 가야 할까. 고심하던 나는 혼자 사는 이모 집을 찾아가기로 했다. 이모(어머니 언니)는 나를 안쓰러워하며 반갑게 맞아주었다. 나는 그곳에서 며칠을 편안하게 지냈다.

내가 가출한 다음 작은형님은 막내동생이 없어졌다며 시골에 왔는지 큰형님한테 전화해 물었다. 없어진 나를 찾기 위해 두 형님은 내가 갈

만한 곳을 모두 수소문했다. 결국, 이모 집에 연락이 왔고, 상호가 우리 집에 있다는 이모 말을 들은 작은형님은 곧장 나를 데리러 왔다. 형님은 나를 찾은 것을 안도하며 "네 상실감과 슬픔은 충분히 알겠다. 그래도 일단 고등학교는 마치자." 나를 달랬다. 두 형님의 간곡한 설득에 나는 고등학교를 마치기로 마음을 다잡았다.

  가을이 가고, 겨울이 지나면서 슬픔은 차츰 누그러졌다. 어머니가 안 계신다고 생각하면 고독감이 밀려오고 슬펐지만, 시간이 지날수록 슬픔은 엷어졌고 그것은 자립심으로 승화되어 갔다. 이제는 어머니가 안 계시는 혈혈단신, 나 혼자 삶을 개척해야 한다는 절박감이 밀려왔고 나는 잡초 같은 마음으로 세상을 이겨내야 한다는 생각이었다.

3부

삶의 꽃도
피어나고

서상호 자서전 | 인생은 강물처럼…

공무원 첫 발령, 아련한 사랑도

'새는 알에서 빠져나오려고 몸부림친다. 알은 세계이다. 태어나려는 자는 누구든 한 개의 세계를 부숴야 한다.' 헤르만 헤세의 데미안에 나오는 말이다. 1977년이 내게는 알을 깨고 새로운 세계로 나간 그런 해였다.

고등학교 졸업을 앞두고 있는 시점이었다. 형님 집으로 통영군청에서 공문 하나가 왔다. 공무원 발령이 났으니 지정 일시에 군청으로 오라는 내용이었다. 드디어 두 형님의 보호를 벗어나 나는 알을 깨고 세상으로 나가야 하는 때가 온 것이다. 온실 속 화초에서 생명력을 키우는 잡초로 살아가야 할 새로운 시작이었다.

1977년 1월 마지막 날, 나는 부산 형님 집을 나서 통영으로 향했다. 다음날이 발령장을 받는 날이라 하루 전 그곳에 도착해 여관에서 자야 했다. 통영으로 가는 길은 멀고 험했는데 특히 굽이굽이 돌아 오르는 진동 고개 오르막길은 험했고 보기에도 아찔했다. 저녁때쯤 통영에 도착해 도남동에 있는 군청 근처 여관에 여장을 풀었다. 낯선 도시에서의 하룻밤은 설렘과 고독감을 주었다.

1977년 2월 1일, 이 날은 잊을 수 없는 날이다. 공무원으로 발령을 받아 사회인으로 첫 출발하는 중요한 하루였기 때문이다. 나는 시간에 늦지 않도록 일찍 일어나 단정하게 차려입고 인근 식당에서 식사한 다음 군청으로 향했다.

군청은 일제 강점기에 건립된 건물인데 아치형 포치(현관)가 있는 2층의 고풍스러운 위엄 있는 건물이었다. 떨리는 마음으로 내무과로 향했다. 나 외에도 몇 명이 더 와 있었고 직원의 안내를 받아 강당에서 군수로부터 발령장을 받았다. 내무과 직원은 이틀 후에는 발령지에서 근무해야 한다며 새내기인 우리들에게 엄중하게 말했다.

나는 부산으로 다시 돌아와 가방과 이불 보따리를 챙겨 첫 근무지인 통영시 사량면으로 향했다. 그곳은 통영에서 두 시간 배를 타고 가야 하는 먼 곳이었다. 짐 보따리를 선실에 내려놓고 조금 기다리니 부~웅 부~웅 고동을 울리면서 배는 사량도로 향했다. 나는 난생처음 배를 타 보았고 호기심에 갑판으로 나갔다. 연안 여객선은 하얀 연기를 내뿜으며 천천히 항구를 벗어나 바다로 향했다. 통영항을 벗어날 즈음 항구를 바라보았다. 한국의 나폴리답게 형형색색의 지붕을 한 높지 않은 건물들이 산과 바다와 어우러져 아름답고 운치 있는 풍경을 자아냈다. 항구를 벗어나자 바다는 호수처럼 잔잔하고 쪽빛 바다에는 하얀 굴 양식 부표들이 무수히 떠 있었으며 올망졸망한 섬들은 점점이 박혀 있었다.

처음 본 한려수도는 바다와 섬이 어우러져 경이롭고 아름다웠다. 여객선은 섬마다 들르면서 사람을 내렸는데 어떤 섬은 선착장이 없어 작은 배에 옮겨 타야 했는데 위험해 보였다. 나는 처음 보는 바다가 좋아 사량도에 도착할 때까지 내내 갑판 위에서 불어오는 바람을 쐬며 바다와 섬을 구경했다. '참 좋은 곳이에요. 잘 왔어요.' 말 없는 섬들은 내게 속삭여 주는 듯했다.

두 시간 후 사량도 금촌(제일 큰 마을)에 도착했고, 그곳에서 많은 사람이 내렸다. 키가 큰 면 직원 하나가 나를 맞아 주더니 하숙집을 소개해주고 불편한 점은 이야기해 달랬다. 그리고 내일 아침 9시까지 마을 끝에 있는 면사무소로 오면 된다고 했다.

키 큰 직원이 소개해준 하숙집 아주머니는 40대 중반의 남편과 사별한 미망인이었고 외동딸은 통영에서 직장을 다녔다. 하숙 아줌마는 싹싹하고 인정이 넘쳤는데 나를 무척 반갑게 맞아 주었다. 투박한 섬 여느 아줌마와는 달리 험한 일을 하지 않아 보이는 여성이었다.

내 하숙방은 아줌마 방 옆 작은방이었고 그곳에 옷 가방과 이불 보따리를 내려놓았다. 8개월 후 사량도를 떠날 때까지 하숙집 아줌마는 빨래도 해주고 어머니처럼 따뜻하게 대해주었다. 하숙집은 나 말고도 두 명의 초등 교사가 식사하러 왔다. 그들은 식사만 했고 그중 한 교사는 여름에도 겨울 털 옷을 입고 다니는 괴짜(?)였다.

짐을 내려놓고 나는 방파제를 나가보고 마을길을 걸어 보았다. 그곳 포구에는 멸치 배, 고데구리 배가 정박해 있고 해안을 따라 난 좁은 마을길에서는 섬사람들이 서로 안부를 묻고 인사하는 정이 넘치는 곳이었다. 갈매기들은 평화롭게 하늘을 날고 짠 바다 냄새는 가슴으로 밀려왔다.

사량도는 상도, 하도, 수우도 3개의 섬으로 이루어진 섬이다. 상도와 하도는 크기가 얼추 비슷했고 두 섬 사이에는 해협이 놓여 있었으며 나란히 누운 부부 같았다. 조금 떨어져 있는 수우도는 부부의 어린 자식같이 작은 섬이었다.

다음날인 2월 3일 아침, 나는 설레는 마음으로 첫 출근을 했다. 면사무소에 들어서니 중앙에 있는 부면장을 중심으로 총무계, 재무계, 산업계, 호적계가 기역자 형태로 배치되어 있었다. 어제 나를 맞아준 직원이 새내기 출근하는 나를 반갑게 맞아주며 직원들에게 소개했다. 나는 모든 직원에게 정중히 인사를 했고 얼떨떨했다. 가운데 앉은 부면장은 각진 얼굴과 주름살 깊었는데 위엄 있어 보였다.

9시가 좀 넘자 면장이 출근했다. 면장은 작은 키에 지긋한 나이로 인품을 갖춘 차가워 보이는 분이었다. 총무계장은 나를 면장에게 데리고 가서 이번 신규 발령자라고 소개했다. 면장은 "먼 길 온다고 수고 많았네, 이곳에 정붙이고 살면 좋은 곳이네, 있는 동안 열심히 하게나." 위엄 있는 사무적 목소리로 말했다. 면장실을 나온 나는 배정된 자리에 앉아서 일을 시작했다. 그로부터 시작한 공무원 생활…. 천직이 된 내 평생 직업이었다.

내게 주어진 임무는 통신기술 공무원으로 군청과 주고받는 무전기 관리와 문서 접수였다. 무전기는 별도의 무전실에 보관되어 있었는데 꼬불꼬불한 선 끝에 마이크가 있었다. 말할 때는 스위치를 눌러야 했고 상대편 말을 들을 때는 스위치를 놓아야 했다. 마이크 스위치를 누르고 "군청, 군청, 여기는 사량면 나오라 오버!"하면 "여기는 군청 말하라. 오버." 응답이 왔다. 상호 간 의사를 전달할 때는 말끝에 꼭 '오버'를 붙였다. 무전전화는 전화기와 병행해서 썼는데 보안에 취약하다고 중요 내용은 유선전화로 하도록 했다. 혹 무선전화로 중요한 내용을 전달할 때는 음어를 사용했는데 간첩 난수표 같았다. 나는 무전기와 배터리를 관리하고, 약 15m 높이의 무선 철탑꼭대기에도 올라가 안테나가 바르게 설치되었는지 관리하기도 했다.

섬 생활과 공직근무가 처음에는 낯설었지만 한 달쯤 지나자 정들고 익숙해져 갔다. 금촌 마을 뒤에는 연둣빛으로 물든 언덕이 있었고, 길옆에는 커다란 참나무 한그루가 있었다. 풀밭에는 한가로이 소가 풀을 뜯고 녹색 풀로 덮인 언덕은 목가적 풍경이었다. 나는 그 언덕을 올라가 언덕 너머 무엇이 있나 바라보았다. 건너편에는 고성군 하이면이 아슴푸레 보이고 섬들이 올망졸망 바다에 떠 있었으며 멸치잡이 배들이 물보라를 일으키면서 어디론가 항해했다. 석양으로 물든 노을은 바다와 섬에 아름답게 내려앉았다.

그러다가 나는 사량도에서 제일 높은 약 400m 높이의 옥녀봉을 바라보았다. 높은 산은 아니지만 바다 쪽은 절벽으로 이루어져 위험하고 날카로운 산이었다. 언덕 능선에서 쪽빛 바다 한려수도를 바라볼 때면 참 평화롭고 아름다운 남도 풍경이라는 생각이었다.

사량도는 뱀(독사)이 많아 함부로 풀숲을 지나다닐 수가 없었다. 반상회나 통일벼 독려 같은 행정지도를 위해 마을로 갈 때면 우리는 행정선을 타고 바다를 가르며 다녔다. 그럴 때면 바다는 시원한 바람을 선사하면서 친구처럼 다정하게 다가왔다. 반상회를 마치고 밤에 돌아올 때는 산길을 걸어야 했는데 나는 귀신과 뱀이 제일 무서웠다.

또한, 사량도는 여름이면 멸치잡이를 많이 했다. 공멸이라는 아주 작은 멸치가 있는데 갓 잡아온 싱싱한 멸치를 무채와 초고추장에 비벼 먹는 맛은 최고였다. 잡은 멸치는 삶아서 어장 막에 말렸는데 멸치 철이면 온 섬이 비릿한 냄새로 진동했다. 밤이면 멸치 배들이 불 밝힌 포구는 평화롭고 철썩철썩 파도 소리는 정겨우며 방파제를 걸으면서 바라보는 무수한 별빛은 아련했다. 이러한 낭만 속에 사는 섬사람은 천성적으로 착한 사람일 수밖에 없겠다는 생각이었다.

그곳에서 지내는 동안 또래 친구도 사귀었다. 저녁이면 우리는 바닷가에서 소주를 마시며 기타를 치고 노래를 불렀다. 그해에는 조용필의

'돌아와요 부산항에'가 대 히트를 했는데 입대하는 친구를 위해 최백호의 '입영 전야'와 조용필의 '돌아와요 부산항'을 부르면서 석별을 아쉬워하며 밤 가는 줄 모르고 놀았다.

섬에는 순박하고 착한 아가씨도 많았다. 그녀들한테서는 숙명처럼 놓인 삶의 애환과 슬픔이 느껴졌다. 일이 고단해서도 그렇지만, 언제쯤 섬을 떠나 뭍으로 나가 큰 세상에서 살아볼까 꿈꾸었고 뭍에 있는 총각한테 시집가는 여인은 주변의 부러움을 샀다. 그런 연유로 뭍에서 온 공무원들은 선망의 대상이었다. 나보고도 좋은 처녀가 있다며 선을 보지 않겠느냐는 제의도 있었지만, 난 아직 어렸고 그럴 준비가 되지 않아 이루어지지는 않았다. 개중에는 멸치잡이 배를 가진 부잣집 딸과 결혼해 동료들의 부러움을 사는 직원도 있었다.

내가 맡은 행정지도마을은 사량도와 삼천포 중간쯤에 있는 수우도인데 한 시간 정도 배를 타고 가야 했다. 이 작은 섬에는 동백꽃이 무수히 피어나 일명, 동백섬이라 불리었다. 절벽과 동백이 어우러진 섬은 절묘한 조화를 이루고 애련했다. 눈물처럼 뚝뚝 떨어지는 동백꽃을 볼 때면 뭍을 그리워하면서 흘리는 섬 처녀 눈물 같았다.

그곳 이장은 나이가 든 총각이었는데 재미있는 사람이었다(훗날 4H 유공 공무원으로 특채됨). 어느 날 자기 마을에 가자고 했다. 도착하자 이장 아버지는 커다란 참복을 잡아왔다. 여태껏 그렇게 큰 복은 처음이었다. 복어 회도 먹고 무를 넣고 끓인 국은 시원하고 담백했는데 잘못 먹으면 죽을 수도 있다는 말에 먹고 난 뒤 졸음이 오나 긴장하기도 했다.

나는 그해 9월 통영군청으로 발령이 나 정들었던 사량도를 떠나야 했다. 그곳에서 첫 공무원 생활은 약 8개월로 막을 내렸다. 나에게 사회 첫

발을 내딛게 하고 평생 천직이 되는 공무원 생활을 시작하게 했던 사량도…. 지금은 어떤 모습으로 변해 있을까. 가슴 속 그리움으로 간직하고 싶어 떠나온 후에도 여태껏 사량도를 찾지 않았다.

한려 수도 한복판에 부부처럼 누워있는 두 섬, 그리고 자녀 같은 작은 수우도, 내게 추억과 낭만을 준 사량도는 가슴에 오래도록 그리움으로 남아있을 곳이다.

예술의 고향 통영

 통영은 예술과 문화의 도시이다. '토지'를 쓴 박경리, '행복, 깃발'을 쓴 시인 유치환, '꽃'이라는 시를 쓴 김춘수가 태어난 곳이고, 세계적 음악가이자 작곡가인 윤이상, 추상화의 대가 전혁림이 태어나 활동한 도시이다. 또한, 통영 오광대, 나전칠기로 유명한 곳이기도 하다. 조선 시대에는 삼도 수군 통제영이 있었던 곳이며, 임진왜란 때는 이순신 장군이 학익진으로 한산대첩에서 대승을 거둔 역사의 도시이기도 하다. 통영은 한국의 나폴리답게 아름다운 운치와 정감, 아늑함이 깃든 누구라도 꼭 가보고 싶은 포근한 남도의 항구 도시이다.
 나는 1977년 9월, 사량면사무소에서 통영군청으로 발령을 받았다. 학교 졸업 후 사회에 첫발을 내디딘 사량도, 그곳에 재미를 붙이고 정들 즈음 떠나야 했다. 군청으로 발령 난 이유는 그곳에 근무하던 통신직 공무원이 군 입대로 자리가 비자 결원을 채우기 위해 나를 발령 낸 것이다. 발령이 나자 면사무소 동료들은 나를 부러워하면서 축하해 주었다. 그 당시 군서기와 면서기는 카스트제도처럼 뛰어넘을 수 없는 벽이 존재했고 한번 면서기는 영원한 면서기로 살아야 했다. 특별한 배경이나 소양고사(상부 기관으로 가는 검정 시험)에서 우수한 성적이 아니면 면서기가 군서기로 발탁되는 일은 엄두도 낼 수 없었다. 하지만 나는 희소직종이어서 소양고사 같은 시험을 거치지 않고도 군서기로 발령 날 수 있었다. 정든 사량도를 떠날 때는 하숙집 아줌마를 비롯한 동료, 친구와 이별로 눈시울이 시큰해졌다.

내가 통영군청에서 새롭게 발령을 받은 곳은 내무과 행정계였다. 내무과장은 험상궂은(?) 인상이었고 행정계장은 날카로워 보였다. 모두 말없이 일에만 열중하는 직원들 모습에서 사무실 분위기는 사량면 사무소와는 달리 몹시 무거워 보였고 정 붙이기 쉽지 않았다. 나는 그곳에서 펜치를 들고 전화기 고장을 고치러 다녔고 군청 무전기기를 관리하는 통신사무를 보았다.

통신직 중에 나이 많은 고용직 선배 한 사람이 있었다. 그 선배는 기술이 매우 좋았는데 면사무소까지 설치된 통신 전용선에 문제가 생기면 둘이 함께 오토바이를 타고 고치러 나갔다. 고장 난 곳에 도착해 내가 밑에서 열심히 군용 전화기를 돌려 신호를 보내면 고용직 선배는 전봇대에 올라가 헤드폰을 끼고 감도를 점검하면서 선로 수리를 했다. 그 선배는 오랜 경험에서 나오는 기술 노하우로 고장 부위를 단번에 찾아내 고쳤다. 술을 좋아해 근무시간에도 종종 취한 모습이지만, 워낙 기술이 좋다 보니 누구도 간섭하지 않았다.

나는 기계치에다가 학교에서는 모스 부호만 두드려 전화 고치는 일은 생소하고 미숙했다. 내가 고치는 것이 서툴면 그 선배는 간단한 것도 고칠 줄 모른다면서 면박을 주곤 했다.

얼마가 지나자 통신계가 새로 생겼다. 통신계장은 전신전화국에서 특채로 스카우트한 사람이었는데 기술이 출중했고 마음이 따뜻한 사람이었다. 직장에서는 늘 밝은 얼굴이었고 위트와 농담으로 사람을 잘 웃겼고 책임감도 강했다. 내가 통신 기술이 서툴면 하나하나 친절히 가르쳐 주었다. 한번은 객지에서 하숙밥을 먹는 내가 안 돼 보였던지 자기 집에 가 저녁을 같이 먹자고 했다.

계장 집에 들른 나는 깜짝 놀랐다. 방에는 유치원생 정도의 둘째 딸이 화상을 입었는지 온몸이 일그러진 채 애처로운 모습으로 누워있었다. 그 딸은 앉지도 못하고 늘 누워만 있다고 했다. 그래도 계장이 방에 들어서자 "아빠 다녀오셨어요?" 가녀린 소리로 인사를 했다. 사모님은 성심성의껏 식사와 찬을 내놓아 나는 배불리 식사할 수 있었다. 식사를 마치자 계장은 나에게 말했다. "서 기사, 난 집에 오면 저 아이를 볼 때마다 눈물밖에 안 난다네, 집에서는 웃을 일이 없어. 그래서 집에서는 늘 침묵이야. 직장에서 내가 웃고 이야기를 많이 하는 것은 잠시라도 고통을 잊고 싶기 때문이지." 그 말을 들은 나는 저런 불행에도 가슴에 응어리를 묻은 채 직장에서는 밝은 얼굴로 친절하고 따뜻한 계장님이 존경스러웠다. 나도 저분의 인격을 닮아 가야지 속으로 다짐을 했다.

교환실 옆에는 문서를 전신으로 주고받는 텔레타이프 실이 있었다. 그곳은 피부가 뽀얀 예쁜 외모를 가진 마음 착한 여직원이 근무했다. 행동은 얌전하고 조신했으며 크지 않은 목소리로 부드러웠다. 요조숙녀인 그녀를 군청 총각들은 교제하고 싶어 했고 프러포즈를 해보지만, 서울에 애인이 있던 그녀는 눈길 한번 주지 않았다. 동생이 없던 그녀는 나를 동생처럼 생각하고 잘 챙겨주었다. 전화기를 고치거나 전용선로 수선을 하고 오면 음료수를 주면서 객지에서 고생한다고 토닥여주었다. 내가 고용직 선배한테 면박을 들어 우울해하면 힘내라고 용기를 주기도 했다. 착한 누님은 지금도 마음씨만큼이나 행복하게 잘 살고 있으리라 믿어진다.

  나는 휴일이면 집 근처에 있던 해저터널을 거닐고 선창에 나가 정박한 배를 보면서 휴식을 취했다. 해저터널을 보면서 일제 강점기에 깊은 바다 밑에 이런 커다란 터널을 뚫은 토목기술이 놀라웠다. 때로는 통영 동쪽 끝에 있는 도남동 충무관광호텔까지 버스를 타고 나갔는데, 하얀색 충무관광호텔은 산토리니 섬의 하얀 집처럼 쪽빛 바다와 잘 어울렸다. 대통령이 오면 그곳에서 숙박할 정도의 고급 호텔이었는데 지금은 통영국제음악당으로 바뀌어 있다. 그곳에서 바라보는 바다는 아늑하고 아름다웠다. 호수 같은 바다, 누운 듯 앉은 듯 올망졸망한 섬들, 그 사이로 통통거리면서 지나가는 어선들, 언제 보아도 평화롭고 고요한 풍경이었다.

  또한, 통영에는 남망산 공원이 있었다. 그곳에는 유치환 선생의 '깃발' 시비가 있었다. '이것은 소리 없는 아우성 / 저 푸른 해원(海員)을 향하여 흔드는 / 영원한 노스탤지어의 손수건.….' 나는 깃발을 낭독하면서 아름다운 시어와 바람에 나부끼는 깃발을 상상하기도 했다.

  도심에서 멀지 않은 홍등가는 밤이면 뱃사람을 기다리는 동백꽃이 피어났다. 벌과 나비가 찾아오기를 기다리면서 요염한 자태로 피는 밤의 꽃들, 기다리는 여인이나 찾는 남자들이나 모두가 삶의 애환을 가지고 살아가고 있었다.

  한번은 계장과 고용직 선배가 웃으며 나보고 동정을 떼 주겠다며 따라 오랬다. 간 곳은 북신동 술집이었다. 난생처음 가보는 술집이었고 그곳에는 업체 사장도 한 명 와 있었다. 방에 상이 들어오고 아가씨들도 뒤따라 들어 왔다. 그들은 거리낌 없이 남자 옆에 앉았고, 내 옆에는 가장 젊은 여자가 앉았다. 나는 처음 겪는 경험이라 어색했고 수줍었다.

그런 나를 보고 내 옆에 앉은 아가씨는 숙맥이라며 놀렸다. 쑥스러워하는 내 모습에 "확실히 숫총각이네." 그녀들은 웃었다. 내 옆 아가씨는 특명(?)을 받았는지 자꾸만 치근덕댔다. "숫총각님, 드셔 보셔요." 간드러진 소리로 젓가락으로 음식을 집어 한입 넣어주고는 낄낄거렸다. 나는 놀림과 치근댐이 불쾌했지만, 막내라 화를 낼 수도 없었다. 술이 자꾸 들어가니 나 또한 분위기에 젖어들었다. 자정쯤 술자리가 끝나고 그 아가씨는 "언니, 숫총각과 데이트하고 올게." 하고는 나의 팔짱을 끼었다. 거리로 나온 나는 도남동 하숙집까지 걸으면서 이야기나 나누자고 했다. 처음은 시큰둥하던 아가씨도 내 순수한 마음을 알았는지 그리하자고 했다. 4km 정도의 거리를 걷는 동안 서로가 살아온 삶을 도란거리며 이야기했고 조용한 노래도 부르면서 걷다 보니 하숙집 근처에 도착했다. 나는 이쯤에서 헤어지자 했고 아가씨는 다음에 또 보자며 잘 자라는 인사를 남긴 채 어둠 속으로 사라졌다. 나는 그 일 이후로 차츰 세속에 물들어 갔고, 술집에서도 쑥스럽지 않고 세련된(?) 모습으로 변해가고 있었다. 하지만 그런 밤 문화를 즐기지는 않았다.

군청에 온 지 일 년이 지날 즈음, 고용직 선배는 특채로 5급 을(지금의 9급 공무원)에 합격했고 그는 가장(家長)이라 통영을 벗어날 수 없었다. 군청에서도 기술이 좋아 필수 요원으로 여겼다. 그는 내가 어디론가 떠나 주어야 보직을 받을 수 있는 처지였고 다른 곳으로 떠나가 주었으면 하는 눈치였다.

마침 그때 울산시청에는 통신직 한 명이 입대하여 결원이었고 인사담당자끼리 조율하여 나를 울산으로 보내기로 했다. 어느 날 행정계 차석은 나보고 울산으로 전출케 되었다고 말했고, 울산은 통영보다 큰 도시이고 발전 기회가 많을 것이라며 위로했다. 나는 그렇게 내 의사와는 상관없이 떠밀리다시피 통영에서 울산으로 떠나 와야 했다. 1978년 9월 다시 짐을 싸 충무를 떠나 울산으로 향했다. 저녁때쯤 우정동 울산 시외버스터미널에 내렸다.

인생은 때로는 자신의 의지와 상관없이 흘러가는 삶인 것 같다. 강물처럼 흐르는 삶이 목적 없는 삶처럼 보이기도 하지만, 때로는 새옹지마가 되고 전화위복이 되어 더 큰 기회와 행운을 가져다주기도 한다.

내 경우도 그랬다. 떠밀리다시피 울산에 왔던 나는 대학을 다닐 수 있는 기회가 생겼고, 대학 졸업 후 적성에 안 맞아 힘들었던 통신직에서 건축직으로 전직하여 더 의미 있고 가치 있는 삶을 살아가게 했다.

목표를 정해 놓고 한 치 흐트러짐 없이 사는 치열한 삶도 좋지만, 인생 어디 사람의 계획대로만 살아지던가. 본분을 지키면서 구름처럼, 강물처럼 살다 보면 행운이 찾아들기도 하는 게 인생이라는 것을 깨닫게 되었다.

울산에 입성(入城)하다

1978년 8월 31일, 나는 통영에서 울산으로 옮겨왔다. 통영군청 통신계장과 텔레타이프실 누님의 따뜻한 배웅을 뒤로하고…. 두 사람은 나에게 종종 통영에 놀러 오라고 했지만, 떠나고 난 뒤 난 그곳을 찾을 기회가 없었다. 살아오면서 느낀 점은 직장일로 근무하다가 한번 떠나온 곳은 잘 가지지 않는다는 점이다.

버스는 다시 진동 고개를 넘고 마산을 지나 부산 동래를 거쳐 울산에 도착했다. 울산은 아무런 연고도 없고 난생처음 와 보는 도시였다.

강물이 목적지를 두고 흐르지 않듯 나 또한, 강물처럼 흐르는 대로 흘러 울산에 닿게 되었다. 우정동 시외 버스터미널에 도착해 택시를 타고 시청 주변에 내려 전봇대에 붙은 '방 있음' 광고를 보고 잠잘 곳을 찾았다. 찾아간 곳은 시청 뒤 주택가 후미진 구석방이었는데, 그곳은 내가 입대할 때까지 약 9개월간 생활거처가 되었다.

이튿날 나는 시청 인사부서를 찾았고 발령을 받아 배치 받은 곳은 시 재산을 관리하는 회계과 관재계였다. 통신직인 내가 통신계가 아닌 왜 관재계일까? 의아해했는데 부서 동료 설명을 듣고 의문이 풀렸다.

경주와 경계부근에 있는 울산 공항은 1971년 고속도로 개통 후 이용객 감소로 휴항 중이었다. 교통부로부터 울산시청이 재산 관리위임을 받아 관리하게 되었다. 하지만 휴항중인 비행장일지라도 비상시 비행기 이착륙을 돕는 관제(管制)용 무전시설이 있었고 무전기 관리를 하려면 통신직이 있어야 했다.

종종 비행장 출장을 가서 청원경찰을 비롯한 현지 관리원의 근무를 감독하고 무전기는 작동이 되는지 점검해야 했다. 본연의 임무 외에도 선임을 따라 국유재산 실태 조사를 나가기도 했는데 그 당시 삼산동, 달동은 일제 강점기 군용비행장이었던 곳이라 대부분 동양척식주식회사 소유였고, 해방이 된 다음 모두 국유지로 몰수되었다.

상사인 관재계장은 머리가 벗겨진 괄괄한 성격에 이해심이 많고 씩씩해 보이는 멋진 사람이었다. 나머지 세 명의 계장도 풍채가 좋고 위엄이 있어 보였다. 또한, 경리계에는 말수가 적은 날씬하고 예쁜 여직원이 있었고, 용도계에는 싹싹한 누님뻘이 있었으며 우리 계에는 나와 동년배의 가냘프고 착하며 일도 꼼꼼히 잘하는 여직원이 있었다. 모두 다 지금은 어디서 어떻게 살고 있는지….

관재계 옆에는 영선계가 있었는데 청사관리를 하는 부서였다. 영선계 직원은 종종 제도판 위에서 T자와 연필로 건물 설계를 하였는데 그 모습은 전문 기술인처럼 멋져 보였고 훗날 내가 건축인이 되는 동기부여가 되었다.

어느 날 나는 비행장 시설물을 둘러보다가 아스팔트가 깔린 활주로를 나가 보았다. 약 1,000m 활주로는 굉음을 내면서 이착륙하던 옛 영화만 기억할 뿐 적막감이 맴돌았다. 한 때는 착륙하는 비행기를 어머니 품처럼 안아주던 활주로인데 그러나 이제는 찾는 비행기도 없어 쓸쓸해 보였다. 활주로에는 군데군데 아스팔트를 뚫고 잡초가 자라나 있고 균열이 있었다. 견고한 포장도로를 뚫고 살아가는 잡초를 바라보면서 질긴 생명력에 쓸모없는 하찮은 존재라는 느낌보다는 어떤 경외심이 일기도 했다. 활주로 옆 안전지대에는 풀이 무성하고 경계에는 Y형 군용 철조망이 쳐있어 적막했다.

간혹 활주로에는 현대중공업 전용 경비행기인 '세스나'기가 이착륙했다. 약 열 명 정도가 탑승하는 소형 비행기였는데 타고 오는 사람은 현대중공업 회사의 정주영 회장이거나 고위 임원, 또는 바이어였다. 경비행기는 무전기로 관제를 하지 않아도 기장이 활주로를 살핀 후 사뿐히 내려앉았다. 그리고 여름에는 특전사 훈련을 위해 군용 수송기가 착륙하기도 했는데 수송기는 이륙하여 특전사를 거미줄처럼 뿜어냈고 그들은 활주로에 완벽하게 하강했다.

내가 발령을 받으려 찾아간 울산 시청사(현재는 구 시청 구관)는 웅장했다. 시청 주변은 배 밭이 있는 낮은 구릉지와 단독주택지여서 시청 건물은 유독 높아 보이고 웅장했다. 7층 건물은 우뚝해 보였고 직원 수에 비해 너무 커 4층까지만 사용하고 나머지 층은 비어있었다. 그 당시 직원 수는 지금의 5분의1 정도나 되었을까. 너무 크다고 느낀 당시 시민들은 시청사를 턱없이 크게 지어 혈세를 낭비했다고 원성과 비판도 많았다. 시청 앞 중앙로 또한, 왕복 4차선 도로로 가장 큰 대로였는데 차는 몇 대 안 다니는 비경제적 도로라고 손가락질이었다.

시청 옥상에서 공단을 바라보면 공장 굴뚝에서는 기차 증기처럼 시커먼 연기가 뭉게뭉게 피어올랐다. 공장 굴뚝 매연은 대한민국의 발전 같아 뿌듯했지만, 대기 공해가 바람을 따라 공단에서 시청 쪽으로 밀려오면 매캐한 냄새는 속을 거북하게 했고 대기는 부옇게 안개가 낀 듯했다. 공해는 몹시 독해 삼산 벌판 벼를 모두 말라죽게 했는데 그런 모습에서 생명이 온전하게 살기 힘든 공해도시 울산이었다.

　공해도시의 오명도 있었지만, 산업화 시대 울산은 비약적으로 발전하는 도시였다. 전국의 젊은이들이 공장에 취직하려고 밀려들었고 인구증가율이 가장 높은 도시였다. 푸른 제복을 입은 근로자는 역동적이었다. 현대중공업, 현대자동차에 출퇴근하는 수많은 사람과 오토바이 행렬은 거대한 사람 물결이었다. 그들은 대한민국을 발전시키는 원동력이고 땀방울이었다.

　직장에는 20살 또래 동료들이 다섯 명 있었다. 친구 중 한 명이 지하경보 통제실에 근무했는데 그 친구가 24시간 야간 근무하는 날이면 혼자 심심할까 봐 우리는 그곳에 모여 말동무가 되어주고 간식을 나눠 먹곤 했다.

　그러다가 누군가 "시내 나가자!"하면 그 친구만 남겨둔 채 우르르 성남동 젊음의 거리로 나갔다. 그곳은 많은 젊은이가 거리를 활보했고 DJ가 있는 음악다방과 나이트클럽이 있었다. 다방에서 LP판 노래를 듣고, 좋아하는 곡을 신청하여 들으면서 오붓한 시간을 보내기도 했다. 음식점에서 소주를 마시다가 의견이 모이면 '록키'라는 나이트클럽이나 오우선 호텔 지하 클럽을 찾아 신나게 춤추며 놀기도 했다. '입대 전까지는 신나게 놀자, 그게 젊음이다.' 하는 생각이었다.

　어느 일요일, 다섯 명의 친구는 경기용 자전거를 빌려서 경주 불국사까지 자전거 하이킹을 했다. 당시 7호 국도는 왕복 2차선이라 트럭이나 버스가 지나가면 제법 센 바람이 일었고 자전거가 휘청거려 위험했다. 벚꽃 만발한 불국사에 들러 꽃구경도 하고 놀러 온 아가씨와 사진도 찍으며 즐거운 시간을 보내다가 다시 울산으로 돌아오곤 했다.

나는 교회 생활도 열심히 했다. 객지에서 혼자라는 고독감은 나로 하여금 신에 의지하게끔 했다. 신실한 교인이었던 작은 누님은 하나님께 의지하는 삶을 살라고 권유했고 고독했던 나는 교회를 열심히 다녔으면 청년회 활동도 하고 성가대도 참여했다. 교회 생활은 내 영혼을 붙잡아 주어 회개하는 삶을 살도록 했고, 건실한 인격체가 되도록 버팀목이 되어주었다.

나는 직장 생활과 교회생활, 동료들과의 우정을 쌓다가 1979년 7월 29일 군에 입대해야 했다. 직장에 휴직계를 내고 정든 친구들과 삼년이라는 기간 동안 헤어져야 했다. 친구들은 군 생활을 잘 마치고 오라고 나를 위로해주었고, 입영 전야를 부르며 환송 파티도 해주었다. 나는 울산을 떠나와 고향에서 잠시 쉬면서 입대 준비를 했다.

군 입대와 제2 하사관학교

　대한민국의 남자라면 꼭 가야 하는 곳, 바로 군대이다. 국민으로서 여러 의무가 있지만, 가장 신성한 국방의 의무는 나라를 지킨다는 커다란 보람과 자기 성장을 가져다준다. 그런 국방의 의무를 다하기 위해 나 또한, 직장에서 휴직하고 입대 준비를 했다.

　입대 1년 전, 군인으로서 임무 수행을 할 수 있는 신체인지 판단키 위한 신체검사가 있었다. 나는 당당하게 현역 판정을 받고 싶었다. 신체에 흠이 있는 것은 아니었지만 마른 체구는 허약해 보여 '방위' 판정을 받을까 내심 걱정을 했다. 당시 방위는 집에서 다니면서 지서 무기고 보초를 서거나 면사무소 병무 보조 역할을 했다. 방위는 얼룩무늬 복장에 후줄근한 모자, 가슴팍에는 '방위'라고 박힌 개구리복과 통일화를 신고 다녔다. 씩씩해 보이지 않는 그 모양새는 '똥 방위'라고 놀림을 받기도 했다. 다행히 나는 1급 현역 판정을 받았고 나라를 지키는 군인이 될 수 있다는 것에 자랑스러웠다.

　입대를 앞두고 집에서 당분간 쉬고 있던 나에게 동네 사람들은 축하와 고생이 많겠다는 위로를 건넸다.

"이 더운 여름에 입대하면 욕보겠구나. 그래도 여름 입대가 겨울보다 낫다. 남자는 군대를 갔다 와야제! 그래야 진짜 어른이고 남자제!"

입대 하루 전, 나는 형님, 형수, 누님의 배웅을 받으며 33개월의 긴 병역 의무를 다하기 위해 고향 집을 떠났다. 친구와 함께 시외버스를 타고 집결지인 진주로 향했다. 고향을 떠나는 일은 늘 가슴이 아리고 뒤를 돌아보게 한다. 특히, 입영을 위해 떠나는 마음은 더 그랬다. 예쁜 애인과 함께 진주로 가는 친구는 나와는 달리 서로 웃고 기분 좋아했다. 버스는 비포장도로를 달려 하동을 지나고 오후 세 시쯤 집결지인 진주에 도착했다.

우리는 도심 구경을 하다가 오후 다섯 시쯤 이발소에 들렀다. 입대 전 장발이던 머리를 빡빡머리로 깎아야 했다. 애지중지하던 장발을 이발기로 밀 때는 몸이 잘려나간 듯 서운함에 눈물이 핑 돌았다. 이발사는 대수롭지 않게 이발기로 밀어댔고 머리를 깎은 둘은 서로를 쳐다보면서 씁쓸한 웃음을 웃었다.

저녁 식사를 마치고 여관에 들었다. 친구는 애인과 이별을 아쉬워하면서 뜨거운 밤을 보낼 준비였고, 나는 친구를 부러워하면서 들려오는 신음에 몸을 뒤척이다 잠이 들었다.

1979년 6월 29일, 드디어 입대일이다. 나는 친구와 함께 집결지인 ○○초등학교로 향했다. 그곳에서 입영자 확인 절차를 거친 다음 열을 지어 진주역으로 향했다. 역에는 입영열차가 기다리고 있었는데 모두 묵묵히 열차에 올랐다. 가족이나 애인과 함께 온 장정들은 아쉬운 이별에 포옹하고 눈물을 흘렸다. 떠날 시간이 되자 기차는 기적을 울리며 움직였고 차창 밖의 가족은 손을 흔들었다. 목을 내밀고 애인의 이름을 부르는 친구도 있었다. 기차는 역을 그렇게 떠나고…. 의자에 앉은 장정들은 가족 생각과 고생을 예감하면서 물끄러미 차창 밖 풍경만 바라볼 뿐이었다.

칙칙폭폭 쉬지 않고 달리던 기차는 어두운 밤이 되어서야 논산 연무대에 도착했다. 우리는 호송 군인을 따라 열을 지어 논산 제2 훈련소로 들어갔다. 내무반을 배정받고 안에 들어가 있는 우리에게 군복이 주어졌는데 몸에 맞지 않았다. 옷에 몸을 맞추어야 했다. 집에서 입고 온 옷은 모두 벗어서 고향으로 보낼 소포 포장지에 쌌다. 소포가 도착하면 부모는 고생할 자식을 그리면서 눈물을 흘릴 것이다.

이튿날 군대 짬밥이 나왔다. 입에 맞지 않아 밥과 반찬을 먹을 수가 없어 대부분 밥을 남겼다. 연무대에서는 일주일 정도 대기했는데 그곳에서 병과와 어떤 분야에서 군 생활을 하게 될지 정해졌다. 공수부대, 보안대, 하사관, 보병… 등 속속 배정을 받아 친구들은 훈련소로 떠나갔다. 같이 온 친구들은 여러 분야로 나누어져 이별해야 했고 좋은 병과를 받고 떠나는 친구를 부러워했다.

같이 왔던 동기들은 하나 둘 훈련소로 먼저 떠나고 불안 속에서 기다리고 있던 어느 날, 드디어 내 이름이 호출되었다. 내가 배정받은 군 생활 분야는 포병 하사관(부사관)이었다.

"우리는 하사관이래! 훈련이 엄청나게 빡세대. 지금이라도 변소에 숨을까?"

내가 잘 모르는 장정들이 서로 간에 소곤댔다. 장정들은 훈련이 고된 하사관과 공수부대(특전사) 차출을 가장 싫어했다. 나는 남들 하는 것 나도 할 수 있겠지, 스스로 자위하면서도 고되다는 말에 두려움이 밀려왔다.

해가 뉘엿뉘엿 넘어갈 무렵이었다. 우리를 인솔할 군인이 왔고 연무대를 떠나 도착한 곳은 여산 제2 하사관 학교였다. 그곳 군인들은 우리를 큰 강당에 집결시켰다. 눈에 살기가 번득이는 하사관들은 자세가 흐트러져 있는 우리에게 사정없이 두발차기를 내질렀다. 여기저기서 꽈당 꽈당 넘어지고 때로는 무차별 구타도 이루어졌다.

"똑바로 서! 여기가 어디인 줄 아나! 여기는 지옥 훈련소 제2 하사관 학교다. 지금부터는 나태한 사회생활은 싹 잊어라. 알겠나!"

강단 위에서 선 하사관은 절도 있고 위엄 있는 소리로 말했다.

"정신 자세 봐라! 뒤로 취침, 앞으로 취침. 좌로 굴러, 우로 굴러!"

처음 당하는 행동에 동작이 굼뜨거나 태도가 불손한 장정한테는 사정없이 두발차기가 들어가고 싸대기가 올려졌다. 그렇게 혼을 뺏긴 장정들은 두려움에 떨며 내무반 배정을 받아 나뉘었다.

내무반에 도착하니 또 다시 얼차려다. 훈련복을 나누어 주고 단풍 하사(갈매기는 붉은색, 네 개의 작대기는 검은색)를 달도록 했다. 원산폭격, 침상 끝 정리, 뒤로 취침, 앞으로 취침, 잠도 재우지 않고 밤새도록 혹독한 얼차려를 시켰다. 지금부터 일주일 안에 사회의 나태한 정신을 군인 정신으로 바꾸어 놓겠다고 일갈하면서 고통스러운 얼차려를 가했다. 정신없이 얼차려를 받다 보니 심한 갈증이 왔다. 내무반장은 살벌한 목소리로 말했다

"화장실 구석 통에 있는 물은 똥물이다! 대장균이 득실댄다! 그 물을 마시는 순간 설사를 하니 절대 마시지 마라!"

모두 다 첫날은 무서워서 오염된 물을 마시지 않았다. 뒷날 뙤약볕에서 선착순 같은 고된 얼차려와 훈련으로 몹시 목말랐던 친구들은 갈증을 이기지 못해 화장실로 가 으슥한 통에 있는 물을 벌컥벌컥 마셨다. 나 또한, 심한 갈증을 참지 못해 한 바가지 물을 마셨다. 무척이나 시원

하고 달달했다. 한 시간쯤 지나자 배가 아프기 시작하고 설사가 물처럼 쏟아져 내렸으며 밤새 변소를 들락거려야 했다. 다음날 내무반장한테 지시 위반으로 심하게 맞고 의무대에서 약을 얻어먹은 다음 겨우 안정을 찾을 수 있었다.

기행 하사(보병 외 타 병과 하사)는 그곳에서 12주의 훈련을 받았다. 나머지 12주는 후반기 교육이어서 각 병과 학교로 가게 된다. 전반기 12주 훈련소인 제2 하사관 학교는 군인이 가져야 할 기본 전투 훈련을 배우는 곳이다. 24주를 그곳에서 훈련받는 보병 하사들은 12주 후에는 그곳을 떠나는 기행 하사를 몹시 부러워했다. 그에 반해 보병 하사는 진정한 군인이라는 자부심도 컸다.

12주 동안 내가 받는 훈련은 지옥훈련이었다. 고된 훈련에 심한 얼차려와 구타는 몹시 힘들었다. 특히 체력이 튼튼하고 강하지 못했던 나는 죽을 맛이었다. 아침 조회 집합 때 선임 내무반장이 째진 눈으로 엄포를 놓을 때면 소름이 끼쳤다. 여름날 제식 훈련, 사격훈련, 행군, 구보, 교안 강의 등···. 고된 훈련은 인내심의 한계를 시험했다. 교안 강의 때는 졸음이 극도로 밀려왔는데 눈두덩에 무거운 돌을 얹은 것 같았다. 조는 순간 순식간, 손바닥이 날아와 뺨이 얼얼했다.

훈련 중에서도 가장 힘든 훈련은 각개전투였다. 각개전투가 있던 날, 햇살은 우리의 고통을 외면하듯 열기를 내뿜으면서 뜨겁게 내리쬐었다. 땀은 비 오듯 쏟아지고 훈련은 몹시 고됐다, 나는 격심한 단체 얼차려와 뜨거운 햇볕에 일사병으로 잠시 정신을 잃기도 했다. 그늘에서 잠시 휴식 후 깨어났지만 아주 힘든 시간이었다. 점심시간, 너무 고되니 입맛이 떨어져 배가 고픈데도 밥이 목으로 넘어가지 않았다. 덩치 큰 옆 전우는 나와는 달리 우적우적 잘도 먹었는데 그 모습이 몹시 부러웠다.

12주 훈련이 끝나기 한 주 전쯤, 훈련도 막판으로 치닫고 있었다. 우리는 고산 유격장으로 유격훈련을 떠났다. 밤새 40km가 넘는 먼 행군 길이었다. 완전 군장을 한 빠른 행군은 여간 힘든 게 아니었다. 이튿날 동틀 무렵이 되어서야 그곳에 도착했다. 군화를 벗고 바라본 발바닥은 온통 물집투성이고 바늘로 관통시켜 물집에 실을 매달았다. 그곳은 계급장도 없이 번호만 있는 훈련복을 주었다. 붉은 모자를 쓴 조교들은 피티체조, 큰 소리 복창, 얼차려로 혼을 뺐다. 레펠 훈련, 두 줄 타기 등 유격훈련보다 피티체조가 힘들었다. 이틀 동안 얼굴에는 하얀 소금이 묻어났고 고된 하루가 지나자 몸은 물먹은 솜처럼 무거웠다. 그런 중에 휴식시간에 전우들과 나누는 한 대의 화랑 담배는 얼마나 달콤하던지….
　유격 훈련을 마친 날, 야간 귀대가 시작되었다. 우리는 완전군장에 M16 소총을 들었는데 가벼운 카빈총을 메고 걷는 내무반장이 몹시 부러웠다. 처음 쫑알대던 전우들도 10km가 넘어가자 말이 없어졌다. 척척 군화소리만 무겁게 들여왔다. 20km를 지날 즈음 다리를 절뚝이는 전우도 있었다. 30km를 지나자 타는 갈증이 찾아왔고 수통의 물은 동난 지 오래였다. 신작로 옆 다랑논의 철철 흐르는 물소리가 더 갈증을 부추겼다. '저 물 한 모금이라도 마셨으면' 하지만, 호송 내무반장들은 우리를 대열에서 이탈치 못하게 했다. 갈증은 더 깊어지고…. 참다못한 나는 대열에서 이탈하여 논으로 뛰어가 벼를 헤집고 논물을 벌컥벌컥 마셨다. 뜨뜻미지근한 물에서는 쉰 듯한 흙냄새가 풍겨왔고 토할 것 같았다. 힘들게 행군한 우리는 동틀 무렵 부대에 귀대했다.
　고된 훈련 12주가 끝나는 날이었다. 하사관 학교장은 훈련을 마친 우리에게 진정한 군인이 되었다면서 격려해 주었고 인생에서 이보다 더 고된 고통은 더는 없을 것이라며 위로해 주었다.

호랑이 같았던 내무반장들은 무사히 훈련을 마친 우리를 고생했다며 포옹으로 감싸주었다. 병과 학교에 가거든 건강하게 훈련을 잘 마치고 자대 배치를 받아 군 생활을 잘 마치고 사회에 나가서 열심히 살라고 격려했다. 각자 병과 학교로 헤어져야 하는 우리는 그동안 동고동락한 전우애로 목이 멨다. 그렇게 고된 제2 하사관 학교 훈련은 끝을 맺었다.

고된 훈련 기간 중 나를 붙잡아준 것은 일요일에 가는 교회였다. 힘든 훈련을 잘 견디게 해달라고 하나님께 기도하곤 했다. 기도할 때면 힘든 훈련에 감정 억제를 못 하고 울음이 터져 나왔다. 그런 나의 간절한 기도와 신의 보살핌이 있어 나는 약한 체력에도 고된 하사관 훈련을 무사히 마칠 수 있었다.

제2 하사관 학교를 수료한 우리는 포병 병과 친구들과 함께 광주 상무대 포병학교로 향했다. 그곳은 제2 하사관 학교처럼 엄하지 않았고 면회도 허용되었다. 큰형님과 형수가 면회를 왔다. 삶은 촌닭과 맛있는 밥과 반찬을 마련해 면회를 온 것이었다. 꿀맛이었고 면회를 와준 형님 내외가 한없이 고마웠다. 군 생활 삼 년 동안 첫 면회이자 마지막 면회였다.

포병학교에는 해병대원이 네 명 입교했다. 그네들은 깡을 보여준다며 아침마다 동쪽 해를 바라보면서 해병대 가를 부르고 동지애를 키웠다. 육군 숫자가 많더라도 절대 기죽으면 안 된다고 단단히 교육을 받고 온 것 같았다. 훈련도 더 잘하려고 했고, 인원수가 훨씬 많은 육군에게 지지 않으려고 깡을 많이 부렸다.

"해병대는 근성이 있는 놈들이야. 건드려 보아야 득 될 것 없어!"

육군은 패잔병처럼 웅성거리면서 해병대를 기피했고 내무반에서 그네들이 빈둥대도 시비하는 사람이 없었다.

포병학교에서는 105mm 포훈련을 했다. 7명의 대원이 포다리를 벌리면 기준대를 세우고 사수가 포대경으로 좌우, 상하로 포신을 맞춘 후 포탄을 장전하고 뇌관을 잡아당기는 반복 훈련이었다. 교육은 제2 하사관 학교처럼 고되지 않았으나 간혹 훈련자세가 흐트러지면 선착순 달리기 정도의 얼차려를 받았다.

입교한 지 한 달 정도 지날 즈음이었다. 박정희 대통령 시해사건인 10·26사태가 발생했다. 비상사태 데프콘이 발령되고 우리는 훈련을 중단하고 내무반에서 완전 군장한 채 대기해야 했다. 혹시 북한 김일성이 전쟁을 일으키는 것은 아닌가, 불안했다. 최규하 국무총리가 신속하게 대통령 권한대행을 하였고 국민은 차분한 애도 분위기를 만들어갔다. 며칠 후 다시 훈련이 재개되었고 국가 위기 상황이기에 애국심을 가지고 더 열심히 훈련했다.

그렇게 24주 훈련을 마치고 12월 나는 단풍 하사를 떼고 영광스러운 하사 계급장을 달고 의정부에 있는 101 보충대로 이송되어 자대 배치를 기다렸다. 따블백을 짊어진 우리는 어디로 배치 받을까 궁금해 하면서 북쪽으로 향했다. 나는 훈련을 통해서 대한민국의 씩씩한 군인이 되어 있었고 훨씬 강한 나 자신이 되어있었다.

성찰과 성숙을 준 군 생활

24주간의 훈련을 마친 나는 101 보충대에서 부대 배치를 받았다. 같은 방향 배치를 받은 병사들이 여러 대 트럭에 올라탔다. 트럭은 뽀얀 먼지를 일으키며 북쪽으로 내달렸다. "최전방 배치인가? 민간인도 없는 오지 부대에 배치되는 것은 아닌가?" 다들 걱정을 했다. 그렇게 달리던 트럭은 나와 동기 한 명을 파주 금촌리에 있는 00부대 앞에 내려주었다. 위병소에는 선임하사관이 우리를 기다리고 있었다. 안내에 따라 행정실에 가 포대장(중대장)에게 전입신고를 했다. 내가 배치 받은 부대는 8인치 자주포 부대인데 탱크처럼 궤도로 움직이는 대포로 우리나라에서 가장 큰 대포였다.

나는 브라보 포대(중대)에 배치를 받았다. 대위계급의 중대장은 3사관학교 출신인데 아주 독했다. 부대원이 나태하다 싶으면 8km 완전 군장 구보를 시키고, 중대 앞 야산에 선착순으로 오르도록 얼차려를 시켰다. 그럴 때 중대장은 뒤에서 몽둥이를 휘두르며 몰아붙였고, 뒤처진 병사는 사정없이 몽둥이세례를 받았다. 하지만 부대 내에서 이런 군기 잡기가 늘 있는 것은 아니었으며, 대부분 포신(砲身)에 기름을 칠하거나 포탄 먼지를 닦는 등 평온하고 일상적인 일이었다.

군 생활은 집합으로 시작해 집합으로 끝났다. 아침 조회, 아침 식사, 오전 일과, 점심 식사, 오후 일과, 저녁 식사, 저녁 점호… 등 하루에도 수차례 집합을 했다. 나는 하사관이라 일직사관을 했다. 왼팔에 '일직사관' 완장을 두르고 막사 앞 종을 치면 병사들은 연병장에 집합했다. 집합 때마다 인원파악을 하고 간부에게 보고했다.

"하나, 둘, 셋…… 열다섯…… 서른다섯. 번호 끝."

"멸공, 총원 40명, 현재원 35명, 사고 5명, 사고내용 식당 1명, 행정 1명, 외부작업 3명, 인원보고 끝, 멸공"

군인들은 통제 수단인 잦은 집합을 싫어했다.

"집합만 없으면 말뚝(직업군인)을 박겠는데, 집합 때문에 빨리 제대 해야지."

모두 뿌루퉁한 입으로 웅성거렸다. 아침 조회가 끝날 때는 주먹을 불끈 쥐고 사대 구호를 꼭 외쳤다.

"때려잡자 김일성! 쳐부수자 공산당! 무찌르자 북괴군! 이룩하자 유신과업!"

그리고 거수경례 때는 언제나 "멸공" 구호를 외쳐야 했다. 이동할 때에는 열을 지어 행진하면서 '진짜 사나이' 같은 군가를 큰 소리로 불렀다. 이러한 세뇌와 정신 교육으로 우리의 주적은 북한군이고, 적으로부터 나라를 지켜야 한다는 애국심이 함양되었다.

배치 받은 부대에서 나는 막내 하사관이었다. 그곳 부대에는 제대가 얼마 남지 않은 후덕한 인상의 충청도 선임 하사가 있었다.

"아카시아 피면…. 나는 고향으로 간다."

그는 초봄부터 제대할 때까지 그 이야기였다. 군 생활이 얼마 남지 않은 것을 아카시아 꽃필 때로 비유했다. 이제 초임하사관이라 군 생활이 많이 남은 나는 곧 제대하는 그 선배가 몹시 부러웠다.

그 선배는 라면을 급속으로 끓이는 법을 후배에게 가르쳐 주었다. 플라스틱 식판에 물과 라면, 수프를 넣고 젓가락에 전선을 연결하여 고무장갑을 끼고 적정 간격으로 담그면 30초 이내에 라면이 끓었다. 참으로 신기한 라면 끓이기였는데 그것은 수프가 핵심이었다. 수프를 넣지 않으면 아무리 오래 두어도 끓지 않았다. 잘못하다가 두 젓가락이 닿으면 깜짝 놀랄 정도로 스파크가 일어났고, 맨 피부에 젓가락이 닿으면 찌릿한 전기가 통했는데 지금 생각하면 굉장히 위험한 라면 끓이기였다. 밤새 일직사관을 하고 오전 휴식 때면 별실인 내무반장실에서 즉석 라면을 끓여 먹고 한숨 잤다.

그곳에 정을 붙일 즈음 인근에 신설부대가 생겼다. 나는 차출되어 정든 부대를 떠나야 했고, 동료 전우들의 배웅을 받으며 신설부대로 옮겼다. 새롭게 생긴 부대는 155mm 포 부대였다. 부대 창립 요원으로 간 나는 새로운 병사들이 낯설었다. 그곳에서 하사관 동기 한 명을 만났는데 몹시 반가웠고 서로 의지가 되었다. 하사관 중에 성질이 고약한 선임 말뚝 하사(직업군인 하사)가 있었는데 어느 날 신고식을 한다면서 막사 뒤 으슥한 곳에 모이게 했다. 막사 뒤에 다 모이자 선임자가 말했다.

"오늘은 줄 빳따 신고식이다. 하사관은 이 맛을 봐야 돼. 모두 엎드려 뻗쳐."

줄 빳따는 1번이 2번에게 세대를 치면, 2번은 3번에게 네대… 계속 늘어나게 된다. 동기가 나보다 군번이 빨랐기에 나는 동기한테 약 열여덟 대의 빳따를 맞았다. 동기는 미안해 살살 치려 하자 고약한 선배는 이 정도 강도로 내리치라며 시범을 보였다. 친구는 강제에 못 이겨 나에게 힘껏 쳤다. 잔인한 얼차려였다. 신고식이 끝난 후 둘은 뒷산 숲 속으로 가 부둥켜안고 울었다.

"우리 탈영해 버릴까?"

하지만 그럴 수는 없었다. 친구와 나는 피딱지가 된 엉덩이를 서로 닦아주면서 군대생활에 회의를 느꼈다. 빳따는 내가 선임이 될 때까지 간혹 있었다. 대포가 들어오고 부대가 정상궤도에 올랐을 때였다. 많은 병사가 보충되었고 두 명의 동기가 더 왔다. 한 포대에 네 명의 동기가 있자 큰 울이 되었고 서로 다정하게 잘 지냈다. 어느 날 간부 하사관인 중사가 군기가 갖추어진 포대가 되어야 한다며 엄한 훈시를 했다. 그 말을 들은 못된 한 선배는 그날 밤 네 명의 동기를 불러냈다. 그날도 군기를 잡는다고 빳따를 쳤다. 선배가 치는 빳따를 우리는 순순히 따랐다. 나는 내리치는 빳다를 엉겁결에 엉덩이 쪽으로 팔이 뻗쳤고 빳다가 팔목을 때렸다. 이후 여러 날 아파 견딜 수가 없어 야전병원에서 X-Ray 촬영 결과 팔뼈에 금이 가 있었다. 나는 완치될 때까지 큰 고생을 했다. 하루하루 생활을 적은 나의 수양록에는 그날을 이렇게 적었다.

'1980. 9. 29'
'왜 이렇게 향수에 젖어드는지. 남쪽 하늘을 멍하게 바라보고, 이상하게시리 고향에 가고 싶어진다. 현실에 충실한 내가 되어야 하는데, 간부의 한소리에 선배의 집합, 손에 잘못 맞은 모양이다. 팔에 통증이 저려온다. 군대 ×같다는 말이 절로 나오고…. 더욱더 고향과 사회가 그리워지고 내 가족이 그리워진다. 세월아 빨리 빨리 흘러가거라.'

우리는 선배가 제대하면 무등을 태워주며 이별을 아쉬워했으나 그 선배만큼은 후배들에게 존경을 받지 못하고 쓸쓸하게 제대를 했다.

부대가 안정을 찾아가고 여유가 생기자 난 수양록을 쓰기로 마음을 먹었다. 33개월이라는 긴 시간을 의미 없이 보내서는 안 되겠고, 인격 도야와 내적 성장의 시간이 되도록 하자고 다짐했다. 군 생활 중 내가 느낀 가치, 반성, 배울 점, 꿈, 어떻게 살아가야 할지, 신에 대한 의지, 군 생활이 주는 내적 성장 등을 적었다, 다음은 일기식으로 적어간 수양록 중 하나이다

'1981.7.31'
'오늘도 하루해는 저물었다. 피로를 풀 수 있는 안락한 안식처에 몸을 던진 채 조용히 하루를 되돌아본다. 그리고 '나'라는 존재를 생각해 본다. 오직 적막함과 어둠만이 주위를 감도는 현재 신을 간절히 찾아본다.
오늘 하루 중 마음의 문을 활짝 열지 못하고 오해로 옹졸했던 적은 없는가. 조그마한 일에도 마음 아파하거나 심란해하며 괴로워했던 적은 없는가. 모든 일에 마음의 문을 열고 용서하면서, 사랑의 마음을 가져보자. 멋진 남아답게 나를 키워가 보는 거다. 나 자신을 제일 사랑하면서 멋지게 살아가는 거야.
전능자여, 내가 부디 당신의 뜻을 따라서 살려하고 연약한 자 되지 않도록 강하게 붙드소서! 군 생활 부디 힘들지라도 내가 맡은 직분에 최선을 다하도록 하소서. 분대장으로서, 내무반장으로서, 일직 하사로서, 주님의 종으로서, 나날이 새로워지는 상호가 되어 가리라.'

수양록에는 이외에도 통제된 군 생활에 대한 회의, 나라를 지킨다는 보람과 애국심, 어려움을 이겨 가는 군인 정신, 홀어머니 면회 후 마음 아파하는 이등병 위로, 유격 훈련 소회, 우수 포반 선정에 대한 자랑스러움. 포상 외박, 인간관계, 바쁜 나날에 대한 단상, 고향에 대한 그리움, 전우애, 하루 반성, 각오… 등 다양하게 적었다. 오랜 시간이 지난 지금 읽어도 뭉클한 감동이 밀려온다. 이십 대에 내가 이런 성찰의 삶을

살려고 노력했구나 하는 생각에 그 시절이 대견하게 다가온다.

신설부대 병사들은 해야 할 일이 많았다. 참호도 파야하고, 주변 정리 작업으로 일이 끝이 없었다. 날마다 교육과 훈련, 작업의 연속이었다. '군대는 절대 놀리지 않는다.'라는 말이 있다. 할 일이 없으면 구덩이를 팠다가 다시 메우는 한이 있더라도 나태한 생활 자세와 망상에 젖어 있는 것을 가장 우려했다.

매복도 많이 나갔다. 부대 인근은 1968년 1·21 사태 때 김신조 일당이 통과한 위치여서 여름에 밤샘 매복을 섰다. 판초 우의를 등에 차고는 실탄을 받아 매복초소로 갔다. 참호 위에 판초 우의를 걸쳐 이슬을 막고 매복을 서다가 새벽 동틀 무렵 피곤한 몸으로 귀대했다. 어떠한 움직임도 없는 캄캄한 밤, 어두운 하늘에는 무수한 별들이 반짝여 향수를 불러 일으켰다. 언제쯤 휴가는 갈 수 있는 걸까. 마음속 고향 하늘을 그려보기도 했다.

근처 산에는 북한에서 뿌린 삐라가 많았다. 삐라를 줍기 위해 산을 뒤지기도 하고, 북한 무장 공비가 철책선을 뚫었다는 첩보에 공비 비트를 찾는다며 대검 꽂은 소총으로 비트를 찾아 나섰다. 산을 헤매다가 나는 똬리를 튼 독사를 만났다. M16에 매단 대검으로 독사 머리를 눌러 잡아 탄띠 창에 넣고 집결지에 와 꺼냈다. 병사 하나가 웃음 띤 얼굴로 껍질을 벗겨 불에 구워 나누어 먹으면서 우리는 웃고 즐거워했다.

또한, 부대 내 풀숲에는 독사가 많았다. 특히 식당 앞 풀이 무성한 곳에 똬리를 틀고 독기 오른 모습으로 숨어 있었다. 식당에 온 병사들은 배식을 기다리는 동안 똬리를 튼 독사를 놀려주곤 했다. 독사는 병사가 군화를 가까이 대면 독이 오른 이빨로 물려고 했다. 뱀을 무서워하지 않는 병사는 잽싸게 꼬리를 잡아 돌리기도 하고 머리를 제압한 후 뱀을 가지고 놀았다.

　동계 훈련 때는 추위에 오들오들 떨면서 새우잠을 자고, 아침이면 얼어버린 군화를 신지 못해 쩔쩔매기도 했다. 꽁꽁 얼어버린 땅은 파지지가 않아 포 설치를 할 때면 애를 먹곤 했다. 여름 ATT(포대 경연대회) 때는 야외로 훈련을 갔는데 명령이 떨어지면 밭이나 산 아래 개활지에 번개처럼 대포를 설치하고 실제 사격 훈련을 했다. 임진강 근처 장단 반도를 향해 포탄을 쏘았는데 탄착 지점에 정확하게 떨어졌다. 실제 포탄을 쏠 때면 커다란 폭음에 모두 귀를 막고 긴장하였다

　우리는 외출 외박을 법원리로 갔다. 전방 여러 부대의 길목이었던 법원리는 군인들이 많았다. 그곳에는 군인의 욕정을 풀어줄 집창촌이 있었다, 한번은 외출을 나갔다가 그 골목을 지나게 됐다. 입구에서 호객하던 한 아가씨가 나를 보자 모자를 벗겨갔다. 그녀는 잠시 놀다가 가라고 교태를 부리면서 모자를 돌려주지 않았다. 귀대시간이 다 되어 머뭇거릴 시간이 없었던 나는 사정을 이야기하고 다음에 꼭 오겠다는 거짓 약속을 하고 겨우 모자를 찾아 무사히 귀대했다.

　연병장 한쪽에는 커다란 은행나무 한그루가 있었다. 가을이면 은행나무는 깨끗하고 고운 노랑 단풍으로 물들었다. 가을이 깊어지자 서리가 내렸다. 어느 날 아침, 오전 일과를 위해 부대원 집합을 시키려는 찰나였다. 갑자기 그 많던 노란 은행잎이 일제히 주르륵 떨어지는 것이었다. 수없이 낙하하는 은행잎은 처연하고 아름다웠다. 나는 집합도 잊은 채 한참을 낙하의 아름다움에 빠져있었다. 잎이 다 떨어지자 은행나무는 무거운 짐을 내려놓은 듯 홀가분해 했고 앙상한 가지만 남았다. 전쟁터에서 장렬히 전사하는 병사들의 모습이 저럴까. 지금도 그때의 은행 낙엽은 잊을 수가 없다.

우리 부대는 아주 넓었다. 부대 내 숲 속에는 여러 무덤이 있었다. 일직사관은 야간에는 한 시간마다 외곽 초소를 돌며 순찰을 해야 했는데 비 오는 날이나 달이 휘영청 밝은 날 순찰 중에 무덤을 지나치려면 머리가 쭈뼛거렸다. 하지만 따뜻한 봄볕이 드는 연병장 옆 묏등은 포근했다. 초봄이라 아직은 누런 잔디지만 그곳은 햇빛이 적당히 비춰주어 아주 편안한 휴식 장소였다. 인근 아주머니가 철조망 사이로 몰래 건네준 소주와 함께 라면을 후루룩 먹으면서 동기들과 초봄 햇볕 쪼이기를 즐겼다. 지금도 그때의 라면 맛을 잊을 수가 없다.

크리스마스가 다가오면 내무반에 트리 장식을 하고 부대원은 회식을 했다. 부모, 형제, 애인을 초청하여 내무반에서 음식을 나누고, 기타치고, 장기 자랑을 하며 추억을 만들었다. 모든 병사는 열심이었고 성실했으며 건실한 청년들이었다. 전우들끼리 이해와 따뜻한 협력과 존중으로 정이 넘쳐 났다. 그렇게 전우들과 동고동락하는 가운데 나는 전역이 가까워 오고 있었다.

나의 수양록에는 군생활 마지막 밤을 이렇게 적고 있었다.

'1982. 3. 31'
'삼 년의 군 생활을 마치고 이 밤이 마지막 밤인가 보다. 내 마음은 적적하고 그렇게 순해질 수가 없다. 선량해진 것인지. 하루 생활이 고단해 고이 잠들고 있는, 또한, 고생이 많아 연민이 정이 느껴지는 나의 전우들아, 이 밤을 마지막으로 너희들과 작별을 고해야 한다.'

내 삶에 많은 가치와 보람과 추억을 주고 지도력을 배우게 했던 33개월의 군 생활, 내 삶에 소중한 시간이었고 의미 있는 군 생활이었다. 나는 무사히 군 복무를 마치고 1982년 4월 1일 전역을 했다.

분대원과 포상 외출,
아가씨와 즐거운 시간을…

포반 내무 검사에서 우리 포반이 당당하게 일등을 했다. 중대장은 우수 포반에 대해 전원 외출을 약속했고 포상으로 분대원 일곱 명 모두가 외출하게 되었다. 그날 수양록에 적혀있는 하루의 단상을 적어본다.

1982년 3월 14일 일요일, 모든 분대원은 군복에 주름도 잡고 외출 준비를 했다. 이제 군에 갓 들어온 이등병은 입대 후 첫 외출이라 아주 좋아했고, 모두 설렘과 기쁨이 가득 찬 표정이었다. 읍내로 외출 나간 우리는 각자 볼일을 보고 점심때 약속 장소에 다시 모였다. 함께 자장면으로 점심을 먹으면서 기분 좋을 만큼 술도 한잔 했다. 취기가 오르자 기분은 하늘에 닿을 듯 부풀었고 즐겁게 웃으며 떠들었다. 우리는 그 길로 율곡 묘가 있는 인근 공원으로 가기로 했다.

공원 근처에서 사진기도 빌렸다. 일요일이라 공원으로 가는 길은 봄 나들이 온 아가씨들도 많았다. 두 명의 신참 분대원이 체면은 잠시 접어 두고 나들이 복장을 한 아가씨들에게 다가갔다.

"멸공! 처음으로 나온 외출인데 저희와 같이 데이트할 시간 좀 내주십시오."

　김 이병과 박 일병이 말했다. 아가씨들은 관심 없다는 듯 피하면서 김새는 반응을 보였다. 그런데 어찌된 일인지 아가씨들은 그들과 같이 걸어오고 있지 않은가.

　"어따! 분대장님 아가씨하고 사진 한번 찍으시오."

　"에라 인마! 너희나 찍어라."

　속마음은 아가씨와 한번 사진을 찍었으면 하는 마음이었지만, 나는 부끄러움이 많았다. 또 분대장으로서 무게도 잡아야 했다. 그래도 다음 기회를 준다면 찍으리라 마음을 다지고 있는데 내 앞에 가던 아가씨들이 방향을 바꾸어 어디론가 가버렸다. 약속이 있다면서…. 우리는 아가씨들의 뒤를 보면서 씁쓸해했지만 이내 봄 정취를 느끼면서 평온해 했다.

　잠시 뒤에 율곡 공원에 도착했다. 그곳은 휴일을 즐기려는 인근 도시의 상춘객이 몰려오는 곳으로 율곡 이이의 묘가 있고 큰 고목과 푸른 잔디로 잘 가꾸어진 곳이다. 우리는 빌린 카메라로 나무 위에서 걸터앉은 모습을 찍기도 하고, 잔디 위에서 강아지를 안고 찍기도 했다. 박 일병은 들뜬 기분을 가라앉힐 수가 없었던지 많은 사람이 보는데도 춤을 추었다. 고고 춤과 비슷했는데 허슬 춤이란다. 손가락을 꼽았다 폈다 야단법석하는 모습에 모두 박장대소했다.

　그때, 어디선가 음악 소리가 들려왔다. 소리 나는 쪽을 바라보니 울긋불긋 스무 살 정도의 아가씨 대여섯 명이 몸을 흔들어 대고 있는 게 아닌가. 그 모습을 보고 그냥 지나칠 수 없다면서 김 이병은 우리 모두 함께 놀다 가자고 얘기했고 우리는 이구동성으로 "좋지!" 합창했다. 박 일병, 김 이병은 아가씨들 곁으로 가 거수경례를 하며 아가씨들에게 씩씩하게 말을 걸었다.

"아가씨들, 우리는 국가의 부름을 받고 나라에 충성하기 위해 군인이 되었는데, 여러분들이 저희와 놀아준다면 아가씨들도 애국자가 되는 것입니다."

제법 논리 있게 말을 걸었다. 그녀들은 휴대용 녹음기 성능이 별로 좋지 않다며 이런저런 핑계를 대고 내숭을 떨었는데 그중에 한 아가씨가 같이 놀아주겠다며 시원하게 승낙을 했다.

박 일병이 먼저 그녀들 속에 끼어 춤을 추면서 분위기를 잡았다. 나는 스트레스가 누적되기 쉬운 분대원이 오늘만큼은 긴장을 풀고 마음껏 놀면서 추억에 남을 시간을 가지기를 바랐다. 그런 생각이 스치자 나 또한, 무게 잡고 싶은 마음을 내려놓고 솔선수범하고 싶었다. 내가 먼저 온몸을 흔들어 대니 분대원이 춤을 안 출 수가 없고, 모두 '스트레스야 허공으로 사라지라'는 식으로 격렬한 막춤을 추기 시작했다. 흔들고 또 흔들고 마구 흔들었다. 아가씨들도 덩달아 이리 꼬고 저리 꼬고 모두가 어우러져 흥 나게 흔들어 댔다. 무척 즐거운 시간이 흘러갔고 몸에 땀이 배어 왔다.

"귀대 시간이 다 되어 가는 데요!"

분대원 중 누군가의 외침에 정신이 번쩍 들었다. 귀대 시간이 다 되었고, 우리는 시간을 붙잡아 놓고 싶었다. 하지만 군인은 시간을 어길 수 없는 것. 아쉽고 미련이 남았지만, 우리는 아가씨들한테 고맙다는 거수경례를 하고 다시 부대로 복귀했다. 돌아오는 길, 분대원은 하나같이 아쉬운 표정을 지었으나 모두 다 즐거운 외출이었다고 이구동성으로 말했다.

그날 나는 발견했다. 계급이 이등병이지 사람이 이등병이 아니라는 것을. 부대에서야 선임이나 상관이 무서워 말 못하고 묵묵히 자기 임무에 충실하나 자유가 주어졌을 때 그들은 남자였고 재주꾼이었다. 분대원은 나보다 훨씬 더 똑똑하고 귀한 사람이라는 것을 알았다. 그리고 생사고락을 같이하는 전우라는 것을…. 그래서 나는 그들이 나의 분대원이라는 것 자체만으로도 자긍심과 우정을 느낀다.
"난 너희를 잊을 수가 없구나. 넷포 분대원이여!"

그날의 수양록은 이렇게 끝을 맺고 있었다. 빛바랜 사진을 보니 지금도 분대원의 얼굴이 하나씩 떠오른다. 그리고 지나간 추억이 그리워진다. 지금은 모두 오십 대 후반의 장년으로 머리가 희끗희끗해졌을 것이다. 아마도 사회에서 가치 있는 일을 하면서 열심히 살아가고 있으리라. 생사고락을 같이했던 그때의 전우들이 그리워지는 것은 일기장 속의 추억도 아닌 그 무엇, 어쩌면 다시 해 볼 수 없는 젊은 날의 치기 어린 모습인지도 모른다.

진로에 대해 부산외숙과 상담

인생을 살아가면서 어려움이나 고민이 있을 때 삶을 의논할 수 있는 멘토가 있다면 삶에 큰 힘을 얻게 된다. 지혜를 주고 어둠의 터널의 밝혀주는 등불 같은 존재가 자기 곁에 있으면 험난한 세상도 든든하게 여겨진다. 내게는 부산외숙이 그런 사람이었다.

부산외숙은 외조부모 제삿날이면 멀리 부산에서 화개장터 외갓집까지 꼭 오셨다. 자신을 낳아주고 길러주신 부모를 추모하고 조상을 공경해야 복을 받게 된다는 생각이었다. 외숙가족은 여섯 시간 걸리는 경전선 기차를 타고 와 읍내 차부에서 버스로 갈아타고 힘들게 외가까지 왔다. 제삿날 다 모이면 외숙과 외사촌은 이야기꽃을 피우고 시끌벅적했다.

외가에는 세 명의 외숙이 생존해 계셨는데 두 번째인 부산외숙은 군계일학처럼 우러러 보였다. 그분은 외모에서 풍기는 모습부터 젠틀했다. 술과 고된 시골 일로 촌부의 모습을 한 두 외숙과는 인품이 달라보였다. 부산외숙 내외분은 어린 내가 보기에도 아우라가 풍겼다. 온화하면서도 근엄한 풍채, 부드러운 말투, 세련된 언어, 이치에 맞는 합당한 주장, 절제 있는 언변, 바른 예의, 따뜻함, 형제에 대한 존중심…. 어느 것 하나 존경이 안 가는 부분이 없었다. 그렇게 모이면 어른들은 부산외숙 군 시절의 무용담을 이야기했다. 부산외숙은 어릴 때부터 똑똑했는데 장래가 불투명한 산골을 떠나 무작정 도시로 나갔단다. 해방 후 나라를 지키기 위해 정부에서는 군인을 많이 뽑았고 외숙도 군인을 지원해 장교 과정에 입소할 수 있었다. 장교가 된 후 6.25동란이 나자 대위 계급을 달고 대대장이 되어 참전했다. 외숙은 전장을 누비며 많은 전공을 세웠고 그때의 공으로 화랑 무공 훈장을 받았는데 항시 자랑스러워했다.

전쟁 막바지 후방으로 배치된 외숙은 휴가를 얻어 고향에 금의환향했다. 군용 지프를 타고 권총을 찬 모습으로 고향에 나타나자 외갓집 식구는 모두가 기뻐하고 자랑스러워했다. 한번은 시골 살던 외숙 사촌 동생이 망나니짓을 하다가 지서에 잡혀갔다. 면회를 간 외숙은 지서장에게 "동생 교육은 내가 시킬 테니 좀 풀어주시죠." 하자 지서장은 겁먹은 듯 즉시 석방을 해주었다는 일화도 있다. 외가는 장교인 부산외숙 덕분에 애국자 집안이라는 칭송을 들었다.

전쟁이 끝나고 외숙은 방첩대에 근무했다. 소령으로 진급한 외숙은 부패군인과 간첩 잡는 일에 온 힘을 기울였다. 5.16 군사 혁명이 일어났을 때 전(前) 정부에 있던 주요 보직 군인들은 제대를 해야 했는데, 그때 외숙도 부득이 군 생활을 그만두어야 했다. 제대 후에는 금융, 언론사 등 사회에서 존경받는 위치에서 일하다가 나이가 들어서는 철학과 침술을 공부하여 후진양성에도 힘썼다.

외숙은 늘 책을 가까이했다. 영혼을 맑게 해주는 고전, 인문교양서가 많았다. 누구라도 방문하면 응접실로 안내하여 덕담과 따뜻함, 친절함, 사랑을 주었다. 자기 부인의 사랑도 유별나 외숙모가 속병으로 고통스러워하면, 수지침과 쑥뜸으로 지극정성 치료해 주었다. 자녀들한테는 항상 자존감을 높여주는 칭찬과 부드럽고 친절한 태도로 대했다. 부당한 권위로 자식들을 누르는 당시의 여느 집 아버지들과는 달랐다. 뵐 때마다 존경심이 가는 외숙이었다.

명절이면 나는 부산에 계시는 두 형님과 함께 인사를 하러 갔다. "어서 오너라." 하며 반갑게 맞아주시고 언제나 온화하고 여유 있는 말에서는 따뜻함이 넘쳐났다. 한해를 시작할 즈음엔 토정비결 철학도 봐주시고, 많은 덕담을 해주었다. 토정비결을 본 후 하는 말씀은 늘 용기 주는 말과 격려의 내용이었고, 겸손하게 마음을 갈고 닦으라고 덕담하셨다. 주안상을 놓고 외숙과 함께 이야기를 나누다 보면 영혼이 정화되는 느낌이고 인사를 하고 물러 날 때면 "좋은 일이 많을 거야! 잘 될 거야!" 하면서 새로운 힘과 용기를 불어 넣어 주었다. 그럴 때면 어떤 희망이 솟고, 파란 하늘을 가슴에 안은 듯 세상이 밝은 모습으로 다가오곤 했다.

1982년 삼월, 나는 군에서 제대를 하고, 원래 다니던 공직에 복직했다. 군 생활할 때, 제대하면 공부를 더해서 꼭 대학을 가야지하는 생각이었다. 하지만 고등학교까지 공부시켜 준 큰형님에게는 더 이상 의탁할 수 없었다. 난 외숙에게 진로를 의논했다. 외숙은 "배우고 싶을 때 정진하고 배워라. 지금 네가 돈을 모으는 것은 중요치 않다. 어떤 방법으로든 대학을 가도록 하거라. 요즈음 울산이나, 부산 사립대에는 일하면서 배울 수 있는 대학도 많더구나. 네가 여기서 머물지 말고 노력해 한 단계 꼭 도약하기를 간절히 바란다." 진중하고 엄숙하게 나에게 말하셨다.

나는 그 말에서 커다란 용기를 얻었고, 돈을 모으기보다는 공부를 더 하기로 결심을 세웠다. 그때 외숙이 해준 조언이 큰 힘이 되어 대학을 졸업할 수 있었고, 전공을 살려 건축공무원이 되고, 기술사 자격증도 취득하는 더 발전된 인생길을 걸어갈 수 있었다.

직장 복직과 대학을 꿈꾸며…

    살아가다 보면 삶을 변화시키는 중요한 계기가 있는데 내게는 1982년도가 그런 해였다. 나는 군에서 제대하자 변화된 사회 환경이 어색했다. 늘 규칙적인 생활로 먹여주고 재워주던 군 생활은 아무 걱정이 없었는데 제대를 하자 여러 고민이 많았다. 이제부터는 책임 있는 삶, 알찬 시간을 보내야 한다는 압박감이 밀려왔다. 더 이상은 허송세월로 무의미한 시간을 보내서는 안 된다는 위기감도 있었다. 입대 전 느슨했던 인생관과 제대 후 인생관이 확 달라 있었다. 이런저런 걱정으로 불면의 밤을 보내기도 했다. 직장에 복직해 현실에 안주하며 살 것인가, 아니면 대학에 진학해 더 나은 발전을 이루어 갈 것인가, 고민을 하는 날이 많았다. 나는 인생 진로에 대한 고민으로 직장 복직을 잠시 미루었다.

    당시 형님은 고향 집을 청산하고 부산에 내려와 여관업을 했는데 여관방에 박혀 온종일 깊은 상념에 빠지기도 하고, 친구를 만나 소주를 마시며 서로 불안한 미래를 이야기했다. 나는 아무리 생각해도 큰형님에게 더는 기댈 수 없었다. 조카들도 커 가는데, 뻔한 살림에 형님은 나를 대학에 보낼 여력이 안 된다는 것을 누구보다도 잘 알고 있었다. 고등학교를 마쳐준 것만으로 형님이 해주어야 할 의무는 다했다고 생각했다. 나는 여러 고민을 하다가 일단 직장에 복직해 길을 찾아보기로 했다.

1982년 4월 15일, 제대 후 2주가 지날 때쯤이었다. 나는 입대 전 직장인 울산시청에 복직했다. 배치 받은 곳은 입대 전과 같은 회계과 관재계였다. 복직을 하였지만, 앞으로의 삶에 대한 걱정으로 일이 손에 잡히지 않았다. 고향 친구가 대학을 가려고 재수한다는 소식이 들려오고 외사촌 여동생이 대학 생활 이야기를 할 때면, 나는 대학 캠퍼스를 무척 동경했다. 어떠한 방법으로든 '대학에 꼭 갈 거야.' 마음 속 다짐을 거듭했다.

관재계에는 나를 포함해 두 명의 통신직이 있었다. 내가 입대로 공석이 되자 다른 사람이 그곳에 배치되어 왔고 내가 복직하자 두 명이 함께 근무하게 된 것이다. 휴항중인 비행장 관리와 관제 무전시설 관리가 주 임무인 통신직이 재산을 관리하는 관재계에 두 명이나 있을 이유가 없어 보였다.

점심을 먹은 후, 나는 선임인 OO한테 나의 꿈을 이야기하면서 난 비행장 근무를 하면 안 되겠느냐고 조심스럽게 물었다. 선임은 나의 이야기를 듣고 있더니 바로 수긍하였다.

"둘이나 뭐 한다고 관재계 있을 거고. 서 기사는 본래 임무인 비행장 나가서 관리를 해라."

내가 계장한테 이해를 구하겠다고 하자 자기도 물심양면으로 도와주겠단다. 나는 계장 댁을 찾아가 도움을 청하기로 결심했다. 찾아가기 전날 난 신께 기도했다. '저의 바람대로 비행장에서 근무할 수 있도록 계장이 허락하는 은총을 주소서.'

나는 조그마한 선물을 하나 사서 토요일 계장 집을 방문했다. 계장은 나를 반갑게 맞아 주었다. 집안 안부를 물은 다음 내가 방문한 목적을 조심스럽게 끄집어냈다.

"계장님, 도움을 청하려고 왔어요."

"그래 무슨 일이고?"

"계장님, 전 대학에 꼭 가고 싶습니다. 휴항 중인 비행장에 일 년만 근무토록 허락해주시면 밤에 학원 다니며 공부하여 대학에 꼭 가려구요. 연말까지만 허락해 주시면 감사하겠습니다."

곰곰이 생각하던 계장이 입을 열었다.

"그래 젊었을 때 꿈을 가지고 뭐라도 도전해 봐라! 내가 도와주마. 통신직이 둘이나 뭐 한다고 사무실에 있을 거고! 한 사람은 비행장 관리를 하도록 하자꾸나!"

"계장님 고맙습니다. 감사합니다."

나는 정중히 감사 인사를 드리고 집을 나왔다. 거리로 나온 나는 날아갈 듯 기뻤다. 이튿날 계장은 차석과 선임한테 의논하더니 나를 비행장에서 근무토록 배려해 주었다.

나는 곧장 휴항중인 비행장으로 근무지를 옮겼다. 그곳은 외부 침입자로부터 시설물 보호와 간혹 뜨고 내리는 경비행기나 군용기가 안전하게 착륙하는지, 그리고 활주로 이용료를 부과하는 일만 하면 되어 시청보다는 일이 훨씬 한가했다. 나는 이곳에서 학력고사 때까지 열심히 공부하리라 각오를 다졌다.

당장 자전거를 한 대 구입해서 내가 다닐 '울산학원' 야간 종합반에 등록했다. 학원은 성남동에 있었고 제대한 그해 5월부터 다니기 시작했다. 학력고사가 11월 하순쯤 있어 약 7개월 남짓 학원을 다녀야 했다. 나는 인문과목을 소홀히 하는 기술학교를 졸업했고, 3년간 군 생활을 한턱에 대학 입시 준비가 전혀 되어 있지 않았다. 남들보다 두 곱절, 세 곱절 열심히 하지 않으면 대학 문을 두드릴 수 없었다.

 자전거를 타고 다니는 학원 길, 여름이나 가을은 타고 다닐 만했지만, 추워지는 11월부터는 두꺼운 장갑을 끼어도 손과 귀가 시려 왔다. 차가운 동천강 강바람을 맞으며 늦은 밤 자전거를 타고 올 때는 고단하고 고독했다. 학원에서 돌아오면 아무도 맞아주는 이 없는 텅 빈 공간, 때로는 밀려오는 외로움에 눈물이 핑 돌았다. 진도를 따라잡으려면 늦게까지 공부해야 했고, 짬이 나면 틈틈이 시간을 내 책을 봐야 했다. 올해 아니면 대학 들어갈 기회가 없다는 긴장과 압박감으로 한시도 게으름을 피울 수가 없었다. 공부의 효율을 높이기 위해 영어, 수학 같은 시간이 많이 걸리는 과목보다는 국어, 사회, 국사, 같은 암기 과목에 더 치중했다.

 나는 그런 중에도 학원에 다니면서 콤플렉스의 하나였던 동안(童顔)이 참 싫었다. 군에 갔다 왔는데도 아직 군에 안 간 애송이 취급을 받을 때는 화가 났다. 어딜 가도 나이를 낮춰 보는 바람에 늘 손해 본다는 피해 의식이 들었다. 반말을 듣는 것도 싫었다. 그래서 토요일 오후 혼자 있는 시간은 공부에 전념해야 할 귀중한 시간임에도 귀빈실 대형 거울을 보면서 어떻게 하면 살을 찌우고 나이 들어 보이게 할까 부질없는 고민도 했다.

 스트레스가 차오면 나는 활주로를 나가 보았다. 일직선으로 난 넓은 활주로는 보는 것만으로도 가슴이 시원하게 뻥 뚫렸다. 어느 날 훼손된 비행장 울타리 수선을 위해 시설업체 사장이 픽업트럭을 타고 왔다. 나는 사장한테 활주로를 최고 속도로 한번 달려보자고 보챘다. 탁 트인 활주로를 쾌속으로 달리는 기분은 스트레스를 날려주어 통쾌했으나 최고 속도는 겨우 130km를 넘지 않았다.

여름이 되면 활주로 주변 논에는 벼가 푸르게 자랐고, 가을이면 비행장 곳곳에 코스모스가 흐드러지게 피었다. 나는 코스모스 밭에 누워 하늘거리는 꽃잎을 따 입에 물기도하고 파란 하늘에 드리워진 파스텔화 같은 새털구름이나 양떼구름을 바라보면서 잠시의 여유를 가졌다. 가을바람을 타고 황금빛으로 물들어 가는 들판은 보기만 해도 풍요로웠고, 겨울 너른 들판은 수확을 마친 벼 밑동만 남아 황량하고 쓸쓸했다.

1982년 11월 24일, 드디어 학력고사 날이었다. 해마다 학력고사 일은 유달리 추웠고 그해도 마찬가지였다. 떨지 않도록 두껍게 옷을 입고 정문 청원경찰의 아침 격려를 받으며 고사장으로 향했다. 기초가 약한 나는 영어와 수학이 역시 어려웠다. 시간은 급하고 잘 풀리지 않아 초조하고 당황했다. 힘든 시험시간은 흘러 오후 5시쯤 시험이 끝났다. 휴~! 나는 고통에서 벗어난 듯 홀가분했다. 얼마간의 시간이 지나자 성적 통지서가 나에게 배달되었다.

어떤 학과를 선택할까 고민하던 나는 영선계 직원이 연필과 T자를 들고 설계하는 모습이 멋져 보였었고, 나도 건축을 공부하고 싶다는 생각이었다. 나는 학원 선생과 상담해 울산대 건축학과에 원서를 넣었고 꿈꾸던 대학에 합격할 수 있었다. 당시 건축학과는 중동 건설 붐으로 인기가 있어 향후 진로도 좋아보였다.

1982년, 한해를 되돌아보면 내게 소중한 꿈을 이루어준 귀중한 시간이었다. 꿈을 가지고 간절한 마음으로 노력하면 성취할 수 있음을 배우게 해준 기회의 한해였다. 대학 합격 후 비행장 근무를 배려해준, 계장, 차석, 선배에게 깊은 감사를 전했다. 그렇게 들어 간 대학 생활, 졸업 후 건축 공무원으로 변화하여 더 의미 있고 가치 있는 삶을 살게 했다.

직장과 대학 생활의 고단함

프로스트의 시 '걸어보지 못한 길'의 한 대목이다. 〈노랗게 물든 숲 속에 두 갈래 길이 있었다. / 나는 두 길을 다 가볼 수 없기에 / 서운한 마음으로 한참을 서서 / 덤불로 접어든 한쪽 길을 보이는 끝까지 바라보았다. / 그러다가 나는 다른 길을 택했다. / ~중략~ / 한참의 세월이 흐른 후 / 나는 한숨지으며 말하리라. / 숲 속에 두 갈래 길이 있었고 / 나는 사람이 덜 밟은 길을 택했고 / 그것이 나의 운명이 되었노라고.〉

나 또한, 두 갈래 길에서 한쪽 길을 선택해야 했다. 직장 생활만 하는 편안한 길을 갈 것인가. 직장과 배움이라는 고단하지만, 보람 속에서 발전하는 길을 갈 것인가. 나는 힘듦이 기다리는 험난한 후자의 길을 택했다. '왜 나는 부모 복도 없을까' 하고 운명을 탓하고만 있을 수는 없었다.

학력고사가 끝나고 이듬해 2월까지는 여유롭고 한가했다. 공부 압박에서 벗어나 대학 등록 준비만 하면 되었다. 나는 그동안 저축한 돈으로 울산 공과대학(1985년 이후 종합대학) 건축학부에 등록했다. 등록 후 학교 강당(해송 홀)에서 오리엔테이션을 받고 입학의 부푼 꿈을 가졌다. 수강 신청도 하고 양장으로 된 두꺼운 대학 교재도 샀다. 입학을 위한 준비가 하나하나 무르익어 갔다.

1983년 3월 5일, 울산 공과대학 문수관 앞 중앙 운동장에서 입학식을 했다. 이제부터는 4년 동안 일과 공부 병행이라는 힘든 시간을 보내야 했다. 불안이 밀려오면 '군대 유격 훈련도 받았는데, 그보다 힘들라고?' 군 생활을 떠올리며 스스로 위안을 받곤 했다.

1983년 4월, 나는 울산비행장에서 회계과로 복귀 명령을 받았다. 비행장에 근무토록 배려해 주었던 계장은 다른 곳으로 이동하였고, 통신직 선임은 비전이 없다며 공직을 그만두고 민간회사로 옮겼다. 일손이 부족하자 더는 비행장에서 근무할 수 없었고 나는 회계과 관재계로 복귀해야만 했다.

회계과로 복귀하자 비행장 관리라는 본연의 업무 외에도 다른 보조 잡무가 많았고 늘 바빴다. 또한, 과장. 계장. 차석…. 순으로 이어지는 위계질서는 엄격해서 근무 분위기는 경직되었고, 계장의 명령은 엄했다.

그런 엄한 분위기에서 학교 다니기가 힘들었으나 나는 양해를 구하고 6시 정시에 퇴근했다. 다른 직원은 퇴근시간이 되었다지만, 아직은 열심히 일하는 분위기였고 그런 직원들을 뒤로 한 채 정시에 퇴근하려면 늘 불안하고 미안했다. 그나마 동계기간(11월~2월)은 오후 5시면 근무가 끝나 첫 수업시간까지 여유가 있어 편안한 등교를 할 수 있었다. 학교에 도착하면 구내식당에서 허겁지겁 식사하고 강의실로 향했다. 배움에 목말라하던 학생들이라 지각하거나 결석하는 학생은 거의 없었다.

우리 반 학생은 일하면서 학교를 다녀야 해 직장인이 많았다. 현대중공업, 현대자동차, 한국전력공사, 전신전화국, 석유공단, 공무원… 등 다양한 분야에서 온 학생들이었다. 개중에는 직장 없이 공부만 전념하는 학생도 일부 있었다.

수업은 오후 6시 30분에 시작해 밤 10시나 11시에 끝났고 매일 풀타임으로 4, 5시간 수업을 들어야 했다. 항상 긴장된 나날이었고 캠퍼스의 낭만은 요원했다. 토요일이나 일요일이 되어야 느긋하게 캠퍼스를 거닐어 보는 여유를 가질 수 있고, 도서관을 찾아 책을 빌려 볼 수도 있었다.

우리를 가르치는 교수는 열정이 매우 컸다. 학과가 설립된 지 오래되지 않아 연령대가 비슷한 젊은 교수가 많았는데 학과 개설 초기부터 있었던 노(老) 교수를 중심으로 젊은 교수들은 열심히 가르쳐 주려고 했다.

당시 사회는 정치적으로 불안했다. 군부(전두환 대통령)가 정권을 잡았을 때라 대학마다 민주화를 외치며 데모가 자주 있었다. 울산대학교도 데모 학생이 도심으로 나오지 못하게 전투경찰이 정문을 가로막았다. 총학생회는 학생회관 건물 벽에 연일 정부를 규탄하는 대자보를 붙였다. 학생은 대부분 공부는 뒷전이고 민주화 투쟁에 나섰고, 등교 때면 최루가스가 코를 매캐하게 했다.

하지만 우리 과 학생들은 데모와는 거리가 멀었다. 여건상 참가하기도 쉽지 않았고, 배움에 배고팠던 학생들이라 사회 참여보다는 지식을 쌓으려는 열정이 컸다. 교수들도 낮에 일하고 밤에 배우는 우리가 안쓰러웠던지 더 큰 열정으로 지도해 주었다.

건축학부는 설계 과제가 몹시 힘들었다. 숙제로 내준 건물 설계를 기간 내 제출하려면 밤을 꼬박 지새워야 했다. 그럴 때면 고된 심신을 달래기 위해 밤새 줄 담배를 피웠고 설계대 앞 재떨이에는 꽁초로 수북했다. 때로는 그룹 작업으로 모형을 만들기도 하고, 작품 공모가 있으면 여럿이 한 팀을 이루어 설계했다.

건축가가 되려면 스케치를 잘해야 했는데 나는 미술에 재능이 없었다. 또 투시도나 조감도를 그리려면 색채에 대한 감각을 가져야 하는데 그렇지를 못했다. 한번은 그룹 작업으로 교우들이 애써 그린 조감도를 시청 근처 미술학원 선생에게 색채를 부탁했다가 제멋대로 붓질을 해 과제를 망가뜨렸다. 교우들로부터 많은 원망을 들었고 미안하고 죄송해 쥐구멍이라도 숨고 싶은 심정이었다.

중간고사나 기말시험이 있는 때는 부족한 공부를 위해 빠른 점심을 먹고 조용한 곳에서 책을 보았다. 사무실 책상에서는 상사나 선배의 눈치가 보여 책을 펼칠 수가 없었다. 몰래 창고나 기계실 같은 한적한 공간을 찾아 외우고, 읽고, 풀고…, 조바심을 내면서 공부를 했다. 그러한 생활이 누적되자 마음은 늘 초조했고 불안했다. 그럴 때면 '졸업 때까지만 참자. 군에서 고생도 이겨냈는데 이것쯤이야.' 하면서 마음을 다잡곤 했다.

직장과 학업을 병행하기가 고단해 한때는 공무원 생활을 그만둘까 생각도 했다. 3학년 1학기 기말고사 때였다. 잠시 한가한 시간이 있어 사무실 앞 서류고에서 불안한 마음으로 전공 공부를 하던 참이었다. 여직원이 와서는 차석이 찾는다고 말해주었다. 놀란 눈으로 사무실에 왔을 때 차석은

"사무실 안 앉아있고 어딜 그리 댕기노? 그런 식으로 일하려거든 때려치워라!"

큰 고함과 함께 심한 꾸지람을 했다. 사정을 이야기하고 이해를 구했으나 차석은 야멸차게 책망했다. 이해심 없는 차석이 몹시 서운했고 마

음에 상처가 됐다. 그 일이 있은 후 나는 두 일을 하기가 벅차 어찌해야 하나 갈등을 했다.

내 고민을 잘 들어주던 바로 위 선임에게 나는 의논을 했다.

"선배님, 한 학년만 더하면 졸업인데, 직장을 그만둬야 할까요? 참 힘드네요."

"… 서 기사, 네 힘듦은 다 안다. 싫은 소리를 듣더라도 조금만 참아라. 직장은 섣불리 그만두는 게 아니다. 일하면서 공부하기가 얼마나 힘들겠노? 기분이나 순간적 행동으로 사표를 던지는 것은 바보짓이다. 참고 인내해야 돼!"

선배는 손을 잡아 주면서 나에게 용기와 위로를 주었다. 나는 선배의 말을 가슴에 새겨듣고, 힘들고 고단하고 자존심이 상할 때마다 참아 내자고 다짐을 했다. 아마 그때 사표를 던졌더라면 지금은 건설사에서 근무하고 있지 않을까?

나는 일과 학업으로 늘 잠이 부족했다. 시험 기간이 다가오면 늦게까지 공부하다가 시계 알람을 맞춰 놓고 주인아주머니한테 이른 아침 깨워달라고 부탁을 하지만, 제시간에 눈을 뜨지 못했다. 그런 날은 직장 지각으로 동료에게 미안했다. 사무실에서는 되도록 공부하는 티를 안 내려고 무척이나 노력했다.

주경야독하는 힘든 나날을 나는 신앙의 힘으로 이겨 나갔다. 힘들 때 내 영혼이 의지할 수 있는 곳은 신앙밖에 없었다. 울산남교회에 주일이면 빠지지 않고 열심히 다녔다. 담배도 신앙의 힘으로 끊을 수 있었다. 예배, 청년회, 성가대에도 열심히 참가하고 힘들 때마다 신께 기도하면서 용기를 얻고 위안을 받았다.

그렇게 고단함을 이겨내며 열심히 공부한 결과 4학년 2학기는 대학

생활 중 처음으로 장학금을 받았고 졸업 학기 때는 건축기사 1급 자격증도 취득했다. 훗날 이 자격증은 통신직에서 건축직으로 전직할 수 있는 소중한 자격증이 되어주었다.

형설의 공을 쌓으면서 내 젊음을 불태웠던 4년은 힘든 가시밭길이었지만, 나는 그것을 극복해 냈다. 어려움을 극복하고 대학졸업을 성취한 나는 스스로가 대견스러웠다.

1987년 2월 20일, 드디어 나는 직장 동료, 형제들, 친구들의 축복을 받으며 학사모를 쓰고 영광스러운 졸업을 할 수 있었다.

지푸라기 위기

누구나 살다 보면 젊은 날의 사랑, 열정, 아픔 등 지난 추억이 한 줄기 바람처럼 스쳐 지나갈 때가 있다. 나에게도 치기 어린 행동으로 아찔했던 위기의 순간이 떠오를 때면 혼자서 마음의 미소를 지어본다. 아련한 추억 속에 퇴직한 동료와 그녀들은 지금 무엇을 하고 있을까 궁금해지기도 한다.

1985년 쯤, 지금으로부터 약 30여 년 전 싱글일 때 이야기다. 군대를 제대하고 직장에 복직 해 일과 학교를 병행하던 나는 소홀했던 일을 방학 때만이라도 열심히 해야지 생각했다. 오전 근무하는 어느 토요일, 계원들은 밀린 일 처리에 늦게까지 일을 하고 있었다. 그때 결혼한 선임자가 아줌마 친구들이 있다면서 저녁 먹고 같이 나이트클럽에 가자고 했다. 나와 새내기는 나이트클럽에서 신나게 놀 생각에 좋다고 했다.

선임자가 어딘가 전화를 했다. "오늘 밤 너 말고 두 명 더 데리고 올 수 있니? 우리도 세 명 맞추어 갈게. 나이트클럽 가자." 그쪽에서 잠시 후 좋다고 했다. 우리는 하던 일을 종료하고 약속장소로 나갔다. 여자들은 누님뻘 되는 결혼 오류 년 차 여자들이었다. 외출복을 입고 립스틱을 짙게 바른 게 나이트클럽에서 신나게 즐길 분위기였다. 불고기 정식으로 저녁식사를 하고, 식사가 끝나기 무섭게 물 좋은(?) 나이트클럽으로 향했다. 선임자부터 파트너를 정하고…. 클럽은 토요일이라 많은 사람으로 북적였으며 물 좋고 신나는 춤곡은 스트레스 날리기에 안성맞춤이었다. 맥주로 건배하고 주거니 받거니 급하게 돌아갔고 금세 취기가 올랐다.

우리는 각자 파트너와 함께 플로어에 나가 신나게 고고 막춤을 추면서 황홀한 밤을 보내고 있었다. 춤을 추다 피곤하면 자리로 와 술을 마시며 질펀한 농을 주고받았다. 시간이 지날수록 여자들은 자세가 흐트러지고 조신한 분위기가 아니었다. 춤과 농염한 분위기는 두 총각에게는 감당하기 어려울 만큼 황홀하게 흘러갔다. 자정 가까이까지 미친 듯이 놀았다. 여자들 쪽에서 남편이 기다린다며 이제는 가봐야 한다고 말했다.

밖으로 나오니 찬 밤바람에 술이 깨고 정신이 돌아왔다. 선임자가 이 시간 이후부터는 파트너끼리 알아서 하라고 했다. 선임자와 내 파트너는 남편 기다린다며 택시를 타고 휑하게 가버렸다. 새내기는 여자 혼자 밤길 가는 게 불안하다며 신사도 정신으로 기필코 집까지 바래다주겠단다. 그녀 집은 나이트클럽에서 멀지 않은 촌락이었고 둘은 걸어간다며 밤공기를 가르면 어둠 속으로 사라졌다.

그녀의 집에 가려면 오솔길을 걸어야 했는데 둘은 비틀거리면서 논두렁길을 걷다가 술을 깨기 위해 잔디에 앉아서 이야기도 나누었단다. 다시 일어나 걸으면서 엉덩이와 등에 붙은 지푸라기와 검불을 털지 않았다. 옷에 묻은 빛바랜 검불은 집에 도착할 때까지 붙어있었다. 새내기는 집 가까이에 그녀를 안전하게 바래다주고 헤어져 돌아왔다. 여자는 지푸라기와 검불이 묻은 상태로 집에 들어갔고 남편은 늦은 밤 술 취해 검불을 묻혀온 아내를 가만 둘리 없었다. "어떤 놈하고 무슨 짓 하다 왔어!" 고함과 폭력을 휘둘렀다. 여자는 사실대로 말했지만 남자는 지푸라기와 검불 때문에 믿지 않았다.

  월요일 출근해보니 선임자가 난리가 났다면 몹시 불안해했다. 지푸라기 남편이 우리 세 명의 모가지를 떼겠다며 기관장을 만나러 온다고 연락이 왔다는 거다. 우리는 두려움에 정문에 나가 남편이 오나 감시를 했다. 한참을 기다려도 그녀의 남편은 나타나지 않았다. 우리는 퇴근 후 집을 찾아가 용서를 빌기로 했다. 퇴근한 다음 쇠고기, 고급술, 담배 등…. 마음을 누그러뜨릴 수 있는 선물을 잔뜩 사 들고 용서를 빌러 갔다. 남편은 화가 난 모습으로 우리를 일단 방으로 들어오란다.

  방에는 이불을 뒤집어쓴 사람이 있었다. 우리가 앉자 남편은 이불을 걷어내면서 "이 세 명 중 너 파트너가 누구야!" 고함치며 말했다. 여자는 몰골이 엉망이었다. 얼굴은 푸른 멍으로 부어있고, 머리는 가위로 불규칙하게 잘려 있었다. 그 여자가 새내기를 가리키면 "…… 저 사람" 기어들어가는 소리로 말했다. 그러자 새내기는 "아이고 선생님 정말 아무 일이 없었습니다. 한 번만 용서해 주십시오!" 무릎을 꿇고 조아렸다. 선임과 나도 무릎을 꿇고 고개를 숙이고 한번만 용서해달라고 빌었다. 그녀도 남편에게 기어들어가는 소리로 진짜 아무 일이 없었다고 대변해 주었다.

  남편이 우리에게 한참을 훈계하고 씩씩거리더니 다음에 또 이런 일이 있을 때는 정말 가만두지 않겠다고 쩌렁쩌렁 엄포를 놓았다. 우리는 "이 은혜 죽도록 잊지 않겠습니다!" 진심을 다해 머리를 조아렸다. 남편은 한참을 아이 훈계하듯 하더니만 돌아가라고 말했다.

우리는 그녀 집에서 나온 후 나오는 웃음을 참으며 십 년을 감수했다고 서로 위로했다. 돌아오면서 새내기에게 물었다. "진짜로 별일 없었나?" 하니 "논두렁에서 술 좀 깨자해 앉아서 이야기 좀 나누었고 넘어야 할 선은 결단코 안 넘었어요." 말하기에 신임한테 잘했다고 칭찬해 주었다.

지금도 그때 추억을 떠올리면 아찔하다. 만약 남편이 기관장실에 와 고함을 지르고 모가지 자른다고 난리를 쳤다면 아마 지금의 직장 생활을 그만두었어야 했을 것이다. 지금은 잔잔한 웃음을 짓게 하는 추억이 되었지만 아찔한 위기였다.

떠나간 사랑

  청년기는 미래에 대한 불안과 갈등이 내면에 존재한다. 그 무렵엔 선택해야 할 갈림길이 많기 때문일 것이다. 또한, 혼자는 외로워 이성을 갈망하게 되고 사랑이 찾아오기도 한다. 사랑은 우연히 찾아오기도 하고 속절없이 떠나가기도 한다. 사랑이 오면 환희로 물들고 기쁨이 넘치며 활력이 솟아 외로움을 떨칠 수 있다. 하지만 사랑이 떠나면 마음의 상처로 우울히 찾아오고, 외로움은 가슴을 짓누르고 그리움이 붉게 물든다. 이별의 상처가 아물 때까지는 많은 시간이 흘러야 한다. 이십대 후반, 내게도 그러한 사랑이 찾아왔었다.

  1986년, 나는 스물일곱 청년이었다. 낮에는 일하고 밤에 대학 공부를 해야 하는 힘든 나날을 보내고 있었다. 불규칙한 식사로 위장병을 얻었고 치료를 위해 직장 인근 의원을 찾았다. 그곳에는 긴 생머리에 예쁘고 친절한 아가씨가 있었다. 나는 치료차 뒷날 다시 찾아가 신분을 밝힌 후, 휴일에 함께 그룹 야유회를 가자고 했다.

  며칠 뒤 좋다는 전화가 왔다. 여름이 시작되는 6월 초였다. 남자 3명, 여자 3명은 인근 계곡에 야유회를 갔다. 계곡에 도착해 여장을 푼 후 각자의 소지품으로 파트너를 정했다. 나는 그녀와 짝이 되지 않자 아쉬운 마음을 계곡 물에 뛰어들어 물을 첨벙이는 이상한 행동을 했고 모두가 웃었다. 피서를 하고 게임도 하면서 즐거운 시간을 보낸 후 울산으로 돌아오는 길이었다. 시외버스 정류장에 버스가 잠시 정차하는 동안 나는 가판대에서 '샘터' 한 권을 사 그녀에게 주었다. 이후 그녀는 내가 공부하고 자취하는 곳을 찾아오기도 하고, 대학 MT 때 문수산 등산에 동행도 하였다. 친구가 그녀를 찝쩍대 나는 경계하기도 했다. 우리는 데이트를 하면서 마음을 주고받으며 이성간 교제를 해나갔다. 교인이었던 둘은 욕망적인 사랑은 죄악이라고 생각했고, 만나면 좋은 대화를 나누며 서로 용기를 주고 애틋한 마음을 나누었을 뿐이다.

하지만 때로는 갈등도 있었다. 그녀는 얼굴에 미소만 지을 뿐 속내를 드러내지 않았다. 그럴 때면 속이 상해 편지를 썼고 서로 소원해지기도 했다. 그러다가 다시 그리워지며 만나자고 했고 그녀에 대한 좋은 감정을 표현하기도 했다.

어느 날 그녀는 고향인 '강구'를 가자고 했다. 일요일, 우리는 버스를 타고 그녀의 고향으로 향했다. 나란히 앉아 차창으로 바다를 보면서 나누는 이야기는 행복했다. 처음 가본 강구는 강과 바다가 어우러진 정겹고 아름다운 곳이었다.

그녀는 나에게 등대가 있는 방파제로 가자고 했다. 방파제 끝에는 붉은 등대가 있었고 둘은 그 아래 앉았다. 그녀는 잠시 뜸을 들인 후 이곳에 온 이유를 이야기했다. 그녀의 어머니는 몇 년 전 운명을 했고 화장해 이곳 바다에 뿌렸단다. 엄마가 그리우면 이곳 등대를 찾아온다며 눈시울을 붉혔다. 나 또한, 고등학교 때 어머니의 죽음을 겪었기에 그녀의 슬픔을 어느 정도 이해할 수 있었다.

지나간 슬픔을 가슴에 담다가 그녀는 해맞이 언덕에 가자고 했다. 높은 언덕에서 바라본 바다는 은빛 비늘을 번득이며 보석을 뿌려 놓은 듯 아름다웠다. 둘은 수평선 끝 먼 바다를 바라보다가 언덕 아래 바다 가까이 가보자고 했다. 비탈길을 내려오다가 바다 가까이 있는 벤치에 앉았다. 파도는 갯바위에 부딪혀 물보라를 만들었고, 철썩이는 파도 소리는 정겨웠다. 흰 갈매기 한 마리가 외롭게 어디론가 날아가고…. 둘은 별 말이 없었지만, 가슴으로는 포근한 사랑을 느낄 수 있었다. 긴 생머리가 예쁜 그녀는 볼수록 애틋했다. 두 눈을 보고 있는 나는 그녀의 은빛 바다에 빠져들었다.

눈빛을 주고받으며 보내는 행복한 시간은 짧았다. 어느덧 해가 서산으로 기울고 울산으로 돌아가야 할 시간이었다. 시외버스를 타고 울산으로 돌아오는 길이었다. 그녀는 낮은 목소리로 나를 부르다가 머뭇거렸다. 뭔가 할 이야기가 있는 듯했고 미안해하는 눈빛이었다. 한참 뜸을 들인 후 "…… 저, 곧 있으면 서울로 가야 해요. 서울 가면 우리 만나기 어렵겠죠?" 그녀는 슬픔이 배인 낮은 목소리로 내게 말했다.

"무슨 일이에요. 왜 서울에 가야 해요? 안 가면 안 되나요? 울산에 같이 있어요."

나는 놀라 말했다. 그녀는 서울에 직장이 새롭게 정해졌다며 그곳으로 옮겨가야 한다고 했다. 며칠 후 그녀는 서울로 떠났다. 나는 울산으로 돌아오라고 장문의 편지를 썼다. 며칠 뒤 그녀의 답신이 왔다. 다시 울산으로 내려가겠다고, 하지만 약속한 날 그녀는 결국 오지 않았다.

일 년 뒤, 그녀는 나를 찾아와 약속을 못 지킨 사연을 들려주었다. 그녀는 결혼을 약속한 남자가 있었고 그가 서울로 떠나자 그를 따라갔단다. 하지만 성격 차이로 고심하던 끝에 울산으로 다시 돌아가려고 했단다. 운명의 장난일까, 서울을 떠나려던 밤, 외동아들이던 남자의 어머니가 갑자기 운명했고, 그녀는 혼전 며느리로 소복을 입었단다. 장례를 치른 후 더는 나를 만나서는 안 된다는 양심의 소리에 울산으로 내려올 수 없었다고 설명했다. 결국, 그녀는 그 남자와 결혼했고 가정을 이루었다. 이야기를 마친 그녀는 나에게 미안하다며 기억 속에만 간직해 달랬다. 난 행복하게 잘 살라고 마지막 인사를 한 후 그녀를 떠나보냈고, 영영 헤어졌다.

사랑이 떠난 자리는 휑하였고 쓸쓸했다. 나는 이별의 아픔을 잊기 위해 직장 생활과 학교 공부에 더욱 전념했다. 그렇게 시간이 지나자 아픔은 차츰 추슬러졌다. 그녀는 바람처럼 머물다간 젊은 날의 짧은 그림자였다.

요가로 신경쇠약을 이겨내다

　살다 보면 내적 갈등과 정신적 고갈로 심신이 피폐해져 오는 시기가 있다. 그럴 때는 삶에 회의와 우울이 찾아든다. 이십대 후반, 내게도 그런 강박과 신경쇠약이 찾아왔다. 낮에 일하고 밤에 공부하는 이중생활은 심신을 고단케 했고, 늘 눈치를 보면서 퇴근하고 학교 가야 하는 불안과 미안한 마음은 정신적으로 힘들었다. 그런 생활이 누적되자 졸업 후에도 심리는 불안했고, 그로 말미암아 만성피로와 무력감으로 판단 능력도 떨어졌다.

　휴항 중이었던 울산 공항은 1984년 7월 재 취항했다. 공항 관리권은 울산시에서 교통부로 다시 이관되면서 내가 맡은 비행장 관리와 관제 임무는 소멸되었다.

　1986년 11월, 나는 임무 조정으로 재산관리 부서인 관재계에서 총무과 통신계로 발령 났다. 그곳 일은 전화기를 고치고 교환기 수리를 하는 일이었는데 나는 그런 통신기술이 없었다. 내가 통신계에서 할 수 있는 일은 건축허가 시 건물 구내 통신(건물 내 전화나 인터넷 연결 시설)이 적합한지 검토하는 일이었는데 그 일을 위해 건축과에 들를 때면 건축

전공을 살려 이곳에서 근무할 수 있다면 얼마나 좋을까 막연한 소망을 가졌다.

적성에 맞지 않는 통신 기술 일에서는 보람을 찾지 못했고 고생해서 쌓은 건축 지식이 사장되자 존재감은 낮아지고 자꾸만 자조적 심리로 물들어 갔다. 내적 갈등, 만성피로, 심신의 피폐로 신경쇠약은 깊어가 삶의 의욕을 잃었다. 말수는 적어지고, 나만 가장 못나 보이고, 타인의 의견만 따라 사는 줏대 없는 인생이라 여겨져 자아 상실이 찾아왔다.

자신감을 잃어가는 나와는 달리 자기 일에 대한 긍지로 목소리도 우렁차고 자신감에 차있는 통신계장이 항상 부러웠다. 나는 이러다가 폐인이 되는 게 아닌가, 걱정스러웠고 심리 강화가 필요했다.

어느 날 책 속에서 자신감을 키우고 스트레스를 이겨내는 데는 명상이 좋다는 글을 읽었다. 나는 전화번호를 뒤져 명상 관련 번호를 찾았고 옥교동에 있는 요가원을 발견했다. 그곳에 전화해 "불안, 신경쇠약, 만성피로가 있는데 명상을 하면 효과가 있나요?"하고 물었다. "요가를 하면 심신이 건강해져 자신감을 찾을 수 있고, 마음의 평화를 얻을 수 있습니다."하는 답변이었다. 나는 옥교동 천도 극장 앞에 있는 5층 요가원을 찾아가 상담하고 등록했다. 원장은 울산에서 재야(在野) 일을 하는 중년 남자였는데 강골이었다. 요가원을 찾는 사람은 주로 여성이었고 당시만 해도 요가가 지금처럼 널리 알려져 있지 않아 요가는 여성 다이어트 운동이라는 생각이었다.

등록한 첫날이었다. 여자들과 함께 하는 운동은 약간은 쑥스러웠지만, 마음의 불안과 강박감을 고칠 수 있다기에 선생님 지도를 따라 했다. 쿠션 있는 넓은 방에서 활 체위, 코브라 체위, 고양이 자세… 등 유연성을 기르는 체조와 복식 호흡을 위해 가부좌 자세를 취해 보았으나 몸이 굳어 따라할 수가 없었다. 요가를 꾸준히 하면서 요가는 긴장과 이완을 반복하여 유연성을 길러 심신의 리듬을 자연스럽게 회복시켜주는 운동이라는 것을 알았다. 처음 며칠간은 힘들었지만, 원장의 지도를 받아 매일 빠지지 않고 배우자 차츰 유연성이 높아지고 복식호흡으로 마음의 안정을 찾아갔다. 요가 체조 후 가부좌 자세를 하고 명상을 하면 미간 사이에서 밝은 빛이 솟아나면서 머리는 맑고 생각은 단순해졌다. 불안과 걱정으로 복잡하게 생각하던 습관이 긍정적이고 단순하게 생각하는 생활 자세로 차츰 바뀌었다.

3개월 동안 요가를 꾸준히 하자 불안, 우울, 심신쇠약이 걷히고 밝음, 긍정, 자신감이 내면에 차 왔다. 타인의 눈을 과도하게 의식하는 것도 잘못된 것이며, 내면의 자아를 따라 사는 삶이 가장 중요하다는 것을 깨달아 갔다.

요가로 심신이 회복되자 나는 등산에 취미를 붙였다. 사색하며 자연과 동화되는 삶을 살고 싶었다. 혼자 고헌산을 등산하고 있을 때였다. 메아리 산악회 회원과 조우했는데 회원 중 직장 동료의 권유로 나는 그 산악회에 가입했다. 근교 신불산, 가지산, 화왕산, 먼 곳인 한라산, 설악산을 열심히 등반하면서 마음과 몸을 튼튼히 가꾸었다. 한라산 등반 때는 눈 위에 텐트를 치고 비박을 하고, 설악산 등반 때는 백담사를 출발하여 정상을 넘어 설악동으로 내려오는 무박 등산을 하였는데 지금도 잊히지 않는 추억이다.

요가와 등산으로 건강은 완전히 회복됐고, 나는 다시 공부를 하고 싶어졌는데 이번에는 영어 회화 공부에 도전해 보고 싶었다. 우정동에 있는 '국제 피플 투 피플' 울산 지회장이 원장이었다. 그 학원을 다녔는데,

학원에서는 미국 아동인형극인 '세스미 스트리트(Sesame Street)'를 비디오로 틀어주고 공부를 했다. 원장은 많이 들어야 귀가 열리고 귀가 열리면 말을 할 수 있다며 듣기에 치중했다.

'세스미 스트리트'는 큰 새와 여러 귀여운 인형들이 나와서 유머러스한 이야기를 꾸려가는 재미있는 인형극이었다. 지도 선생 말대로 자꾸 들으니 귀가 조금씩 열렸다. 선생은 수업 중간에 팝송도 가르쳐 주었다. 엘비스 프레슬리가 불렀던 'Can't help falling in love with you' 노래는 그때 배웠는데 유일한 나의 팝송 애창곡이다.

나는 조금씩 들리는 영어를 시험하기 위해 시내에 나가 모르몬교 선교사에게 일부러 말을 걸어보는 용기를 내기도 했다. 학원에서 듣는 연습이 귀를 열리게 했는지 그들이 하는 영어를 어느 정도는 이해할 수 있었다. 아마 학원을 계속 다녔더라면 능수능란한 영어로 발전했을 텐데, 직장 일이 바빠 야근이 잦으면서 중도 포기를 하고 말았다. 살아가면서 늘 아쉬운 부분이다.

영어 학원에는 우정초등학교 여선생도 다녔다. 조금은 통통해 보였지만, 착한 분이었다. 어느 가을날, 직장 산우회를 따라 내장산 등산을 함께 갔는데 난 진심 어린 배려가 부족했고 아직 결혼이 급하지 않아 등산을 갔다 온 후 소원해졌다. 나는 바쁜 직장 일로 학원을 못 나가 그녀와 더는 만남이 없었다. 나중 그녀의 친구를 통해 전해들은 이야기는 헤어짐을 안타까워했단다. 한평생 함께하는 인연은 하늘이 이어주지 않으면 맺기 어렵다는 것을 다시금 깨닫게 했다.

대학 졸업 후 내적 갈등과 신경쇠약을 요가로 극복하고, 영어 공부에 대한 도전과 포기, 이성 간의 미숙으로 또 다른 어긋난 인연을 겪으면서 안정되지 못한 청년기를 보냈다.

통신직에서 건축직 전직

　대학 졸업 후 2년여의 세월은 진로에 대한 고민이었다. 공직을 그만두고 전공을 살려 다른 직장을 선택해야 하나, 아니면 전공을 포기하고 현재의 공직에 만족하면서 살아야 하나, 갈등과 고민이 컸다. 직장에서 하는 통신기술일은 내가 대학에서 전공한 건축과는 거리가 멀었고, 적성에 맞지 않았다. 그렇다고 다른 취업이 결정되지 않은 상태에서 무턱대고 직장을 그만두기도 마뜩찮았다. 이러지도 저러지도 못하는 우유부단과 갈등 속에서 건물 구내통신 업무를 2년여 맡았다. 때로는 통신 기술도 없는 사람이 보직만 차지한다고 누군가 쑥덕이는 것 같아 괴로웠다. '건축을 전공했으면 시험을 쳐 건축 공무원을 하든가, 아니면 사표를 쓰든가.' 후임들의 무언의 소리가 귓전에 들리는 듯했다.
　1989년, 가시방석 같은 2년의 세월이 지나갈 즈음이었다. 어느 날 상사인 통신계장이 내게 다가와 건축 공무원으로 전직될 것 같다고 귀띔해 주었다. 나는 그 소리를 듣는 순간 귀가 번쩍했다.
　"정말이에요?"
　가슴이 콩닥거리기 시작했다.

"정말이야. 곧 좋은 소식이 있을 것 같아!"

계장은 다시 말했다.

며칠이 지나 통신계장이 알려준 전직 경위는 이랬다. 도시가 팽창하면서 건축 인허가가 증가하자 건축공무원 정원이 늘어났는데 그 자리에 외부에서 특정인이 특채로 들어오려고 했다. 인사를 총괄하는 총무과장은 현직에 있는 사람도 특채나 전직을 못해 애태우고 있는데, 외부에서 특채로 들어오는 것은 부당하다는 생각이었다.

총무과장은 회계과에 있을 때 내가 모시던 상사였는데 힘들게 대학을 졸업하고 건축기사 자격증을 취득했음에도 전공을 못 살리는 나의 모습을 딱하게 여겼다. 사정을 잘 알고 있던 총무과장은 현직에 있는 사람부터 우선 전직이 되도록 인사부서에 지시했다. 그런 지시를 따라 인사부서 직원들은 어떡하든지 나를 건축직으로 전직시켜 주려고 노력해 주었다.

나는 통신직에서 건축직으로 바뀔 수 있다는 이야기를 듣자 먹구름 속에서 한줄기 빛기둥이 비쳐오는 기분이었다. 간절히 바라면 이루어지는 게 세상 이치일까. 얼마간의 시간이 지나자 나는 자격증 소지자 특별 전직 케이스로 통신 7급에서 건축 7급으로 전직(轉職)이 되었다. 바라던 바가 이루어진 것이 몹시 기뻤고 날아갈 것 같았다. 배경도 없어 누구에게 전직을 부탁할 처지도 못 되었는데 상사의 도움으로 소망이 이루어진 것이 더없이 고마웠다. 여태까지 나의 의지와 무관하게 내 삶이 발전하면서 흘러왔듯, 이번에도 성실함과 자격을 갖추자 주변 상사나 동료는 안타까워하며 전공 일을 하도록 길을 열어준 것이다.

1989년 2월 4일, 드디어 나는 고대하던 건축직 공무원이 되어 남구청 건축과에 발령을 받았고, 전공을 살려 열심히 일할 것을 스스로 다짐했다. 그러나 사람 사는 사회에는 어딜 가나 시샘은 있는 법, 내가 구청 건축과에 발령을 받자 진급이 늦을까 걱정이 되는 후배 동료는 '통신직으로 공직에 입문했으면 그 길로 공직을 마칠 일이지. 굴러온 돌이 박힌 돌 빼는 격이네!' 시샘이 느껴졌고 나는 한편으로 미안했지만 애써 모른 척했다.

내가 발령받은 건축과는 키가 크지 않는 호리호리한 과장이 있었는데 마음 빛깔이 선하고 덕스러워 직원과 건축사로부터 많은 존경을 받았다. 훗날 중구청으로 보직 이동할 때까지 직원에게 따뜻한 사랑과 관심을 주었고, 정직과 온화한 덕성은 어딜 가나 부하직원으로부터 존경을 받았다.

내가 건축과에서 주로 하는 일은 단독주택 같은 저층 건물 건축 허가를 처리하는 임무였다. 허가서에 붙어오는 청사진 건축 도면은 석유 냄새를 풍겼고, 내가 오랫동안 그리워했던 향기(?)였다. 나는 푸른빛 도는 건축 도면을 펼쳐 놓고 법률상 햇빛을 받을 권리(일조권), 도로의 개방감(사선제한), 지역에 적합한 건물인지(지역 지구 내 제한) 등 법률 검토를 거쳐 건축허가를 결정했다. 단열재 두께, 창호 표기, 벽의 종류, 기초형식, 콘크리트 강도… 등 도면에는 대학 때 배운 여러 기술과 지식이 잘 나타나 있었다. 전공 기술과 지식을 매일 접하는 것만으로도 나는 무척 기쁘고 뿌듯했다. 건물을 지을 때 고려해야 할 여러 내용이 도면에 나타나 있었고 나는 전문 기술자답게 법률과 기술 분야, 안전을 검토하고 확인하여 허가 여부를 결정했다. 전문 분야 일을 하자 기술자로서 보람과 긍지가 나날이 커갔다. 그동안 짓눌러 왔던 낮은 자존감은 바람처럼 사라지고 스스로 높은 존재감이 그 자리를 차지했다. 내가 하는 일이 사회에 이바지한다는 존재 가치는 멋진 자긍심이 되어 있었다.

건축 인허가는 전문 기술 검토도 중요하지만, 민원(民怨)도 많았다. 주거지역에서 민원이 특히 심했는데, 집 앞에 없던 건물이 건립되면 뒷집 주민은 햇빛을 못 받는 일조권 피해와 조망을 가린다며 구청에 신고해 왔다. 민원은 진정서라는 편지 식으로 보내오기도 하고 전화로 호소하기도 했다. 그럴 때면 나는 즉시 줄자를 들고 현장에 나가 적법하게 건립되는지를 확인하고 진정인을 이해시키고 설득시켰다. 법률에 적법함을 친절히 설명하고, 주민 간 갈등을 중재하여 조정하였다. 그런 노력으로 주민 상호 간 갈등이 풀릴 때는 봉사자로서 커다란 보람이 밀려왔다. 답답함을 풀어주어 고맙다며 주민의 인사를 받을 때면 공복으로서 자긍심이 부풀었다.

또한, 건축과에는 여러 건축사가 방문했다. 건물을 건립하려면 건축주는 건축사에게 설계를 의뢰했고 그들은 허가 절차를 대행했다. 1980년대 말1990연대 초는 개발붐으로 많은 건축허가가 신청되었고, 곳곳이 공사 현장이었다. 건축허가를 조금이라도 빨리 취득하려는 건축사들은 관청을 수시로 들락거렸다. 나는 그들이 방문하면 신속하고 친절히 설명하고 처리해 주었고, 공정하고 청렴하게 일을 해 나갔다. 문제가 있으면 머리를 맞대고 서로 고민하여 가능한 긍정적으로 문제를 해결하려 했다. 그런 나를 건축사들은 친절하고 성실한 공무원으로 인식해 주었고, 훗날 이런 평판은 직장에서 발전을 가져오는데 커다란 밑거름이 되었다.

어디서 무엇을 하든 정직, 공정, 청렴, 신뢰, 성실은 아름답다. 나는 그런 자세로 일했다. 건축 업무는 공직 생활을 신바람 나게 했고, 야근을 해도 피곤한 줄을 모르게 했다. 주민과 함께하는 공직은 나의 성격상 잘 맞았고, 하고 싶은 일, 좋아하는 일, 전공 일을 해 나가자 보람은 높아가 천직처럼 여겨졌다. 직장을 다니면서 힘들게 공부한 대학 공부가 헛되지 않았음을 보상받았고, 삶에 새로운 활력을 찾게 되었다. 건축 공무원으로 열심히 살아가는 모습은 내 인생에서 내면이 알차게 익어가는 가을 과일 같은 모습이었다.

친구에 대한 믿음과 보증사고

    믿었던 사람이 누군가를 속여 물질과 경제적 고통을 주고 책임을 회피할 때 누구라도 커다란 배신감을 느끼게 된다. 아버지 보증사고로 집안이 기울어 가족이 고통스러웠다는 이야기를 들었던 나는 아버지 전철을 밟지 않도록 매사에 보증 조심을 했어야 했는데, 그러지를 못해 몹시 고통에 휩싸인 때가 있었다. 나에게 고통을 준 친구에게 화가 나다가도 주의를 게을리 한 나 스스로 어리석은 잘못에 반성이 밀려오곤 한다.

    근래 친척 자녀 결혼식에 참석한 적이 있었다. 신랑, 신부가 엄중하고 사랑스러운 말로 직접 혼인서약을 하는 모습을 보았다. 여러 서약이 있었지만 내 마음을 콕 찌르는 서약은 "우리 부부는 일평생 절대 보증을 서지 않는다."라는 서약이었다. 그 언약을 들으면서 신랑, 신부가 참 현명하다는 생각이었고, 지난 보증 사고에 대한 깊은 후회와 회한이 밀려왔다.

    초등학교와 중학교 때 친하게 지낸 동네 죽마고우가 있었다. 그 어머니도 나를 몹시 좋아하고 반겨 주어 자주 친구 집에 놀러 갔고 공부도 같이 하면서 친하게 지냈다. 중학교를 졸업하고 그는 제법 이름난 상고로 진학했고 나는 기술학교로 진학하면서 소원해졌다.

고등학교 졸업 후 나는 공무원에 입문했고 친구는 이름 있는 보험회사에 취직했다. 1988년 어느 날, 오랫동안 연락 없던 친구로부터 전화가 왔다.

"서상호 맞니? 나 OOO야. 어떻게 지내니? 울산에 볼일이 있어서 한번 가려는데 가게 되면 너를 한번 봤으면 한다."

"어! 친구야! 오랜만이네. 그래 울산에 오면 점심이나 같이하게 연락 주라."

며칠 후 그 친구는 내가 근무하는 직장 앞 다방에서 기다린다며 연락이 왔고 잠시 만날 수 있겠냐고 물었다. 나는 하던 일을 멈추고 친구가 기다리는 다방으로 갔다. 혼자 생각에 잠겨 있던 친구는 나를 보자 반갑게 인사하며 악수를 했다.

"오랜만이네! 어떻게 지내노? 잘 지내제? 네 소식 궁금했다."

"오랜만이다. 반갑구나! 어떻게 울산에 왔노?"

차를 한잔 시켜 서로 안부를 물었고 그런 다음 친구는 나에게 찾아온 용건을 말했다.

"상호야! 너에게 온 이유는 다름이 아니라 이번에 아파트를 하나 샀다. 돈이 부족해 은행 융자를 내려는데 보증을 요구하네. 일반인은 재산증명도 있어야 하고 서류가 복잡한데 공무원은 재직증명서와 인감증명서, 도장만 있으면 된대. 나도 네가 훗날 집살 때 보증이 필요하면 품앗이 해 줄 테니 내 보증 좀 서줄 수 있니?"

당시는 은행에서 큰돈을 빌리려면 연대 보증인을 요구하던 시절이었다. 나는 친구가 집 장만한다는 이야기를 믿었고 당장 현금을 빌려달라는 것도 아니고 도장만 찍으면 되는 보증 좀 서 달라는데 야박하게 거절

할 수가 없었다.

　제 직장으로 돌아간 친구는 며칠 후 나에게 전화로 0월 0일 00생명보험으로 좀 와 주었으면 한다고 했다. 약속한 날, 나는 재직증명서와 인감증명서, 도장을 챙겨 버스를 타고 약속 장소로 향했다. 도착 장소에는 친구가 먼저 와 기다리고 있었고 나를 보자 몹시 반가워했다. 서류를 챙겨 왔는지 내게 물었고 직원이 있는 창구로 같이 가자고 했다. 창구 직원은 친구한테 대출서류를 작성토록 했고, 나보고는 보증인 란에 이름을 쓰고 도장을 찍으랬다. 나는 대출금이 꽤 큰돈이라 찜찜했지만, 이제 와서 발뺌하기도 미안해 이름을 쓰고 도장을 찍었다. 서류 작성이 끝나자 창구 직원은 가져온 서류를 제출해 달라고 한 다음 다되었다면서 돌아가도 된다고 말했다.

　"상호야 진짜 고맙다! 내 이 은혜 잊지 않을게."

　친구는 내게 진심으로 고마워하는 듯했다. 나는 바빠 울산으로 와야 했고 친구는 택시를 잡아 차비를 계산하고 인심 쓰듯 나를 태워 보냈다. 나는 주변 산과 들판의 풍경을 보면서 평온한 마음으로 울산으로 돌아왔고 이후 평상시처럼 일상에 전념했다.

　친구 보증을 까맣게 잊고 있던 1989년 11월경이었다. 당시 남구청 건축과에 근무하고 있는 내 자리에 전화벨이 울렸다. 수화기에는 00생명보험사라며 서상호 씨냐고 물었다. 내가 그렇다고 하자, 대출자 000가 금융 사고가 나 부득이 대출금은 연대 보증인인 서상호 씨가 갚아야 한다는 청천벽력 같은 소리였다. 전화한 보험사 담당자는 지정한 기일까지 대출금을 갚지 않으면 나의 봉급을 압류할 계획이라며 내용증명을 보내겠다고 했다. 전화를 끊은 나는 혼이 빠져나간 듯 한동안 멍한 상태였다. 그날 이후 나는 감당하기 어려운 깊은 시름에 빠져들었다.

며칠이 지나자 돈을 갚으라는 내용증명이 배달되어 왔고 올 것이 왔다는 생각이었다. 보증금액은 그 당시로는 매우 큰돈(신혼집 전세금과 비슷)이었고, 어떻게 갚을까 괴로워 잠을 이룰 수가 없었다. 그동안 번 돈은 대학 등록금으로 다 들어가 모아 놓은 돈도 없고, 스스로 벌어 결혼도 해야 하는데 이 큰돈을 어떻게 마련해서 갚는단 말인가. 갚을 길을 생각하니 눈앞이 캄캄했고 죽고 싶은 심정이었다. 직장에 나가도 일이 손에 잡히지 않았고 절망감은 자꾸만 커져갔다.

나는 답답한 마음에 친구가 있는 교도소를 찾아가 어찌된 일인지 물었다. 친구는 미안하다며 이곳에서 나가면 친구 돈부터 제일 먼저 갚겠다고 했다. 몹시 화가 났지만, 어찌할 수 없는 상황이고 나는 자포자기 마음으로 그곳을 떠나왔다.

나는 그 이후 걱정과 불안으로 건강이 몹시 좋지 않았고 요가를 다시 시작했다. 아무리 생각해도 보증 빚을 갚으려면 혼자 벌어서는 갚을 길이 없었다. 나는 그곳에서 직장을 다니는 지금의 아내를 만났다. 나는 결혼 전에 친구 보증 사고를 아내에게 비밀로 했다. 결혼 전 아내에게 말하면 떠나가 버릴 것 같았다.

결혼 후 형님이 마련해준 작은 주공 아파트 전셋집에서 우리 부부는 신혼을 시작했다. 나는 결혼한 다음 더 이상 비밀로 숨겨둘 수 없어 아내에게 보증 빚을 자초지종 말했고 아내는 결혼 전 왜 그런 이야기를 하지 않았느냐고 나를 몹시 탓했다. 나는 아내에게 잘못을 빌고 용서를 구했다. 높은 이자가 자꾸 불어 빚이 늘어나니 은행에서 대출해 우선 보증 빚부터 갚자고 애원했다. 아내는 나를 원망하고 타박하다가 어쩔 수 없다는 듯 그리하라고 했다. 나는 은행에서 큰돈을 빌려 우선 보증 빚을 갚았다.

결혼 당시(1990년) 내 월급은 얼추 오십만 원 정도였는데 매월 삼십만 원 가량을 보증 빚 대출금으로 갚고 나면 혼자 월급으로는 생활할 수가 없었다. 그나마 아내가 벌어 오기에 그럭저럭 생활을 꾸려갈 수 있었다. 아내와 나는 꼬박 삼 년 넘게 갚아 나갔는데 월급의 삼분의 이를 매월 갚을 때마다 몹시 화가 났고 아내와는 그 일로 월급날 마다 다투었다. 다툼이 있을 때마다 아내는 이럴 줄 알았다면 당신과 결혼하지 않았다며 후회했다. 나는 아내한테 꿈은 못 줄망정 실망만 준 것 같아 늘 미안하고 죄스러웠다.

세월은 흘렀고, 나는 친구가 아직도 가난하려니 생각했다. 그런데 친구는 철물 사업을 하여 성공했고 튼실한 중소기업을 이루었다. 좋은 차도 타고 골프도 치고…. 나는 그를 찾아갔고 그동안 내가 받은 고통과 가정사의 어려움을 이야기하면서 지난 빚을 청산하자고 했다. 그는 사업도 잘된다며 곧 갚아주겠다고 흔쾌히 약속했다. 하지만 약속은 이 핑계 저 핑계를 대면서 지키지 않고 있고 꽤 많은 시간이 흘렀음에도 매번 어렵다며 정리해줄 기미를 보이지 않는다.

약속을 이리 저리 회피하는 친구와는 달리 나는 지인이 들려준 일화가 몹시 부러웠다. 이십여 년 전 지인은 친한 친구가 사업실패로 돈을 빌려 달라 해 형편 되는 대로 마련해 빌려주었단다. 지인은 잊고 있었는데 근래 지인의 친구는 이제는 살만하다며 그 당시 빌린 돈에 이자와 고마움을 더 얹어 돈을 보내 왔더란다. 그러면서 이제야 갚게 되어 많이 미안하다며 용서를 구하더란다. 정직한 지인의 친구 이야기를 들으면서 내 친구는 왜 그러지 못할까 섭섭함이 밀려왔고 지인이 몹시 부러웠고 지인의 친구가 존경스러웠다.

아직도 차일피일 미루며 해결 기미를 보이지 않는 친구가 때로는 야속하고 가슴속 응어리 되어 짓누른다. 하지만 나는 친구가 어릴 적 죽마고우이기 때문에 우정을 생각해서라도 언젠가는 기필코 청산해 주리라는 믿음 속에 살고 있다. 그날이 언제일지는 모르겠지만….

사랑하는 아내와의 만남

　살면서 평생 같이 할 반려자를 만나는 것은 인생에서 가장 중요한 일이다. 삶에서 이보다 중요한 선택이 또 있을까. '싸움터에 나갈 때는 한 번 기도하고, 바다를 나갈 때는 두 번 기도하고, 결혼할 때는 세 번 기도하라.'는 서양 속담이 있듯이 결혼은 인생에 행, 불행을 가져오는 가장 중요한 문제이므로 신중하게 결정해야 한다는 의미일 것이다.
　이십 대 후반에 접어들자 고향 친구들은 하나둘 결혼했다. 우인대표로 참석해 친구 결혼을 축하하면서 나 또한 결혼 적령기임을 느끼기 시작했다. 서른이 넘어가자 고독한 방에 있을 때는 외로움이 밀려오는 시간이 차츰 많아졌다. 겨울로 접어드는 어느 늦은 밤, 숙소인 이층 옥외계단을 오르면서 하늘을 쳐다보았다. 구름 한 점 없는 하늘에 둥근 달이 휘영청 떠 있는데 그 달을 보는 순간 혼자라는 외로움이 사무치게 밀려왔다.
　스물아홉 살 때까지만 해도 '결혼 천천히 하지 뭐.' 바쁠 게 없다는 생각이었다. 신정동 숙소의 주인아주머니는 조카를 소개해주며 서로 교제토록 주선해 주었으나 깊은 교제로 발전하지 않았다. 다시 교회 다니는 아가씨를 소개해 주었지만, 결혼 생각이 절박하지 않던 나는 사랑이 뜨거워지지가 않았다. 세 번의 소개에도 반응이 신통치 않자 주인집 아주머니는 포기하고 더는 소개를 하지 않았다. 결혼은 간절해야 하는데 무덤덤한 내 가슴에는 결혼을 전제로 한 교제가 싹 틀리 없었다.

 그랬던 내가 삼십 대에 접어들자 달을 보고 외로움을 느끼고, 친구의 결혼을 보면서 가정을 갖고 싶다는 생각이 들기 시작했다. 또한, 명절 때 큰집에 가면 형제들은 이제는 더 늦기 전에 결혼해야 한다면서 빨리 반려자를 구해보라고 덕담 아닌 재촉을 했다. 나는 사귀고 있던 여인이 없었기에 작은누님, 외숙, 친척, 동료, 교인들이 선을 보라며 여러 여인을 소개해 주었다. 방송국 인형극 소품 담당자, 교사, 미용사, 직장인, 교인, 공무원… 등 많은 규수와 선을 보았으나 인연이란 묘해서 내가 좋다 하면 상대가 싫다 하고, 상대가 좋다 하면 내가 마음에 차지 않아 인연이 쉽게 맺어지지 않았다. 짝을 찾기가 어려워지자 맞선을 보는 것도 지쳐갔다. 텅 빈 방에 홀로 있을 때면 오만 잡념이 밀려오고 외로움과 무력감은 깊어만 갔다.

 맞선을 보지만 짝을 찾기도 어렵고, 식당을 전전하는 불규칙한 식사와 과음, 그리고 친구 보증 사고로 시름이 깊어지자 건강이 다시 나빠졌다. 나는 예전에 다니던 요가원을 다시 찾았다. 이번에는 단식으로 몸속 노폐물과 독소를 빼내 신체기능을 회복시키고 싶었다. 일주일 단식을 두 번 했는데 무모한 단식으로 건강만 잃을 뻔했다. 한번은 단식 중에 나이트클럽 가자는 친구를 따라가 술을 마시고 밤늦게까지 놀았다. 술 마신 뒷날, 아침 비상소집이 있었고 일찍 출근해 열을 지어 광장에 서 있는데 몸이 몹시 괴로우면서 식은땀이 나 쓰러질 뻔했다. 단식 후에는 묽은 죽부터 시작해 차츰 밥으로 높여가는 보식을 잘해야 하는데 나는 참을성이 없는데다 누가 식단을 챙겨줄 사람도 없어 시장에서 달달한 약밥을 사다 욕심껏 먹는 무모한 보식으로 되레 건강을 해치기도 했다.

어느 늦은 가을날, 나는 요가원에 일찍 가 대기실 소파에 앉아 있었다. 그때 다소곳한 아가씨 한명이 조심스럽게 문을 열고 그곳을 찾아왔다. 그녀는 요가 선생에게 어깨가 아프다며 건강을 추스르려고 왔다고 했다. 그녀가 요가원 등록을 하고 그녀와 함께 나는 요가를 하게 되었다.

요가를 마치면 회원들끼리 녹차를 마시면서 이런저런 이야기를 나누곤 했는데 그녀는 늘 잔잔한 예쁜 미소를 띠었고 말이 별로 없었다. 얼마의 시간이 지난 뒤 요가 선생은 "저 아가씨 여상 교사래요. 용기를 내어 교제해보세요." 살며시 내게 이야기해 주었다. 간혹 요가가 끝나면 시간이 나는 사람끼리 저녁 식사를 하곤 했는데, 그럴 때면 그녀도 동참했고 온화한 미소를 짓는 그녀의 모습은 편안하고 순수해 보였다.

한번은 요가원 사람끼리 신불산 등산을 갔다. 빛바랜 억새가 일렁이는 신불산의 늦가을은 만추의 쓸쓸함과 편안한 휴식을 주었다. 정상에서 비껴나 옴팡진 바위 아래서 먹는 점심은 시장기가 주는 최고의 밥상이었다. 영취산을 거쳐 통도사 쪽으로 내려온 우리는 해가 뉘엿뉘엿 넘어갈 즈음 등산을 마무리하려 했다. 종착점이 얼마 남지 않자 넓고 평평한 길이 나왔고 나는 그녀 옆으로 가 보조를 맞췄다. 그녀와 자연스레 이런저런 이야기를 나누다가 내가 종교가 무어냐고 물었고 그녀는 불교라 했다. 같이 갔던 요가원 남자 동료는 "저 누님 참해 보여요. 형님이 저 누님과 결혼했으며 좋겠어요." 나에게 살며시 말했다. "나도 그리 생각해. 그리 되었으면 좋겠다는 생각이야."라고 답했다.

신불산을 갔다 온 뒤, 나는 그녀에게 일요일 둘이만 문수산 등산을 하자고 속삭였다. 문수산은 내가 외롭거나 마음이 우울할 때면 숲 속에서 책을 읽고, 마음의 치유를 받곤 했던 산이다. 일요일 둘은 김밥을 싸서 함께 등산했다. 그때만 해도 지금처럼 등산로가 잘 나 있지 않은 희미한 산길이었다. 내가 앞장서고 몇 발자국 뒤 그녀가 뒤따랐다. 칡넝쿨이 이리저리 뒤엉켜 있는 지점을 지날 즈음 꽃뱀 한마리가 나와 그녀 사이를 갑자기 휙 지나갔다. 그녀는 깜짝 놀라며 "엄마야!" 하면서 내게 와락 안겼다. 나 또한, 놀라며 그녀를 껴안았다. 뱀은 지나갔고 부둥켜안고 있던 둘은 멋쩍은 듯 웃으면서 떨어졌다. 서로가 쑥스러워하며 웃다가 다시 이런저런 이야기를 나누며 정상을 거쳐 무사히 등반을 마쳤다.

이후 우리는 서로 연락을 하면서 교제했다. 옥교동에 있는 그랜드 호텔(지금 롯데시네마 자리) 스카이라운지에서 태화강과 도심야경을 관람하면서 분위기 있는 식사를 하고 서로 교감의 눈빛을 주고받았다. 나는 그녀로부터 작은 오빠가 서울대 교수로 재직하다가 반년 전 담석 암으로 하늘나라로 갔다는 이야기를 들었다. 아직도 그녀가 슬프고 아파하는 모습에서 내 마음도 애잔해 왔다. 작은 오빠는 막내동생인 그녀를 무척 사랑했단다. 물리학 분야에서는 국가의 소중한 인재였던 오빠가 짧은 생을 마감해 그녀는 아직도 안타까워하고 가슴 아파했다.

나는 총각 시절 혼자 있는 숙소에 오면 양말을 아무렇게 벗어 던지고 옷도 정리 정돈을 잘하지 않는 깔끔치 못한 성격이었다. 한번은 그녀가 낮 시간에 야음동 주택가에 있는 내 숙소를 방문했다. 그곳은 오랫동안 빨지 않은 양말이 이곳저곳 구석에 박혀 있고 방 곳곳에 먼지가 쌓였으며 이불은 아무렇게나 너저분했다. 그녀는 나보고 생긴 것은 깔끔해 보이는데 청결치 못한 것 같다고 핀잔(?)했다. 깔끔한 그녀는 그대로 두고

만 있을 수 없었던지 방 청소와 양말을 세탁해주고 자기 숙소로 돌아갔다.

둘은 서로 마음을 주고받으며 교제가 무르익어 갔고 나는 그녀에게 결혼 하자고 프러포즈를 했다. 건축사가 되어서 돈을 많이 벌어 언덕 위에 하얀 집 짓고(?) 그녀를 오래토록 사랑하면서 행복하게 살겠다고 약속했다. 그녀도 나의 결혼 프러포즈를 받아주었다. 우리는 신성한 결혼 때까지 절제 있는 행동으로 정결을 지켜가자고 약속했다.

둘은 동갑이었고 해를 넘기지 말고 결혼식을 올리자고 했다. 부산 동래 00호텔 내 한정식 식당에서 양가 상견례를 했는데 우리 쪽에서는 부산 외숙 내외, 큰형님 내외, 작은형님 내외가 참석했다. 그녀 쪽에서는 어머니, 오빠 내외, 두 언니 내외가 참석했다. 양가 가족과 친지들은 결혼 당사자를 흡족해하면서 축하해 주었다.

그렇게 나는 가장 중요한 인생의 길목에서 지금의 아내를 선택해 새로운 동반자의 길을 걸어가려 했다. 결혼은 한 가정을 이루는 현실이기에 비록 가진 돈은 없을지라도 둘이 맞벌이하면 큰 부족을 모르면서 살수 있겠다 싶었다. 한 살림 두 살림 모으는 재미를 느끼면서 살아가자고 했다.

드디어 내 인생에 하늘이 맺어준 반려자를 만났고 그녀를 맞을 준비를 했다. 나는 지금까지 살아온 삶보다 지금부터 살아갈 삶이 훨씬 중요하게 펼쳐지고 있었고, 짝을 이루어 진정한 인생길을 뚜벅뚜벅 걸어갈 출발점에 서 있었다.

결혼과 신혼여행

양가 집안 상견례 후 결혼식은 빠르게 진행되었다. 동갑이던 나와 아내는 해를 넘기지 않으려 했다. 드디어 1990년 12월 30일 결혼 날짜가 정해졌다. 결혼 날짜가 잡히자 나는 퇴근 후 아내와 함께 살림 가구를 보러 다니고, 반지, 목걸이, 시계 같은 결혼 예물을 준비하러 다녔다. 내가 낄 반지는 금반지 가운데 작은 다이아몬드가 박힌 반지였는데, 결혼식 때 낀 반지를 평생 끼고 다닌다. 결혼식 예복도 맞추고 우리가 살 집을 구하러 다녔다.

아내는 어느 날 직장으로 전화해 야음 주공 아파트 전세가 나왔는데 같이 가자고 했다. 함께 간 곳은 신선산 아래 야음주공아파트 43동 406호로 5층 건물에 4층 집이었는데 방 두 개에 작은 거실이 있는 17평의 소담한 아파트였다. 집주인은 회사 사택에 살아 전세를 놓게 되었다고 말했고, 전세가 비싸지 않아 우리는 신혼집으로 결정했다.

아파트 도배를 다시 한 다음 장롱, 냉장고, 세탁기 등 신혼살림을 들였다. 텔레비전은 아내가 시청하던 것을 당분간 사용키로 했다. 신혼살림이 하나씩 갖추어지고 우리는 새로운 출발에 들떠 있었다. 나머지 부족한 살림은 살아가면서 하나씩 모아가자고 했다.

드디어 12월 30일 결혼식 날이었다. 나는 아침에 형님 집 인근 이발소에서 머리 손질을 하고 예복을 입고 루비색 넥타이를 맸다. 거울 속 나는 기쁨에 차있었다. 가족 모두가 예식 시간에 맞추어 형님 집을 나서 부산구 고속버스 터미널 뒤에 있던 한마음 예식장으로 향했다. 예식 시간이 가까워오자 양가 친척과 하객이 많이 참석했다. 축의금 접수하는 곳은 바쁘고, 혼주는 오는 손님에게 감사 인사를 했다. 나는 신랑 대기실에 있고 하얀 면사포를 쓴 아내는 신부대기실에서 천사 같은 모습으로 식을 기다리고 있었다. 결혼식을 주관하는 주례는 큰처남과 친분이 두터운 장학관이었다.

식이 시작되었다. 신랑 쪽 혼주석은 큰형님과 큰형수가 앉고 신부 쪽은 장모님이 앉았다. 축하 박수를 받으며 내가 먼저 씩씩하게 입장했고 양가 어른들께 절을 올린 후 정중앙에 섰다. 조금 있으니 바그너 결혼행진곡에 맞추어 아내는 큰처남 손을 맞잡고 백합 같은 모습으로 입장했다. 처남은 예식 앞단까지 와서 내게 신부를 넘겨주고 장모님과 함께 혼주석에 앉았다.

주례는 나와 아내에게 "신랑 서상호 군과 신부 김영순 양은 어떠한 경우라도 항시 사랑하고 존중하며 어른을 공경하고 진실한 남편과 아내로서 도리를 다할 것을 맹세합니까?" 혼인 서약을 물었다. 나는 씩씩하고 큰 소리로 "예"라고 했고, 아내는 정숙하고 낮은 소리로 "예" 했다. 그런 다음 주례는 "신랑 서상호 군과 신부 김영순 양은 그 일가친척과 친지를 모신 자리에서 일생동안 고락을 함께할 부부가 되기를 굳게 맹세하였습니다. 이에 주례는 이 혼인이 원만하게 이루어진 것을 여러분 앞에 엄숙하게 선언합니다." 성혼선언문을 선포했다. 다음으로 아내의 제

자인 울산여상 학생의 합창으로 아름다운 축가가 불러지고…. 그 다음은 나와 아내는 팔짱을 끼고 주례의 결혼행진 구호에 따라 멘델스존 결혼 행진곡이 흐르는 가운데 예식장 후미까지 부부로서 첫 출발을 알리는 행진을 했다. 양가 친지와 친구, 여러 하객의 진심 어린 축하를 받으며 치른 결혼식이었다. 가족사진과 우인대표 사진촬영이 있었다. 가족사진을 찍으려는 순간 처가 쪽 친지로부터 "신랑 착하고 야무지게 생겼구나!" 우스갯말이 흘러나와 모두가 웃고…. 아내가 던진 부케는 가장 친한 친구가 받았다.

폐백이 이어졌다. 신랑인 나는 사모관대를 하고 신부인 아내는 족두리에 활옷을 입었다. 전통 관례에 따라 양가 어른께 술을 올리고 정중히 절을 했다. 양가 어른들은 자손 번영을 의미하는 밤과 대추를 아내의 치마에 흠씬 던져주었다. 또한, 신혼여행지에서 행복한 시간을 보내라며 여비가 든 봉투를 우리에게 전해주었다. 양가 인사가 있고 결혼식은 약 1시간 30분 남짓 걸려 마쳤다. 나와 아내는 폐백 옷을 신혼여행 복장으로 갈아입고 친지들이 있는 피로연 자리로 가 결혼식에 와주신데 대해 고마움과 신혼여행을 잘 다녀오겠다는 인사를 건넸다.

나와 아내는 별도로 준비된 승용차에 탑승하여 제주도 신혼여행을 떠나기 위해 김해 공항으로 향했다(그 당시는 대부분 제주도로 신혼여행을 감). 비행기 승객은 대부분 신혼부부였다. 제주도에 도착해 대기한 버스로 파라다이스 호텔에 여장을 풀었다. 3층으로 된 호텔의 중정에는 야자수 나무가 있고 붉은 기와지붕을 한 고풍스러운 프로방스 건물형태의 고급 리조트 호텔이었다. 여행사가 마련한 신혼여행 일정은 2박 3일이었지만, 우리 부부는 1박을 더해 3박 4일로 잡았다. 신혼여행은 두둑한 여비에 사랑하는 연인과 고급호텔에서 잘 수 있어 인생에서 가장 환희로 가득 차는 행복한 여행이지 싶었다.

　신혼여행 첫날, 여행사에서는 신혼부부가 둘만의 꿈결 같은 시간을 갖도록 달콤한 화이트 와인을 준비해 주었다. 오붓한 식사를 한 다음 나와 아내는 피로를 풀어줄 호텔 숙소에 들었다. 침대 시트는 정결한 신혼부부의 사랑을 다 담아내려는 듯 순백으로 드리워져 있다. 아내는 정결했고 '사랑하는 아내를 내 평생 지키리라.' 나는 마음속 다짐을 했다.

　그렇게 신혼의 밤을 보낸 우리는 이튿날 여행계획에 맞춰 아침 식사를 하고 관광버스에 올랐다. 같은 호텔에서 잠을 잔 다른 신혼부부도 첫날밤 사랑이 준 여운으로 밝고 행복한 모습이었다.

　관광버스는 서귀포 중문 관광단지, 여미지 식물원, 민속촌, 천지연폭포, 대포 주상절리, 성산 일출봉, 섭지코지, 귤 농원 등 유명 관광지를 들렀다. 천지연폭포 가는 길에서 나는 아내와 돌하르방 코를 만지면서 아들 낳기를 기원했고, 귤 농원에서는 아내가 탐스러운 귤 따는 모습을 카메라에 담았다. 민속촌 도넛 같은 형태의 조각에서는 둘이 얼굴을 내밀고 행복한 모습으로 사진을 찍었다. 성산 일출봉에서는 태어나 처음으로 제주 조랑말을 타보았다. 그곳 잔디밭에서는 관광버스에 함께 탄 신혼부부가 두 줄로 길게 서서는 순서대로 한 쌍의 신혼부부가 지날 때마다 하이파이브식의 손뼉을 마주쳐 주며 행복한 결혼을 축하해 주었다. 호텔로 돌아와 저녁 식사를 마친 다음 호텔 연회장에서는 부부가 가슴에 풍선을 놓고 터트리는 게임과 여러 재미나는 놀이를 하면서 즐거운 시간을 보냈다. 그렇게 2박 3일 간의 즐겁고 행복한 신혼여행은 짧게 느껴졌고 각자 신혼집으로 떠나갔다.

　나와 아내는 하루 더 제주도에 머물면서 둘만의 한라산 등산을 했다. 우리는 어리목 코스를 택했다. 매표소를 지나자 신혼여행을 축하해 주듯 산은 온통 흰 눈으로 덮여있었다. 빨간 등산복을 입은 아내는 흰 눈과 색조의 조화를 이루어 아름다웠고, 눈길을 걷는 둘은 마냥 평온하고 행복했다. 흰 눈 같은 미소로 웃는 아내는 더없이 평화로웠고 둘은 걸으면서 행복하게 살자고 다짐했다. 아내와 나는 해가 지기 전 호텔로 돌아와야 하였기에 산 중턱쯤에서 되돌아와야 했다, 마지막 밤을 행복하게 보낸 다음 우리는 신혼여행을 마치고 제주도를 출발해 김해 공항에 도착했다.

그 길로 처가가 있는 고성 어신리 산북마을로 향했다. 마산까지 버스를 타고 간 우리는 그곳에서 택시를 타고 산북마을까지 갔다. 비포장도로는 울퉁불퉁했고 어둠 속 적막한 산길 도로는 무서웠다. 처음 가보는 처가 길은 무척 멀었다. 밤 여덟 시 정도 처가에 도착하자 모든 친지가 모였다가 우리를 따뜻하게 맞아주었다. 처가마을은 같은 성씨가 모여 사는 집성촌이었는데 큰처형이 친척 관계를 소개했지만 누가 누군지 도통 알 수가 없었다. 발바닥을 때리는 짓궂은 장난이 은근히 걱정되었으나 처가에서는 그런 장난은 하지 않았다. 아랫집에 사는 아내의 작은어머니 한 분이 우리를 보고 말했다.

"저런 좋은 신랑을 만날라고 영순 이가 지금까지 시집 안 가고 있었던 가베!"

그 말에 모두 웃었고 내 기분은 으쓱했다. 그날 밤 나와 아내는 작은 방에 별도로 마련된 새 이불에서 처갓집 신혼 밤을 보냈다. 아침이 되자 부엌과 마당이 부산스러웠다. 맛 나는 음식을 만들고, 마당을 쓸고, 군불을 지피고 햇살이 비쳐오는 처갓집 분위기는 밝았다.

아침 식사를 한 아내는 한복을 곱게 차려입고 바닷가까지 산책하자고 했다. 오솔길을 걷는 도중 아내는 밝고 온화한 미소를 내게 보내주었고, 그 모습은 한 마리 학처럼 우아했다. 나 또한 맑은 공기와 주변 산이 주는 따뜻한 시골 정서가 무척이나 좋았다. 아내는 바닷가에 가서 어릴 적 바지락 캐던 이야기와 앞섬이 임진왜란 때 당항포 해전과 관련 있는 소풀섬이라는 이야기를 내게 들려주었다.

첫 처갓집 나들이에서 이틀간의 기쁘고 행복한 시간을 보낸 다음 큰형님 집으로 향했다. 큰형님 댁에 도착했을 때 두 누님이 우리를 맞았다. "네 각시 인상이 참! 좋구나! 어쩌면 저렇게 얌전하고 착하게 생겼담." 아내를 흡족히 칭찬했다. 형님 집에서 하루를 유한 후 우리는 결혼 관련 행사를 모두 마치고 신혼집이 있는 울산으로 돌아왔다.

결혼 휴가가 끝나갈 무렵 감기몸살이 찾아왔다. 결혼식 준비로 바쁘고 긴장했던 마음과 신혼여행지에서 이곳저곳 다니면서 찬바람을 쐰 여파였다. 감기는 휴가를 마치는 일요일 밤 가장 심했다. 밤새 끙끙 앓던 나는 첫 출근을 할 수 없을 정도로 몸 상태가 나빠서 부득이 병결을 내고 하루 더 집에서 안정을 취했다. 그다음 날 출근했을 때 동료는 "밤마다 무리했구먼! 앞으로도 시간이 많은데." 하면서 농담을 건넸다.

그렇게 새 출발하는 결혼식과 달콤한 신혼여행과 휴가가 끝나고 나는 다시 일상으로 복귀했다. 이제부터는 혼자가 아닌 둘, 한 가정을 책임져야 하는 가장으로서, 사랑하면서 부부로 살아가야 하는 인생의 먼 항해가 시작된 것이다.

레몬향기 가득한 신혼 생활

　하늘의 인연으로 만난 두 남녀, 가족 친지의 축복 속에 결혼식을 올린 신혼부부는 희망에 부푼 새 출발을 하게 된다. 사랑으로 물든 신혼집은 레몬 향기로 가득하고 깨가 쏟아지는 행복한 시간이 찾아든다.
　인디언의 '두 사람'이라는 시 하나가 생각난다. 〈이제 두 사람은 비를 맞지 않으리라 / 서로가 서로에게 지붕이 되어 줄 테니까 / 이제 두 사람은 춥지 않으리라 / 서로가 서로에게 따뜻함이 될 테니까 / 이제 두 사람은 더 이상 외롭지 않으리라 / 서로가 서로에게 동행이 될 테니까 / 이제 두 사람 앞에는 / 오직 하나의 인생만이 있으리라 / 이제 그대들의 집으로 들어가라 / 함께 하는 날들 속으로 들어가라 / 대지 위에서 그대들은 / 오랫동안 행복하리라.〉 새 출발하는 신혼부부는 인디언의 시어처럼 서로가 지붕이 되고 따뜻함이 되고 동행이 되어 행복한 나날을 꿈꾸며 험난한 인생의 바다를 향해 고동을 울리게 된다.
　나 또한 그랬다. 아내와 나는 늦깎이 신혼 출발이었지만, 서로가 나누는 사랑 속에서 행복을 꿈꾸었다. 우리의 신혼도 여느 부부처럼 달콤하고 향기로웠다. 아내는 퇴근 시간이 되면 "상호씨 보고 싶어요! 빨리 와요!" 하는 달콤한 전화가 걸려왔다. "영순씨! 나도 마찬가지야. 곧 갈게!"하고는 퇴근 후 아내 곁으로 곧장 향했다. 그녀는 찌개를 보글보글 끓여 놓고 내가 오기를 기다렸다. 맛있는 찌개를 놓고 둘이서 먹는 오붓한 식사는 달콤했고 마음은 기쁨으로 차올랐다. 서로 나누는 대화 속에는 내 아내, 내 남편이 최고라며 칭찬하고 용기를 북돋워 주고 자존감을 높여주었다. 총각 때 꿈꾸었던 행복한 결혼생활은 현실이 되었다. 싱글일 때 가슴을 저미어 오던 외로움과 고독은 수평선 너머로 구름이 사라지듯 멀리 사라졌다. 순수하고 착한 예쁜 아내와 함께하는 신혼 초의 생활은 레몬 향기로 가득했다.

결혼 후 한 달이 지날 즈음 본가 형제와 친척을 초청하여 신혼 집들이를 했다. 연세 많은 장모와 부산 처형이 와 음식 조리를 도왔고 사돈끼리 수고한다며 격려와 따뜻한 정을 주고받았다. 술과 생선회를 곁들인 가족 식사는 즐겁고 맛 나는 오찬이었다. 형제와 친척은 건배 잔을 들고 우리의 새 출발을 진심으로 축하해 주었다. 친가 쪽 형님 누님, 친척은 아내보고 인상 좋은 착한 여인이라며 칭찬을 아끼지 않았다. 나보고는 좋은 색시를 아내로 맞이했다며 동생은 좋겠다고 부러워했다. 본가 집들이 행사를 마친 다음에는 처가 쪽 형제와 친척을 초청해 같은 형태의 행사를 치렀고, 늦깎이 결혼이지만 행복해 보인다며 진심으로 축복해 주었다.

그렇게 집들이도 하고 차츰 신혼생활이 정착되어 갔다. 우리는 의논하여 아내의 출근을 도울 작은 승용차(프라이드)를 한 대 구매했다. 나는 가장 빠른 마을 안길을 곡예 운전하여 아내의 직장인 울산여상에 내려주고 남구청으로 출근했다. 차 안에서 서로 이야기를 나누며 가는 출근길은 도란도란 이야기 향기로 가득 찼다.

신혼 초 승용차와 관련하여 아내에게 미안한 에피소드 하나가 있다. 아내는 대입 수능시험 날 감독관으로 차출되었다. 학생들보다 빨리 고사장에 도착해 감독 준비를 해야 했다. 그러려면 다른 날보다 집을 일찍 나서야 했다. 나는 그것도 모른 채 아내에게 말도 없이 차를 운전해 아침 운동을 하러갔다. 아내는 내가 집 어딘가에 있고 당연히 태워주는 줄 알고 출발 시각에 맞추어 출근 준비를 했다. 아내가 집을 나서면서 나를 찾았지만, 보이지 않자 아내는 당황했고 택시 정류장으로 가 택시를 타려고 했으나 오지 않아 애를 태웠다. 감독관 입실 시간에 늦지 않기 위해 아내는 발을 동동 굴렀다. 마침 그때 경찰 순찰차가 지나가자 차를 세우고 도움을 요청했고, 경광등을 울리며 달려가 겨우 제시간에 도착할 수 있었단다. 아내는 그제야 한숨을 돌렸고 수능 감독을 무사히 마칠 수 있었다. 그날 감독을 마치고 귀가한 아내는 나에게 서운함을 표시했다. 남편이 배려 없고 아내를 아끼려는 마음이 부족하다며 실망감을 내비쳤다. 나는 몰라서 생긴 일이라며 정중히 사과했고, 좀 더 아내를 아끼고 배려하면서 살아야겠다고 마음을 다잡았다.

우리가 사는 신혼집은 17평의 작은 전셋집이어서 샤워나 목욕시설이 제대로 갖춰 있지 않았다. 부엌 옆 작은 다용도실에 세면장과 화장실이 있었는데 샤워시설이 제대로 갖추어지지 않아 나는 매일 샤워하는 것을 꺼렸다. 아내는 총각 때 비위생적 습관(?)이 되살아났다며 매일 샤워하지 않는 나를 타박했다. 나는 그럴 때마다 샤워시설이 갖추어진 우리 집이 생기면 매일 샤워도 하고 완벽한 청결 생활을 하겠다며 얼버무리고 요령을 피웠다. 그런 나를 청결주의자인 아내는 못마땅해 했다.

신혼 생활도 초여름이 지나가고 있었다. 서울대 교수로 재직하다가 암으로 죽음을 맞이한 작은처남 첫 제사가 돌아왔다. 나와 아내는 고속

버스를 타고 처수와 어린 조카가 있는 서울대학교 사택으로 향했다. 대전을 지날 즈음 아내는 극심한 복통을 호소했고 가장 가까운 휴게소를 들러 간신히 급한 근심을 해결했다. 서울 도착해서도 미리 불안한 근심을 해결하고 택시를 탔는데, 아내에게 재차 복통이 찾아왔고 힘든 아내는 내 어깨에 기댔다. 그런 아내를 난 따뜻하게 감싸주지 못하고 기사가 쳐다본다며 바로 앉아 가자고 말했다.

처수 댁에 도착한 아내는 시간이 지나도 복통이 멈추지 않고 한기가 들고 몸살까지 하는 급성 식중독이었다. 약을 먹고, 사지를 따고 여러 조치를 한 다음 겨우 아내는 안정을 찾고 잠이 들었다. 아내는 가장 좋아했던 작은 오빠 제사도 제대로 보지 못하고 밤새 끙끙 앓으며 밤을 지새웠다. 이튿날이 되어서야 아내의 배앓이는 겨우 진정되었다. 아내는 택시 안에서 따뜻하게 감싸주지 못한 나의 몰인정을 두고두고 섭섭해했다.

아내와 나는 나이도 들어가는데 아이를 빨리 갖기를 원했다. 하지만 여섯 달이 지나도 감감무소식이었다. 진주 큰처형은 우리 부부를 걱정했고 전남 무안 ○○한약방이 아이 갖는 약을 잘 짓는다며 함께 약을 지으려 가자했다. 휴일 처형 내외와 우리 부부 총 네 명은 큰 동서 중고 승용차를 타고 전남 무안으로 향했다. 도착해서 아내의 맥을 짚어 보던 한약사는 자기가 처방한 약을 달여 먹으면 효과가 있을 거라며 여러 약재를 넣은 탕약을 지어주었다.

한약국에서 목포가 멀지 않아 그곳 특산물인 낙지회로 점심을 먹기로 했다. 목포로 가는 도중 올망졸망 섬들이 있는 서쪽 끝 바다는 정겨웠다. 맛있는 낙지회 식사 후 다시 고속도로를 따라 진주로 오는 길이었다. 하동을 지날 즈음 날은 어두워졌고 오르막에서 커다란 트레일러 한

대가 졸음운전을 하는지 우리가 타고 있는 차에 갑자기 접근해 자칫 커다란 충돌 사고가 날 뻔했다. 차 안에 타고 있던 우리는 아찔함을 느끼고 놀란 가슴을 쓸어냈다.

집에 무사히 도착해 며칠 후 택배로 보내온 한약 팩을 아내는 열심히 먹었다. 그래도 아이 소식이 늦자 작은 처형은 부산 OOO 산부인과가 아이 갖는 처방을 잘한다며 소개해 주었다. 아내는 바쁜 학교생활에도 짬을 내 부산까지 진료를 받으러 다녔다. 의사는 배란 촉진 처방하였고 그녀의 지시를 따르자 잉태 준비가 완성되었다. 나와 아내는 '건강하고 지혜와 복덕을 갖춘 총명한 아기가 태어나게 해주십시오!' 서로 두 손을 붙잡고 부처님과 하느님께 간절히 기도했다. 우리의 기도를 들어주신 것일까, 일주일 후 임신 양성반응이 나타났다. 1991년 9월, 나와 아내는 몹시 기뻐했고 계절은 가을로 접어들고 있었다.

신혼 시절 아내와 여러 행복 시간도 많았지만, 나의 잘못으로 경제적 힘듦을 준 게 아내에게 늘 미안하다. 내가 총각 때 저지른 친구 보증사고로 삼년동안 월급의 삼분의 이를 대출 상환금으로 지불했는데 월급날이면 그 일로 나와 아내는 다툼이 잦았다. 힘들어 하는 나를 딱하게 여기던 친척은 순수한 마음으로 돕고 싶다며 다단계 회사를 소개했다. 다단계 회사 관계자는 회원이 자꾸만 늘어나면 초기 투자자는 가만히 있어도 많은 이익 잉여금이 통장에 입금된다고 했다. 대출금을 갚아야 하는 우리는 돈을 많이 벌 수 있다는 유혹에 현혹되어 은행에서 꽤 큰돈을 다시 대출해 고가의 물건을 구입하고 다단계에 가입했다. 다단계 사기꾼은 처음 두서너 번은 이익 잉여금을 약속대로 입금해주었지만, 그 이후는 입금이 끊어졌고 얼마 안 있어 연락도 끊긴 채 회사는 사라지고 말았다.

이렇듯 신혼 초기 저축해야 할 돈을 이래저래 허방에 날려버려 많이 괴롭고 힘들었다. 내 잘못으로 아내를 자꾸만 힘들게 하는 것 같아 아내에게 늘 송구한 마음이었다.

이런 저런 일을 겪으며 신혼생활 일 년이 흘러가고 있었다. 우리의 신혼 생활은 인디언의 시처럼 서로 소중히 여기며 칭찬과 격려, 용기를 주기도 하고, 때로는 서운함을 내비치기도 했으며 보증 빚 상환과 다단계 사기로 경제적으로 힘든 시기를 보내기도 했다. 무엇보다도 우리 부부에게 큰 기쁨은 소중한 생명의 씨앗을 잉태한 일이었다.

큰아이의 탄생

　새 생명의 잉태는 신의 선택이자 축복이고 부부에게는 커다란 기쁨이다. 우리 부부가 간절히 바라던 아이는 아내의 아기 자리에 안정적으로 터를 잡았다. 아내는 수업 강의로 부족한 시간에도 건강한 잉태를 위해 부산 OOO 산부인과에 정기 검진을 다녔다. 아이가 건강하게 자라도록 양수 주사도 맞고 여러 임신 관련 검사도 했다. 아기를 가지면 하게 되는 입덧을 아내는 심하게 하지 않았다. 임신 초기를 순탄하게 넘기고 있었다.
　아이를 갖게 되자 아내는 신맛 나는 과일을 먹고 싶어 했고, 나는 과일 가게에서 귤과 자두 같은 과일을 사다 주었다. 아내는 배가 차츰 불러오자 개량 한복으로 된 임신복을 입었는데 아기를 가졌는지 구분이 잘 안 되었다. 혹시 유산이 될까봐 아내는 늘 조심했고 심한 일을 피하고 과도한 스트레스는 안 받으려 애를 썼다.
　아기가 뱃속에서 약 6개월이 지나는 어느 봄날이었다. 들과 산에는 꽃이 피고 새순이 돋는 일요일, 나와 아내는 건강을 위해 경주 남산을 등산했다. 아내는 멜빵이 달린 통 큰 청바지와 빨강 등산복 상의를 입었고 도시락을 싸서 통일전 뒤로 오르는 길을 택해 걸었다. 나는 아내가 힘들어할 때는 손을 잡아 이끌어주면서 쉬엄쉬엄 올랐다. 팔부능선쯤 언덕에 올라서자 경주 들판이 한눈에 내려다보였다. "와! 이 시원함이란! 탁 트이는 가슴이여!" 우리는 산 아래 펼쳐지는 광경을 감상하다가 옴팡진 바위 아래 앉아 집에서 만들어 온 김밥을 맛있게 먹었다. 이마에 맺혔던 땀방울은 불어오는 산들바람에 자취를 감추고, 건강하게 태어날 아기에 대해 도란도란 이야기를 나누었다. 산 위에서 그렇게 한 시간 가량의 식사를 하고 탁 트인 시야로 기분전환을 한 다음 나와 아내는 하산했다.

아내가 배가 더 불러 힘들어할 때면 고성 산북마을에 있던 연세 든 장모가 우리 집에 왔다. 올 때마다 쌀, 머위, 파, 상추…. 여러 가지 곡식과 채소를 잔뜩 가져 왔다. 장모는 아직 아이가 태어나기 전이라 이삼일 음식을 마련하고 집안일을 도와주고는 다시 시골집으로 돌아갔다.

아내는 만삭이 되었고 드디어 큰아이가 태어날 산달이 돌아왔다. 1992년 7월이었다. 나는 경상남도 교육원에 일주일간 교육명령을 받고 있었다. 교육을 받으면서도 이제나저제나 아이 탄생 소식이 오기를 기다렸다. 드디어 부산 작은 처형으로부터 연락이 왔다. 아내가 딸을 순산했고 아이와 산모는 건강하다고 말했다. 그 날은 7월 14일이었다.

나는 교육원 교무처에 하루 출산 휴가를 신청했다. 담당 계장은 자녀 출산에 남자가 무슨 휴가를 내느냐며 면박을 주었다. 그래도 나는 아이와 아내가 보고 싶어 휴가 처리를 해달라고 졸랐다. 휴가를 받아 울산으로 돌아온 나는 아내가 입원한 신정 시장 인근 모자 병원으로 향했다. 꽃을 사 들고 병원에 도착해 산기로 부은 얼굴로 누워있는 아내보고 고생했다고 위로를 건넸다. 아내는 부은 얼굴로 나를 보면서 살며시 미소

지었다.

　아내는 무통분만을 하였고 간호사는 산모, 아이 모두 건강하다고 말했다. 나는 부산처형과 함께 아기를 보러 보호실로 갔다. 맑은 유리 너머로 간호사가 아이를 안아 내게 보여주었다. 얼굴에 아기 주름을 한 큰 아이는 두 눈을 감고 입을 꼬물거렸다. 부산처형은 아기가 아빠를 닮았다고 말했다. 나는 그 이야기를 듣고 흐뭇해하며 입가에 미소를 지었다. 딸 탄생을 나는 마음속으로 무한히 축복했다.

　교육을 마치고 토요일 다시 병원을 찾았다. 아이는 인큐베이터에 있었다. 사유인즉 아기 황달이 와 인큐베이터에서 며칠간 치료를 해야 한다고 했다. 의사는 갓난아이들에게 흔히 있을 수 있는 병이라지만 걱정이 되었다. 아이는 의사의 처방을 받아 치료하자 금세 건강을 되찾았고 아내와 딸은 산후 일주일쯤 지나 퇴원을 했다. 집에 돌아온 아내와 아이는 에어컨도 없는 한여름 더위에 고생을 많이 했다. 장모가 와서 아내에게 미역국을 끓여주고 해산구완을 해주었다. 아내는 초유 통증을 호소했고, 장모는 따듯한 물수건으로 찜질을 도와주고 유축기로 젖몸살을 풀어주려 애썼다.

　아기는 더운 날씨에도 새록새록 잘 잤고, 엄마 젖을 먹으면서 건강하게 자랐다. 아내는 아이를 위해 육개월 육아 휴직을 냈고, 모유를 먹이면서 아이를 돌봤다. 모유를 먹으며 엄마의 사랑을 담뿍 받은 딸은 애태우는 일 없이 도담도담 잘 자라주었다. 아기일 때 큰아이는 이마가 튀어나오고 콧등이 오뚝했다. 자라면서 이마도 들어가고 콧등도 얼굴과 균형을 이루었지만….

　첫돌 잔치는 집에서 가족 친지와 함께했다. 장모는 아이 돌상을 차려놓고 삼신할머니에게 아이의 건강과 무탈을 빌었다. 색동옷을 입은 큰

아이는 돌상에 차려진 실과 연필 둘 다 잡았다. 그런 모습을 보면서 친척들은 "공부도 잘하고 오래 살란갑다." 하면서 돌잔치를 축복하며 건강하게 자라기를 기원했다. 첫돌 때 아이 얼굴에 도돌도돌한 열꽃이 피어 아내와 나를 애태웠다. 열꽃은 피었다가 없어졌다가 반복하다가 아이가 커 가면서 차츰 사라졌다.

아이가 두 살쯤 되었을 때, 아이를 돌봐주던 장모님이 농사일로 고성 시골에 가면 부득이 아파트 인근 아기 돌보미에게 아이를 맡겼다. 아침이면 우리 부부는 아이를 돌봐주는 아주머니 집에 맡기고 출근했다. 잘 돌봐주겠거니 생각했는데 아주머니는 시장갈 때나 친구를 만날 때는 장바구니 캐리어에 아이를 태우고 다닌다는 소문에 아이를 물건 취급하는 것 같아 속상했다.

맞벌이 부부인 우리는 아이 맡길 곳이 마땅치 않아 애를 먹었다. 나와 아내는 캐리어 아주머니에게 맡기는 게 도저히 안 되겠다 싶어 같은 아파트에 사는 착한 전업 주부에게 아이 돌봄을 부탁했다. 그 집 아이들은 쌍둥이 여자였는데 우리 아이보다 세 살 정도 많아 같이 놀아주기도 하고 잘 돌봐주겠거니 생각했다. 하루는 집에 인감도장을 가져와야 할 일이 있어 잠깐 들렀다. 아파트 일층 계단 입구에 놓인 세발자전거에 앉아 있는 큰아이는 무슨 연유인지 콧물로 범벅된 채 서럽게 울고 있었다. 아이를 안고 집에 데려와 눈물을 닦아주고 달랬다. 눈물을 닦아 주면서 제 엄마가 같이 있어주지 못하는 현실이 안타까워 서러운 마음이 목에 걸려왔다. 그날 저녁 아내와 그 이야기를 나누면서 둘은 몹시 속상해했다.

아이는 장모와 이모 외할머니(아이한테)가 서로 돌아가면서 돌봐 주기도 했는데 두 분이 시골로 돌아가면 아기 도우미를 불러 아이를 맡겼다. 아이가 무럭무럭 자라 네 살이 되었을 즈음, 아이 맡길 곳도 마뜩찮아 인근 영재유치원에 입학을 시켰다. 나와 아내는 아침 출근 때 유치원에 아이를 데려다주어야 했는데 유치원에 도착하면 아직 보육 선생님이 오지 않아 기다려야 했다. 직장 출근 시간은 다가오고 선생은 빨리 오지 않아 우리 부부는 애를 태우기도 했다. 선생님이 오면 그제야 아이를 딸려 보냈다. 그나마 유치원에서는 전문 선생님이 돌봐 준다 생각하니 다소 마음이 놓였다.

아이가 유치원에서 '엄마 닭'이라는 일인극을 배워와 또록또록 말하고 가르쳐준 행동을 정확하게 할 때는 귀엽고 예뻤다. 우리 부부는 흐뭇해하면서 한 번 더 하도록 했고 아이는 신이나 다시 했다. 그럴 때면 나와 아내는 잘했다고 칭찬하며 안아주었고 아이는 무척 행복해 했다. 또한, 아이는 휴일 집에 있을 때면 종이상자에 볼펜으로 그리고 오려 붙여 컴퓨터 모양 만들기를 즐겼는데 그 외에도 여러 가지 모형을 잘 만들었다. 그럴 때면 나는 놀라웠고 대견해 하며 칭찬해주었다.

한번은 의자 위에서 혼자 놀다가 의자가 기우뚱하면서 바닥에 손을 헛짚어 어깨 빗장뼈가 부러져 정형외과를 데리고 다녀야 했다. 생애 최초의 사고였고 깁스한 아이는 한동안 팔을 쓸 수가 없어 몹시 힘들어했다.

아이는 어릴 때 식성이 별나 밥보다 우유를 더 좋아했다. 하루에도 우유를 서너 잔씩 물마시듯 했는데 그러던 아이가 초등학교 입학을 하자 우유를 싫어하기 시작했다. 아이는 편식이 심했고 밥보다 라면을 좋아하는 식성으로 변해 갔다.

우리 부부는 큰아이를 데리고 경주 벚꽃 구경을 가 잔디밭에서 사진을 찍으며 즐거운 시간을 보내기도 하고, 아내 친구 부부와 경주 통일전으로 야유회를 가 아이와 즐겁게 놀아주기도 했다.

그렇게 큰아이는 엄마 품에서 자라고 아이의 외할머니와 이모 외할머니 보살핌, 주변 아기 도우미 돌봄, 유치원 입학을 거치면서 크게 애태우는 일 없이 잘 자라주었다. 아이가 기고, 서고, 걷고, 말하면서 성장하는 모습은 우리 부부에게 한없는 기쁨을 주었고, 나와 아내가 열심히 살아야 할 동기를 주었다. 어느 부부라도 우리처럼 아이의 성장과 재롱을 보면서 인생에서 가장 행복한 시간을 보내지 않았을까.

작은아이의 탄생

혼자는 외롭다. "우리가 죽고 나면 형제가 있어야 서로 의지가 되지 않겠어요. 큰아이의 동생을 만들어 줍시다." 아내는 나에게 나직이 말했다. 조실부모했던 내 경험으로도 형제인 형님이나 누님은 내게 용기와 사랑을 주어 험난한 세상을 살아가는 데 큰 힘이 되어 주었다. 나 또한 아내 생각처럼 큰아이에게 형제가 있어야 한다는 생각이었다. 우리 부부는 큰아이의 동생을 갖기로 결심했다.

아내는 큰아이를 가질 때와 마찬가지로 부산 OOO 산부인과에서 의사의 배란 촉진 처방을 받았다. 작은아이를 가져야 한다는 일념으로 큰아이 가질 때와 마찬가지로 바쁜 시간 중에도 부산까지 다녀오기를 마다하지 않았다. 1995년 5월경, 의사의 처방으로 작은아이의 잉태할 준비가 되었고 나와 아내는 기도했다. "지혜와 복덕을 가진 건강한 아이가 태어나도록 하여주옵소서!" 기도 후 일주일쯤 지나자 임신 양성 반응이 나타났다. 우리 부부는 그 결과를 보면서 큰아이 때와 마찬가지로 몹시 기뻐했고 아내는 의사로부터 작은아이의 잉태를 확인했다.

임신 육개월이 지날 즈음이었다. 우리 가족은 청도 운문사로 가을 나들이를 갔다. 아내는 큰아이를 가졌을 때 입었던 통 큰 청바지를 입었고 나와 큰아이는 가벼운 나들이 복을 입고 세 가족은 기분 좋은 출발을 했다. 주변 산하의 단풍이 절정을 지나 기울어 갈 즈음이었다. 운문사 뒷마당에서 큰 은행나무 아래 샛노란 은행잎을 밟으며 고적한 산사의 분위기와 깊어가는 가을을 만끽했다. 우리 부부는 은행나무 아래에 앉아 세 살이던 큰아이가 동그라미를 그리며 뛰어노는 재롱과 조막손으로 은행잎을 하늘에 날리는 모습에 행복해하며 즐거운 시간을 보냈다. 그러다가 아내와 나는 아이의 양팔을 잡고 발을 들어 올려 몇 발자국 가서 내려놓는 놀이를 하고 도란도란 이야기하면서 경내를 거닐었다.

그곳에서 시간을 보낸 다음 인근에 있는 운문호수를 둘러보자고 했다. 운문호를 따라 한적한 도로를 운전하다 운곡정사를 발견했다. 운곡정사는 운문 댐을 만들 때 수몰지역에 있던 사대부 집을 옮겨와 건립한 아름다운 한옥 건물이다. 우리 가족은 팔자 기와지붕을 한 운곡정사를 구경하고 싶었다. 한길 옆에 차를 세우고 언덕을 올라 눈앞에 펼쳐진 운문호를 바라보았다. 물결 이는 쪽빛 호수는 가슴을 시원하게 틔워주었고, 단풍과 어우러진 호수는 가을 운치를 더욱 깊게 했다.

그러다가 계단 위에 있는 운곡정사를 보려고 열린 대문으로 호기심 어린 눈을 들어 내부를 쳐다보려던 참이었다. 그 순간 큰 개 한 마리가 갑자기 나타나 컹컹 짖으면서 겁을 주었다. 나와 아내는 화들짝 놀랬고 몹시 놀란 아내를 부축했다. 아내는 어릴 때 개에 물린 기억으로 트라우마가 있었다. 그런 아내에게 큰 개가 갑자기 컹컹 짖어 대었으니 아내의 얼굴빛이 사색이 될 수밖에 없었다. 우리 가족은 급히 그곳을 벗어나 언덕 아래 차로 돌아왔다. 놀란 아내는 그때까지도 진정을 하지 못하고 힘들어했다. 한참을 있다가 겨우 안정을 찾았지만, 우리 부부는 뱃속 아이가 놀라지 않았을까 더 걱정이었다. 혹시 조산이 되면 어쩌나 불안했으나 다행히 그 이후에도 별 탈이 없었고 아이는 뱃속에서 건강하게 자라주었다.

　드디어 만삭이 된 아내는 산달이 도래했다. 1996년 3월, 목련이 피어나고 뭇 꽃들이 수런댔다. 아내는 출산일이 가까워 오자 신정동에 있는 OOO 산부인과에 입원했다. 나와 장모는 병원에서 출산 대기를 했다. 건강한 출산을 기원하며 대기 의자에서 나는 초조하게 기다렸다. 아내가 산실에 들어가고 한참의 시간이 흐른 다음 간호사가 우리 곁으로 와 아내가 자연분만으로 공주를 낳았고 모두 건강하다고 전해주었다. 그날은 1996년 3월 13일 오후 1시경이었다. 나는 아이의 탄생을 몹시 기뻐했고 감사의 기도를 했다. 큰아이 때와 마찬가지로 준비한 축하 꽃을 들고 아내가 누워있는 병실을 찾았고, 고생했다며 두 손을 잡고 격려했다.

　사흘 후 아내는 병원에서 아이와 함께 퇴원했다. 큰아이 때와 마찬가지로 연로한 장모가 아내의 산후 조리를 도왔다. 피를 맑게 한다는 미역국 끓이는 냄새는 구수했고, 아이의 울음소리는 바이올린 음처럼 청아했다. 아내는 이번에는 두 달간의 육아 휴직만 냈다. 내 집 마련을 위해 아파트 분양을 받은 처지라 부지런히 돈을 벌어 저축해야해 오랜 기간 휴직을 낼 입장이 아니었다. 삼월이라 덥지 않아 산후 조리하기는 좋았다. 엄마 품에 새록새록 잠든 갓난아이의 모습은 예쁘고 귀엽고 천진했다.

　육아 휴직이 끝나면 아내는 출근해야 할 형편이라 차츰 모유를 끊고 분유를 먹였다. 분유를 먹는 아이는 엄마의 사랑이 그립고 뭔가 부족했는지 엄지손가락을 빨기 시작했다. 늘 입안에서 엄지손가락을 넣고 빨다 보니 손가락이 허옇게 불었다. 아이는 제 손가락을 빨다가 소록소록 잠들고…. 그러한 손가락 빨기는 다섯 살까지 이어졌고 아이는 칭얼대거나 속 썩이는 일 없이 건강하게 잘 자랐다.

작은아이의 이름은 큰아이와 마찬가지로 한마음 선원 대행 큰스님이 작명해 준 서아리(徐我利)로 지었다. '나로 하여금 모두를 이롭게 한다.'는 깊은 뜻이 있는 이름이다. 한자로는 아름다운 이름이지만, 초등학교 다닐 때 친구들이 '병아리' 라는 별명을 부르거나 '아리 아리 아라리요 ♪.' 민요를 부르며 놀려 댈 때는 속상해했다.

태어난 지 일 년이 지나 돌 때는 색동옷을 입고 돌잔치를 했다. 큰아이 때처럼 가족 친지만을 집으로 초청해 조촐하게 치렀는데 아이는 돌상에 있는 실을 쥐었고 그 모습을 지켜보던 나와 아내, 친지는 "건강하게 오래 살란갑다." 하면서 웃음으로 축복했다.

장모는 아이가 어린이 집 갈 때까지 우리 부부를 대신해 돌봐주었다. 작은아이는 돌이 지나자 저의 할머니의 주름진 배 만지기를 몹시 좋아했다. 배를 만지며 손가락을 빨다 제 할머니 가슴에 안겨 잠들곤 했다. 제 할머니의 가슴은 아이에게는 우물 같은 깊은 사랑이 샘솟는 곳이었지 싶다. 장모 덕분에 맞벌이인 우리 부부는 아이의 양육을 걱정하지 않아도 되었다.

장모님은 작은아이의 남동생을 하나 더 낳았으면 하는 마음에 작은아이를 미장원에 데리고 가 남자처럼 깎아 오기도 했다, 하지만 우리 부부는 키울 걱정이 들어 더는 아이를 갖지 않았다. 아이는 편식도 없고 어떤 음식이든 맛있게 잘 먹었고 애태우는 일 없이 잘 자라 주었다.

작은아이가 아파트 인근 유치원에 다닐 때다. 나와 아내는 먼저 퇴근하는 사람이 유치원에서 아이를 데려 왔다. 내가 데리려 가면 하루 종일 엄마 아빠가 그리웠는지 아이는 나를 몹시 반가워했다. 아이는 "선생님

안녕히 계세요!" 헤어지는 인사를 했고, "하루 종일 수고 많았습니다. 감사합니다." 나는 유치원 원장에게 고마운 인사를 건넸다.

집에 오는 길은 아파트 단지 외부에 소방도로인 순환 도로가 약 150미터 있었는데 차량이 거의 다니지 않는 한적한 도로였다. 나는 그길로 오면서 아이를 운전대와 나 사이에 앉히고 아이가 핸들을 돌려보는 운전놀이를 했다. 나는 브레이크 밟을 준비를 항상 해 안전사고에 대비했다. 아이는 핸들을 이리저리 조금씩 돌려보면서 깔깔깔 좋아라 했다. 아이와 함께 즐거워하면서 집으로 돌아오는 귀가 시간은 무척이나 신났다.

작은아이의 탄생과 성장을 보면서 우리 부부는 가족에 대한 더 큰 책임감을 갖게 되었고, 더 열심히 살아야 한다는 사명감이 컸다. 훗날 가족으로 인해 울고, 웃고, 가슴 아파하고, 기뻐하는 일도 많았지만, 작은 아이의 탄생은 큰아이와 더불어 우리에게 무한한 축복이었고, 건강한 자람은 기쁨이었으며, 우리 부부가 열심히 살아갈 동기를 부여해 주었다.

4부

성실과
보람의 자취

서상호 자서전 | 인생은 강물처럼…

보금자리 마련의 기쁨

결혼하고 자녀가 태어나 가족이 늘어나면 누구나 자기 집을 갖고 싶은 욕망이 커진다. 특히 우리 국민은 주거와 가치상승 두 가지 목적을 생각하면서 집을 구한다. 시기를 놓치면 때로는 더 큰 비용을 지불해야 해 조금이라도 쌀 때 마련해 두려 한다. 자기 집을 소유하면 그제야 경제적 안정에 안착한 느낌이다. 그래서 부모는 자녀에게 절약하여 하루빨리 집부터 장만하라고 성화다. 사람들은 경제적으로 무리해서라도 대출을 받아 하루라도 빨리 분양받는 게 내 집 마련 지름길이라 생각하게 된다.

나의 경우도 마찬가지였다. 전세로 살던 야음 주공 아파트 43동 406호 17평의 작은 아파트는 두 아이가 태어나자 비좁았다. 장모가 시골서 오면 잘 곳이 부족해 노인임에도 좁다란 거실에서 잠을 청했다.

또한, 오래된 아파트라 여러 가지 시설이 미비했다. 5층 아파트는 엘리베이터가 없어 계단을 오르내려야 했는데 처갓집에서 채소나 쌀을 가져오면 어깨나 허리춤에 메고 4층 계단을 낑낑대며 올라야 했다. 샤워 시설도 갖추어져 있지 않아 몸 씻기도 불편했다. 시설 부족으로 자주 씻을 수 없던 우리 가족은 위생관리를 위해 종종 대중탕인 경주 온천을 들르곤 했다. 비좁고 시설이 열악한 아파트를 하루빨리 탈출하고 싶었다.

1992년, 정부가 내 집 마련을 위해 200만 호 건립을 강력하게 추진하는 시점이었다. 아파트 청약 광풍이 불었고 모두 내 집 마련에 혈안이 되어 있었다. 나와 아내도 집 마련 욕구가 차츰 커졌다, 그즈음 부산에 사는 작은 처형은 신문에 울산대 후문 근처에 아파트 분양 공고가 떴다며 청약 신청을 하라고 귀띔해 주었다. 분양 공고가 난 위치는 고속도로 진입이 가깝고 국도가 지나가는 관문이라 교통이 편리하고 인근에 울산대가 있어 면학 분위기도 좋았다. 당시 무거동이나 옥동은 공기도 좋고 교통과 학군이 좋아 분양받기를 선호하는 지역이었다.

우리는 청약 예금이 있어 청약 1순위였고 처형이 말한 아파트를 1992년에 분양 신청했다. 추첨 결과 103동 1403호가 당첨되었다. 당첨된 호수는 동향이었고 앞에는 대학이 있었지만 높은 대학 건물이 들어설 염려가 없어 전망 좋은 집이었다. 또한, 10층에서 15층 정도를 로열층이라 해서 분양을 선호했는데 우리가 분양 받은 집은 14층이라 아내와 나는 당첨 결과에 만족했다. 성공적으로 분양을 마친 건설회사는 아파트 건립에 박차를 가했고 이년 뒤인 1994년 완공했다.

완공은 되었지만, 친구 보증 빚, 담보 대출 빚 등 여러 부채로 우리 가족은 바로 입주할 수 없었다. 나와 아내는 쓰린 가슴이었지만, 새집을 전세 내주고 불편한 주공 아파트에서 2년 더 살기로 했다. 아내는 동년배 선생들과 친목모임을 했는데 회원 중 한명이 전셋집을 구하고 있었다. 우리는 그 선생에게 전세를 주기로 했다.

1996년 10월, 우리 집에 전세 살던 선생은 고향인 강원도 원주로 발령이나 가족 모두 이사를 해야 했다. 나와 아내는 우리 집을 더는 타인에게 전세 주고 싶지 않았다. 담보대출 원금과 이자는 월급에서 매월 갚아 나가면 될 듯했다. 우리는 전세살이를 청산하고 분양받은 집으로 이사 가기로 했다. 이사하기 전 도배를 다시 했고, 아내와 나는 최소 비용으로 집 단장을 꾸몄다.

이사 전 나는 이사할 우리 집에 들러 발코니에서 밖을 내다보았다. 멀리 보이는 나지막한 앞산은 단풍으로 물들어 정겨웠고 문수 월드컵 구장도 그리 멀지 않게 뚜렷하게 보였다. 바로 앞에 있는 울산대학교 여러 건물이 발치 아래 내려다보였다.

우리는 1996년 10월 마지막 주 일요일에 전세살이를 청산하고 내 집으로 이사를 했다. 주공 아파트에서 신혼 생활을 시작한 지 6년 만이다. 포장 이사 인부들은 기계적으로 짐을 쌌고 이삿짐을 다 챙긴 우리는 정들었던 야음 주공 아파트를 떠났다. 이삿짐을 싣고 온 기술자들은 장롱과 냉장고 세탁기, 피아노 등…. 아내가 지정해준 자리에 차질 없이 배치했다. 다용도실에 설치할 세탁기는 문이 좁아 들어가지 않아 작은방 창문을 뜯고 겨우 우겨 넣었는데 떼어낸 창이 잘 끼워지지 않아 애를 먹기도 했다.

이사하는 날 작은아이를 포대기로 등에 업은 아내는 인부들 간식거리를 사러 아파트 앞마당을 지나가면서 내 집에 이사하는 기쁨으로 미소를 함빡 머금고 있었다. 날이 저물어 이삿짐센터 인부들한테 자잘한 정리는 우리가 하겠다며 돌려보냈다. 아내와 나는 퇴근 후 집 정리를 몇 날 며칠 걸려 했다. 새로 이사 온 집은 샤워와 목욕시설이 제대로 갖추어져 있어 매일 몸을 씻고 위생관리를 자주 할 수 있어 종전 아파트와는 비교할 수 없을 정도로 좋았다. 아침은 동쪽에서 떠오르는 태양이 큰방과 거실에 가득 찼고 탁 트인 조망은 저층 아파트에서 느껴보지 못하는 시원한 느낌을 주었다.

　퇴근해 오면 나는 아이들과 장난치기를 좋아했다. 특히 곰과 아나콘다 큰 뱀 놀이를 좋아했는데 나는 무서운 곰이나 큰 뱀이 되어 두 아이를 찾는 흉내를 내면 아이들은 침대 이불 속에 몸을 숨기고 들키지 않으려 발버둥 치며 깔깔댔다. 안 들키려고 아이들이 발버둥치는 바람에 석고보드로 된 벽을 차 두세 군데 구멍을 내 아내한테 혼이 나기도 했다. 그 외에 말 타기 놀이도 많이 했는데 내가 말이 되면 아이들은 기수가 되어 "이랴! 이랴!" 하면서 깔깔댔다.

　한번은 작은아이가 학교 앞에서 병아리 세 마리를 사 왔다. 발코니에 놔둔 상자 안에서 키웠는데 연약한 두 마리는 죽고 한 마리는 중닭으로 컸다. 죽은 병아리를 아파트 주변 산에 묻을 때 아이들은 몹시 슬퍼했다. 무탈하게 큰 중닭은 발코니와 거실에 변(便)을 내질렀다. 그럴 때면 닭똥냄새가 진동했다. 더는 키울 수가 없어 장모가 시골집으로 데려갔는데 우리가 처갓집을 방문했을 때 장모는 외손녀 준다고 닭백숙을 요리했다. 그 소식을 들은 두 아이는 불쌍하다며 숟가락도 대지 않았다.

　우리 집은 높은 곳에 있어 간혹 밤하늘의 황홀경도 구경할 수 있었다. 문수 호반 광장에서는 여러 야간 행사가 이루어졌다. 그럴 때면 불꽃을 쏘아 올렸다. 그 불꽃은 우리 아파트에서 가장 잘 보였는데 하늘에서 형형색색으로 아름답게 수놓는 불꽃놀이를 보면서 우리 가족은 환호를 지르고 좋아했다. 고층 아파트는 덤으로 불꽃놀이를 볼 수 있어 좋기도 했지만 엘리베이터를 오래 기다려야 하는 불편도 있었다. 특히 아이들이 생리 현상이 급할 때는 발을 동동 구르기도 했다.

　우리 층 앞집에는 울산대 교수가 살았다. 두 집은 이웃 사촌처럼 지냈

고 부부가 간혹 맥주잔을 나누며 세상 이야기나 아이 성장 이야기를 나
누곤 했다. 훗날 그 교수가 안식년을 맞아 미국으로 떠나는 바람에 그
가족과 헤어져야 했다. 아래, 윗집과도 의좋게 지내 장모가 시골서 채소
를 가져오면 서로 나눠 먹고 이해심 속에서 좋은 이웃으로 지내며 살았
다.

　첫 우리 집인 무거 현대 아파트도 건립된 지 십이삼 년이 지나자 시설
이 노후되고 고장도 잦았으며 주차난도 심각했다. 아파트가 노후하면
가치가 하락한다고 한 집 두 집 다른 아파트로 떠나가기 시작했다.

　우리도 새 아파트로 두 번째 이사를 고려해야 할 시점이었다. 아내는
살고 있는 집이 동향이라 오후에는 햇빛이 잘 들지 않아 난방비가 많이
든다며 새롭게 이사할 집은 남향집이었으면 좋겠다고 했다. 또한, 아내
는 아이들이 커가자 방이 네 개 있는 대형 아파트에서 살고 싶어 했으나
그것은 우리 형편상 무리였다. 나는 무리하지 말자고 아내를 간곡히 설
득했다. 아이들은 엘리베이터를 기다리는 게 싫은지 새롭게 이사할 아
파트는 계단으로 오르내리는 저층이었으면 좋겠다고 했다. 나와 아내
도 사람은 땅 기운을 받고 살아야 한다면 이번에는 굳이 고층을 고집하
지 않았다.

　무거동에서 줄곧 자란 두 아이는 친구가 있는 이곳 동네를 떠나고 싶
지 않다고 해 우리 가족은 주변에 건립 중인 새 아파트를 알아보기로 했
다. 마침 살고 있는 아파트에서 멀지 않은 곳에 현대 리모델링(주)에서
아파트를 한 동 짓고 있었는데 거의 준공 시점이었다. 정남향 아파트였
고 주변에 새마을 금고, 할인마트, 시장 등 생활 편의 시설이 근거리에
있어 살기에 편리해 보였다.

　아내와 나는 그곳에 분양을 받았다. 새롭게 이사할 집에 발코니 확장

을 하고 인테리어를 다시 했다. 이사하기 전 아내는 풍수쟁이에게 집을 보였다. 풍수쟁이는 자기가 시키는 대로 해야 복이 들어온다며 발코니 한쪽 벽에 유리를 붙이고 그곳 천장에는 크리스털 방울 하나를 달도록 했다. 또한, 노란 모과 정물 그림도 지정해준 벽에 걸고, 빨래 건조대는 앞 발코니가 아닌 뒤 베란다에 설치하는 게 좋겠다고 해 그리했다. 텔레비전 위치와 소파 방향도 지을 때 방향과는 반대로 배치하는 게 좋다 하여 별도로 전기 공사를 해 시키는 대로 배치를 하였다. 그리고 식탁과 의자를 교체하고 장롱과 옷장, 아이들 책꽂이도 붙박이로 설치했다. 큰아이 침대는 시폰 커튼이 처진 공주 침대처럼 꾸몄다. 텔레비전도 LCD로 교체하고…. 그동안 조금씩 저축해 놓았던 돈은 인테리어 꾸미고 각종 가재도구 사는데 모두 소진해 버렸다.

다 꾸며지자 이제는 새집으로 이사해야 했고, 살고 있던 무거 현대 아파트를 매물로 내놓았다. 아파트값이 치솟는 때라 우리는 더 오르겠거니 욕심을 냈다. 하지만 그것은 상투였다. 우물쭈물 하는 사이 아파트는 급격히 하락하기 시작했고 매도 시점을 놓쳐 겨우 팔 수 있었다.

2007년 3월 우리 가족은 새로운 집으로 두 번째 이사를 했다. 무거 현대 아파트에 산 지 11년 만이다. 이사 올 때 다섯 살이던 큰아이는 중학교 3학년이 되었고, 한 살 갓난아기였던 작은아이는 초등학교 5학년을 올라가는 시점이었다.

이삿짐을 꾸리면서 신혼 때 구입하여 쓰던 식탁, 의자, 장롱, 서랍장 등 많은 살림 도구를 버렸다. 그 외에도 여러 잡동사니를 쓰레기로 처리해야 했다. 새로 이사 온 집은 이층 남향이라 엘리베이터를 기다릴 필요도 없고 깨끗해 모든 가족이 좋아했다. 뒤 베란다가 좁은 것이 조금 아쉬웠다. 집 앞 뜰에는 파랑새를 닮은 예쁜 조형물이 설치되어 있어 운치가 있었다. 화단에 심어진 목련 나무에서 우아한 목련 꽃이 피면 발코니에서 봄 운치를 함빡 느낄 수 있었다. 연로하여 거동이 불편해진 장모는 새로 이사 온 집이 좋은지 와서는 여러 날을 머물다 가곤했다.

두 번 이사하는 동안 많은 세월이 흘렀고, 우리 가족은 모두 성장과 발전을 했다. 나와 아내는 승진했고 두 아이는 인근 고등학교를 나와 어느덧 대학생이 되었다. 때로는 가족 간 다툼도 있었지만, 집은 단란하고 소중한 보금자리였다.

지금 우리 가족은 아파트 하나가 전(全) 재산이다. 부도덕한 투기를 모르고 살았고, 오직 안식처로서의 내 집 하나를 지니고 살 뿐이었다. 이사 오면서 낸 일억 원의 은행 대출은 다시 우리에게 무거운 짐이 되어 짓누르지만, 이 세상에 걱정 없는 삶이 어디 있으랴….

따뜻하고 사랑이 많던 장모님

　살면서 봄 햇살 같은 사랑이 우리 곁에 머물 때 삶은 훨씬 더 훈훈하고 살아갈 가치를 느낀다. 언덕 같은 든든함, 정신적 의지처, 따뜻한 정, 깊은 사랑을 느끼게 하는 이는 아마 어머니일 것이다.

　나는 고등학교 때 어머니를 일찍 여읜 탓에 이후로 어머니라는 거룩한 단어를 잃어버리고 살았다. 한동안 잊고 있었던 어머니라는 단어를 결혼해서야 나는 장모님한테서 다시 찾았다. 부모가 살아 있다면 장모님이라 불러야 할 호칭을 의도적으로 나는 어머님이라 불렀다. 오랜만에 불러보는 가족으로서의 어머님…. 장모님은 내가 다시 찾은 어머니였고, 우리 가족한테 무한한 사랑과 따뜻함을 준 존경스런 분이다.

　내가 장가갔을 때 장모님(이하 어머님)의 자녀인 처남과 처형은 다 도시로 나가 화목 단란한 가정을 이루고 살았고, 어머님만 고향인 고성 화화면 산북마을에 혼자 살고 있었다. 장인은 운명한 지 7년이 지난 시점이었다. 어머님은 자녀 공부시킨다고 고된 노동을 많이 해서 그런지 쪽진 머리에 허리가 몹시 굽어 있었다.

　이남 삼녀를 낳아서 훌륭하게 성장시킨 어머님도 하늘이 무너지는 단장의 아픔이 있었다. 나와 아내가 결혼하기 반년 전, 서울대 교수였던 손위 작은처남(장모님 둘째 아들)을 당신보다 먼저 하늘나라로 보냈다. 어머님이 가장 자랑스러워하던 자식이었다. 자식을 먼저 하늘나라로 보낸 어머님은 아픔이 가슴을 짓눌렀을 거고, 누구에게도 말 못하는 한을 가슴에 묻고 살았지 싶다.

결혼해 내가 처음 처갓집에 갔을 때, 자식 먼저 보낸 아픔이 아직 추슬러지지 않았을 텐데도 어머님은 그 슬픔을 가족 앞에 나타내 보이지 않았다. 그만큼 심지가 굳으신 분이었다. 그런 어머님도 작은처남 제사가 돌아오면 안장된 묘에서 슬픔을 토해냈다.

어머님은 집주변 텃밭에 마늘, 고추, 콩, 들깨…. 여러 채소를 가꾸었고, 여느 시골 할머니들처럼 부지런했다. 굽은 등에 퇴비를 잔뜩 지고 힘겹게 채전 밭까지 옮겨 굽은 허리를 폈다 숙였다 하면서 밭을 열심히 일구었다. 그런 모습이 측은해 간혹 처갓집에 들르면 나는 조금이라도 일손을 돕기 위해 지게로 퇴비나 비료를 져 날랐다. 동네 사람들은 그런 나를 보고 "도시에 살아서 지게도 져 보지 않았을 텐데. 장모 돕겠다고 지게도 다 지고! 서 서방 자네는 착한 사위구만!" 칭찬의 말을 했다.

우리 가족이 처갓집에 들르면 홀로 계신 어머님은 몹시 반가워하며 고추, 깻잎, 상추 같은 채소 반찬을 두리기상에 한가득 차려냈다. 여름날 마루에서 빙 둘러 앉아 저녁을 먹고 있으면 시골 정서가 주는 편안함, 어머님의 자식, 손녀 사랑이 느껴져 그 어떤 진수성찬보다 맛있었다.

여름에는 방문을 열어놓고 모기장을 치고, 겨울에는 뜨끈한 군불을 넣은 좁은 방에 누워 두런두런 이야기를 나누는 늦은 밤은 정감 있고 평화로웠다. 뒤란에 쌓아 놓은 장작더미에는 들 고양이가 새끼를 낳아 앙증맞게 장작 틈새를 드나들고 초롱초롱한 눈빛은 귀엽고 순수해 어린 두 딸은 눈 마주쳐 쳐다보며 좋아라했다.

가을이 오면 마루나 토방에는 붉은 고추가 널려있고 참깨도 말렸는데 간혹 징그러운 큰 지네가 토방을 기어 다니기도 했다.

가을날 감이 익으면 "서 서방! 단감 좀 따거라!" 말하면, 나는 간짓대와 양동이를 들고 나무에 올라가 단감을 땄다. 감을 따고 나면 "뒤 텃밭에 있는 유자도 따야 할긴데!" 웅얼거리며 걱정했다. 나는 다시 긴 절단기를 가지고 억센 가시를 피해 나뭇가지에 걸터앉아 유자를 따곤 했다.

우리 가족이 울산 집으로 떠나려하면 어머님은 쌀, 상치, 마늘, 콩 같은 채소와 곡물을 비닐봉지마다 담고 보퉁이에 싸서는 가져가도록 했다. 그렇게 싸준 보퉁이를 승용차에 싣고 "어머님, 저희들 갈게요!", "할머니 안녕히 계세요!" 하면 대문 앞 약간 솟은 편편한 돌 위에 앉아 아쉬움과 서운함이 가득한 얼굴로 어서 가라고 손짓하며 배웅해 주었다. 그런 모습을 뒤로 하고 떠나는 우리 가족은 늙은 장모님 생각에 돌아오는 내내 마음이 애잔해 왔다. 어머님이 막내딸인 우리 집에 오고 싶어 할 때는 나는 산북마을로 모시러 갔다. 역시나 어머님은 딸집에 가져갈 여러 보퉁이를 준비해 놓았다. 해가 질 무렵 어머님을 태우고 그곳을 떠날 때면 나보고 바닷가 길로 가자고 했다.

"서 서방! 오늘 우리 바닷가 길로 가자. 가다가 회 먹고 가자꾸나. 내가 사 꾸마!'

"어머님이 무슨 돈이 있다고!"

"아니다. 내 돈 있다. 서 서방한테 회 좀 사주고 싶구나."

시락이라는 마을 해변횟집에 들러 나와 어머님은 맛난 회를 먹었는데 사위 많이 먹으라고 자꾸만 내 앞으로 회를 밀치곤 했다. 회와 매운탕으로 든든히 먹은 다음 어둑할 즈음 나와 어머님은 울산으로 향했다.

횟값을 어머님이 굳이 계산하겠다고 우겼지만, 늙은 분이 무슨 돈이 있다고…. 내가 횟값을 치렀다.

어머님은 가을걷이가 끝나 한가한 때는 막내 딸 집이 제일 편하다며 우리 집에 오고 싶어 했고 며칠씩 머물다 가곤 했다. 내가 산북마을까지 모시러 가지 못하면 어머님은 시외버스를 타고 오셨는데 나는 정류장에 마중을 나갔다. 버스 화물칸에서 여러 개의 짐 보따리를 끄집어내 승용차에 싣고 타고나면

"서 서방, 집은 별고 없는가?"

"네. 어머님 건강은 어떠세요?"

"난 괜찮다. 어서 가세!"

하셨다. 도대체 허리가 굽은 노인네가 어떻게 저 많은 보퉁이를 차부까지 가져와 실었을까 놀랄 때가 많았다. 집에 짐을 옮기고 저녁을 먹고 나면 피곤에 찌들어 어머님은 코를 골며 깊은 잠에 빠졌다. 그러다가 선잠이 깨면 "아이고! 다리야!" 웅얼거리며 신경통증을 호소했는데 그럴 때면 나와 어린 두 딸은 아픈 다리를 주물러주곤 했다.

이튿날 어머님은 가져온 보퉁이를 풀어서 채소를 다듬었다. 그런 다음 윗집, 아랫집, 앞집에 상추, 머위, 고추, 가지 같은 야채를 바구니에 담아서 두 딸보고 갖다 주고 오라고 했다. 인정이 많은 어머님은 이웃집과 나눠 먹는 게 미덕이라며 가져온 야채나 과일을 아파트 이웃과 나눠 먹기를 좋아했다. 또한, 동네 마트 앞에는 작은 난전이 있었는데 그곳에 채소를 팔러갔다. 굽은 허리를 편하게 해준다며 아이들이 커서 용도가 폐기된 유모차에 야채, 과일을 싣고 밀고 갔다. 그곳에서 동네 할머니들과 친하게 지내며 이야기를 나누고 시골서 가져온 채소나 과일을 팔았다. 그렇게 푼돈을 벌어서 두 아이에게 줄 과자를 샀고, 작은아이가 어

린이 집을 마치면 유모차에 태워 오곤 했는데, 외할머니와 외손녀의 다정다감한 모습은 언제 봐도 정겨웠다.

어머님은 당신의 두 외손녀를 내리사랑으로 돌봐주었다. 두 딸이 초등학교를 마치고 올 즈음이면, 뒷방 창문으로 어디쯤 오나 오래도록 길목을 살폈고, 아이들이 아파트 마당에 들어서면 발코니 난간으로 지켜보다가 현관 앞에 쪼그리고 앉아 당신의 손녀를 맞을 준비를 했다. 두 딸이 집에 도착하면 "이제 마쳤느냐! 어서 오니라! 배고프지?" 하면서 따뜻이 손을 잡으며 사랑으로 반겼다. 아이들은 그런 제 외할머니를 좋아라하며 안겼다.

장모님이 집에 있으면 아이들은 정서적으로 편안해 하고 행복해했다. 특히 작은아이는 제 외할머니의 쪼글쪼글한 배 만지기를 좋아했는데 배를 만지다가 할머니가 들려주는 자장가를 들으면서 스르르 잠이 들기도 했다. 아이들은 글을 모르는 할머니한테 글자를 가르쳐주고는 삐뚤삐뚤 어설프게 쓴 글씨를 보면서 깔깔 웃곤 했다.

장모님이 우리 집에 오면 나는 집에 어른이 있다는 점이 너무 좋았다. 퇴근해 집에 들어서면 "어머님! 다녀왔습니다." 하면 "서 서방! 어서 오니라. 하루 동안 고생했구나." 하면서 퇴근하는 사위를 수고했다고 격려해 주었다. 퇴근해 오면서 사온 막걸리를 저녁을 먹으며 어머님과 나눠 마시곤 했다.

그렇게 한없이 사랑을 주고 온화하고 넉넉했던 장모님은 2010년 12월 뇌경색이 와 여든일곱 일기로 세상을 떠났다. 우리 가족을 특히 사랑해주고 정을 주셨던 어머님이라 더 슬펐고 애통했다.

지혜롭고, 정 많고, 부지런하고, 사랑이 많던 장모님을 우리 가족은 더는 볼 수 없어 지난 시간이 그립고 보고 싶어진다.

민원 봉사상 수상의 행운

인생을 살다 보면 누구에게나 뜻하지 않는 행운이 찾아오기도 한다. 꼭 무엇을 성취하겠다고 노력을 한 것도 아닌데…. 행운을 잡겠다고 발버둥친 것도 아닌데…. 행운은 슬그머니 다가와 기쁨과 행복을 준다. 우리 곁에 찾아와 기쁨을 주는 행운은 우연일까. 그러한 우연도 있겠지만 대부분은 살아오는 동안 성실하게 열심히 노력한 결과가 어느 날 축복으로 나타나는 것이리라. 그러한 행운이 내게도 찾아온 적이 있다. 그 행운은 1998년 민원 봉사상 본상 수상이다.

1996년 늦은 가을 오후 4시쯤이었다. 나는 당시 울산시청 주택과에 근무했고, 아파트 인허가 서류를 열심히 검토하고 있었다. 갑자기 출입문이 열리면서 농소 OO 아파트 입주민 대표 두세 사람이 사무실로 들어섰다.

"서상호 씨 근무하는 자리가 어디인가요?"

"저기 앉은 분인데요."

출입문 입구 직원이 내 있는 곳을 가리키며 설명했다. 입주자 대표는 상사에게 다짜고짜 서상호 씨에게 입주민 감사패를 전달하러 왔다고 했다. 자초지종 이야기를 들은 상사는 나를 불렀다. 상사가 있는 자리로 가자 OO 아파트 입주자 대표는 나보고 앞에 서라고 하더니 향나무로 제작한 감사패에 쓰인 글귀를 큰 소리로 읽은 다음 내게 전해 주었다. 나는 처음 겪는 일이라 몹시 얼떨떨했다.

감사패를 받아 든 나에게 동료들은 축하 박수를 보냈다. 나는 먼 길을 와서 뜬금없이 감사패를 전하는 주민이 더없이 고맙고 감사했다. 기관장 표창과는 달리 내가 주민으로부터 받은 감사패는 주민 스스로 자기를 도와준 공무원이 진정으로 고맙다며 건네는 감사패라 더 기쁘고 의미 있었다.

주민이 건네는 감사패를 받게 된 경위는 이랬다. 주로 현대자동차 회사에 다니던 입주민은 어렵게 번 돈으로 내 집 마련을 꿈꾸며 아파트 분양을 받았다. 한탕주의 사업주는 공사 중 자금난으로 부도를 냈다. 입주민은 투자한 자산을 날릴까 노심초사하다가 중지를 모아 추가 부담하여 건물 완공을 했다. 아파트 준공검사를 받으려 하나 대지는 부도난 사업주의 대출로 근저당이 잡혀 있고, 그 외에도 이런저런 서류가 갖추어지지 않아 준공 검사를 못 받아 재산권 행사를 못하고 있었다.

어느 날 입주민 대표는 나를 찾아와 애로를 토로했다. 이야기를 듣던 나는 선량한 입주민이 무슨 죄가 있으랴 하는 생각에 완공된 건물이 준공되도록 도와주고 싶었고, 주민과 의논하면서 중지를 모아갔다. 나는 준공에 필요한 최소한의 서류를 챙겨 오도록 친절히 설명해 주고 실수하지 않도록 적어 주었다. 갖추기 힘든 일부 서류는 재량권 범위 내에서 가능한 방안을 모색해 보겠다고 했다.

주민은 친절한 설명과 진정으로 돕고 싶어 하는 나에 대해 신뢰를 가졌던 모양이다. 이후 주민은 백방으로 뛰면서 준공 검사 서류를 준비했다. 제출한 서류가 완벽하지는 않았지만 여러 안정장치(입주민 각서 등)를 마련했고 준공 처리에 커다란 문제가 없겠다 싶어 상사에게 설명했다. 설명을 충분히 들은 상사는 입주민을 도와주자며 준공 검사 결재를 해주었다. 준공필증을 받아 든 입주민은 이제야 등기를 하여 집을 팔고 살 수도 있고 담보 대출도 할 수 있게 되었다며 묵은 숙제를 해결해준 공무원한테 고마워하며 감사패를 전달한 것이다.

이후 북구청 주택계장으로 근무할 때에도 유사한 주민 애로를 적극적으로 해결해 주었다. 그럴 때마다 입주민들은 고맙다며 감사패를 전달해 오곤 했다. 이처럼 주민을 위해 어려운 숙제를 해결하고 나면 나는 공무원으로서 커다란 보람과 긍지가 밀려왔다.

그렇게 공복으로서 하루하루 보람 속에 살아가던 나는 어느 날 점심을 먹은 다음 민원실 직원과 가벼운 담소를 나누었다. 이야기 중에는 어떻게 하면 민원서류를 좀 더 신속하고 정확하게 처리할 수 있는지(민원 일회 방문 처리) 개선 방법에 대한 이야기를 주고받았다.

이야기가 끝날 즈음 민원실 직원은 행정자치부에서 제2회 민원 봉사상 후보자 모집 공고가 있다며 아파트 관련 고질 민원(民怨)도 해결하고 신속한 민원처리에 관심이 많은 서 주사가 한번 응모해 보라며 귀띔해 주었다. 동료 직원은 표창 혜택(1계급 우선 승진, 큰 상금, 부부 동반 해외여행)도 매우 크다며 포상 중에서 아마 가장 큰 상이라 여겨진다고 했다.

그 이야기를 듣고 나 같은 사람이 그런 큰상에 응모할 자격이 있을까 대수롭지 않게 생각했다. 그동안 표창에 별 관심을 두지 않던 나였다. 그런 내가 시간이 지날수록 민원봉사상 만큼은 응모해 보고 싶었다. 고심 끝에 밑져야 본전인데 한 번 응모해 보자고 마음을 먹었다. 표창 혜택이 큰 만큼 상부 기관에서 공적이 사실인지 직접 확인한다는 공모기준 때문에 여타 동료직원들은 말만 무성할 뿐 선뜻 용기를 내지 못하는 것 같았다.

나는 그동안 아파트 입주민의 권익을 위해 열심히 해왔던 공적을 밤늦게까지 수집하고 정리하여 공적 조서를 손수 작성했다. 입주민이 준 몇 개의 감사패를 복사해서 붙이고 성실하게 주민을 위해서 일해 온 성과를 적어 나갔다. 여러 날을 걸쳐 응모신청서와 공적조서가 갖추어졌고, 나는 부서장과 기관장의 결재를 받아 상부 기관인 울산시청에 상신했다. 그렇게 상신한 응모 신청은 두 명이 경합했는데 시청 상벌위원회에서 나를 선정해 주었고 행정차지부에 상신해 주었다.

표창 상신 뒤 얼마의 시간이 지나자 공모 요강대로 행정자치부 직원이 SBS 방송 관계자와 함께 현지 확인을 나왔다. 공적은 사실인지, 주민의 감사패는 진정성이 있는 것인지, 입주민에게 하나하나 물어보고 사실 확인을 했다.

그리고 공무원으로서 분수에 맞는 생활인지 집까지 방문했다. 관계자가 우리 집에 들렀을 때 32평의 아파트 거실은 검소한 분위기와 장모가 손주를 재운 다음 창가에 쪼그리고 앉아 콩을 가리고 있었다. 그들은 그런 모습에서 크지 않은 아파트에 서민적인 삶이구나 인식하는 듯했다.

여러 확인 절차와 중앙 공적 심사위원회의 엄격한 심사를 거쳐 드디어 나는 영광스러운 수상자로 선정되었다. 나는 큰 행운이 내게 찾아 온 것이 몹시 기뻤다.

1998년 12월 3일 SBS 방송국 일산센터에서 드디어 시상식이 있었다. 시상식 전날 나와 아내, 두 딸은 예쁘게 차려 입고 부산에서 김포행 비행기를 탔다. 시간에 맞추어 시상식장에 도착한 수상자들은 두세 번의 예행연습을 거친 다음 오전 11시쯤 시상식이 시작되었다. 대상(大賞)은 인천시 옹진군청 계장이 선정되었고, 시도를 대표하는 나머지 십이 명은 본상이 수여되었으며, 농협 직원 두 명은 특별상을 받았다. 양복과 한복으로 깔끔하게 차려 입은 수상자 부부는 원탁 테이블에 부부동반으로 앉고 방송 카메라가 녹화하는 가운데 행정자치부 장관과 SBS 사장이 직접 상패를 수상자 부부에게 전수해 주었다. 수상식은 기쁨으로 가득 찬 가운데 품격 있고 화사하게 치러졌다. 수상 뒤풀이로 '녹색지대' 듀엣 가수의 축하 노래 공연도 있었고….

모든 수상자는 사랑하는 가족, 친지, 동료로부터 많은 축하를 받으며 기뻐했다. 나도 아내와 함께 두 딸과 큰형수, 큰처형이 준비한 축하 꽃다발을 받고 기념사진을 찍으며 기쁨으로 넘쳤다. 이튿날 수상식은 수상자가 이룬 성과 동영상과 함께 SBS 방송국을 통해 전국에 방송되었다.

한 달 뒤쯤 모든 수상자에게는 부부 동반 이박 삼일 제주도 여행이 주어졌다. 당초 계획은 부부동반 해외여행으로 계획되었으나 IMF 사태로 공무원 해외여행이 금지되어 아쉽게도 해외로 나갈 수가 없었다. 제주도에서나마 수상자 부부가 정을 돈독히 하며 오랜만의 격려 여행을 즐겼다.

이듬해(1999년 5월)에는 민원봉사상, 청백봉사상, 대통령 표창을 받은 일선 공무원에 대해 부부동반으로 청와대 오찬 초청의 영광도 있었다. 오찬은 영빈관에서 있었고 우리 부부가 앉은 테이블에는 경찰청장이 자리를(장, 차관급 이상 중요 요직 사람들이 테이블마다 자리를 같이 해줌) 동참해 주었다. 시간에 맞추어 나온 한식 요리는 정갈했고 상어 지느러미 요리를 난생 처음 맛보았다. 김대중 대통령은 나라 발전을 위해 일선 공직자 여러분들이 투철한 봉사정신으로 더욱더 주민을 위해 헌신해 달라고 당부했다. 오찬을 마친 다음 모든 수상자 부부에게 봉황이 그려진 청와대 시계 두 점이 선물로 주어졌고 부부동반으로 대통령 내외분과 일일이 악수를 했다. 청와대 초청을 다녀온 뒤 우리 부부가 대통령과 악수하는 모습이 담긴 커다란 사진이 집으로 배달되어 왔고 그 사진은 청와대 시계와 함께 우리 가족의 귀중품이 되었다.

내게 찾아온 민원봉사상 수상 행운은 공직 생활 내내 커다란 자긍심이 되었고 특별 승진기회도 주었다. 그때 받은 민원봉사상 상패를 늘 기억하고 싶어 눈에 가장 잘 띄는 거실 장식장에 보관해 두었다. 지금도 그 패를 볼 때마다 주민을 위해 열심히 일했던 지난 기억과 수상 당시 영광의 추억이 한 줄기 바람처럼 가슴을 스친다.

사무관 승진의 기쁨과 건축과장 보람

누구나 직장생활에서 꿈꾸는 것은 적정한 시기의 승진일 것이다. 그러나 승진이라는 것이 일만 열심히 한다고 승승장구하는 것도 아니다. 학연, 지연, 혈연 등 적절한 배경이 있어야 남보다 좀 더 빠른 승진이 되는 게 현실이다. 그런 배경이 없었던 평범한 나는 늘 승진에서 밀렸다. 학위도 기술사 자격증도 승진에 아무런 영향을 미치지 못해 인사철만 되면 우울했다.

6급 계장까지는 항상 뒤처져 있던 나였지만 사무관 승진만큼은 그렇지 않았다. 그것은 삼연의 배경도 없고 연공서열이 뒤처져 희망이 없던 나를 성실하게 열심히 일한 가치만을 알아주어 특별승진을 하게끔 도와준 기관장 덕분이다. 특별승진은 훗날 후배 동료에게 배경 없고 연공서열이 다소 늦더라도 열심히 일하면 승진할 수 있다는 희망을 주는 계기(?)가 되기도 했다.

1997년 7월 15일 기초 시였던 울산시는 광역시로 승격이 되었다. 광역시 승격과 함께 나는 6급 계장으로 승진하여 북구청 발령을 받았다.

민간건물을 임차해 쓰던 북구청은 하루빨리 청사를 건립해야 했다. 나는 아파트 인허가를 담당하는 주택계장에서 청사건립추진계장으로 발령을 받았다. 발령을 받은 나와 팀원은 청사 건립계획을 세우고 설계 공모를 추진했다. 경쟁을 거쳐 선정된 청사 건립 공모 당선작품은 구조적으로 불안하고 아름답지 않았다.

당선작에 대한 불만과 아쉬움으로 지내던 차 당선설계사무소에 건축 디자인을 잘 계획하는 실장이 스카우트되었다. 그가 우리 팀을 방문하였다. 공모 당선작에 대한 아쉬움과 불만을 토로하자 유능한 실장은 며칠만 기다려 달라고 요청했고 얼마의 시간이 흐르자 세련되고 미려한 스케치 안을 가져왔다. 청색 유리 커튼월(통 유리벽)로 시원하게 계획된 스케치 투시도는 첫눈에 봐도 당초 설계안보다 훨씬 세련되고 아름다웠다. 나는 변경 안을 부구청장, 구청장에게 신속히 보고하고 변경 안으로 승인해 줄 것을 요청했다. 두 분의 상사는 훨씬 발전된 변경 안이라며 승인해 주었고 설계는 빠르게 진행되었다.

나는 관공서로써 품격 있고 운치 있는 건물 설계를 실장에게 요구했다. 그러한 요청을 따라 건물은 에너지 절약을 위해 남향으로 배치하고 전면은 직원들의 탁 트인 시각과 미관을 고려해 유리 커튼월로 계획했다. 건물 앞에는 행사 마당인 광장과 장송 군락을 만들어 건물과 조화로운 조경 계획이 되게 했다. 북구 주민을 대표하는 노동자, 사무원, 농민, 어민, 주부, 학생, 어린이를 조각한 분수대(재일교포의 기탁금으로 설치)도 광장에 설치했다. 광장 너머에는 낮은 둔덕에 소나무 숲과 산책로를 조성하여 편안한 옥외 휴식 공간이 되게 하였으며, 배치 축을 따라 느티나무 숲길을 만들어 정원의 운치를 더했다.

본관은 1층 가장 중심 부분에 혁신적으로 민원실을 배치하여 구민을 가장 중심에 두겠다는 상징성을 두었다. 그와는 달리 직원의 사무 동선은 코너에 두어 민원동선과 겹치지 않도록 하였고, 주민이 청사의 주인임을 의미토록 계획했다.(대부분 관청은 사무 동선을 중심에, 민원실 동선은 별동이나 코너에 두는 게 일반적임).

대강당은 별동으로 지어 주민이 결혼식장이나 행사장으로 이용 시 불편이 없도록 했다. 그리고 복도 벽은 유리로 설치하여 투명하고 열린 행정을 의미토록 하였으며 주요 국장실은 기관장 주변이 아닌 국 사무실 중심에 설치하여 직원과 쉬 의논하고 소통하는 분위기를 만들었다.

1999년 8월 착공한 청사는 설계자, 시공사, 감리자, 감독관 등 모든 공사관계자의 수고와 근로자의 땀방울로 2년여의 공사를 마치고 2001년 6월 완공을 하여 그해 9월 울산광역시장, 북구청장, 여타 주요인사와 주민이 참석한 가운데 개청식을 가졌다. 직원과 주민은 넉넉한 부지에 건립된 아름답고 조화로운 청사를 좋아했다. 건물 건립에 노고가 많은 팀원 모두가 구청장 표창을 받았고 많은 사람이 고생했다는 격려의 말에 수고한 보람이 밀려왔다.

행사를 마치고 나는 광장 한 켠에서 청사를 바라보았다. 공사 중에는 제 이익만 챙기려는 하도급 사장의 폭언, 협박과 인테리어 마감을 한 민원실에 스프링클러가 터져 물바다가 되는 우여곡절과 힘듦이 있었지만, 합리적이고 기능적인 배치, 넉넉한 광장, 나무와 산책로가 어우러진 정원, 아름답고 사랑받는 청사를 건립코자 하는 나와 팀원의 의지와 열정이 담긴 건물이라 생각하니 말할 수 없는 보람과 기쁨이 벅차올랐다.

북구청을 떠난 후에도 결혼식이 있어 그곳을 들를 때면 운치 있는 풍경과 여유로운 결혼식, 하객이 편안해 하는 공간 구성에서 열심히 일했던 추억이 스치곤 했다. 한번은 대강당 옥상에서 청사 옆을 지나는 기차를 바라보았다. 동해남부선 철길을 따라 지나가는 기차와 운치 있는 건물이 이루는 풍경은 한편의 목가적 모습이었다.

　이후에도 문화예술회관 건립을 위해 여러 배치 대안 장단점을 분석해 보고 하는 등 또 다른 프로젝트 건립을 위해 혼신을 다했다.

　그렇게 북구청에서 4년을 근무하고 있을 때였다. 하루는 부구청장이 나를 불렀다.

　"서 계장, 시 본청으로 발령을 내겠다는 협의가 왔는데 승진을 위해서는 시 본청으로 올라가는 게 좋지 않겠어? 그리하지…."

　나는 즉답을 피하고 생각을 좀 해보겠다고 했다. 부구청장실을 나와 나는 깊은 고민을 하였다. 특별승진 자격이 주어지는 민원봉사상 수상이 있고 이곳에서 열정을 다해 일했던 결과를 가지고 나는 5급 사무관 승진에 도전해 보고 싶었다.

　이튿날 나는 구청장을 찾아가 면담을 하고 이곳에서 승진될 수 있도록 도와 달라고 부탁했다. 청사 건립에 대한 기여, 고질 민원 아파트 준공 처리 등 업무 기여도를 높게 봐주던 구청장은 민원봉사상 수상으로 특별승진 자격이 있다는 걸 알고 있었고, 승진이 되도록 노력해 보자고 했다. 기술직 인사권을 가진 광역시장에게 구청장은 청사 건립을 위해 열심히 일했고, 승진 자격을 갖춘 성실한 직원에 대해 이번 인사에서 승진이 되도록 배려해 달라고 건의해 주었다. 비서실 직원에 의하면 구청장은 이동하는 차 안에서 시장한테 연공서열이 다소 늦더라도 묵묵히 열심히 일하는 직원이 승진 기회를 갖는 풍토를 만들어 달라고 전화하는 것을 목격하였단다. 부구청장 또한 성실한 인성을 갖췄고 열심히 하는 직원이라면 시장에게 적극적으로 옹호해 주었다.

승진에 대한 나의 의지와 구청장의 건의, 열심히 하는 직원에 대한 인사권자의 배려로 2001년 7월 나는 중구청 건축과장으로 승진했다. 구청 기술직 계장이 타 구청 과장으로 승진 이동한 것은 처음 있는 일이었다. 이러한 영광은 성실과 열정으로 일하고 존경 받는 기관장을 만나는 관운이 따랐기 때문이다.

승진의 기쁨 중에서도 한 가지 아쉬운 점은 건축과장 보직은 받았으나 아직은 직무대리였다. 직무대리 기간은 가벼운 벌에도 보직 해임되어 승진이 보류될 수 있어 늘 불안했고 조심스러웠다.

그렇게 건축과장 직무대리로 2년을 근무하다가 2003년 6월에 드디어 나는 건축사무관으로 정식 승진했다. 한 부서를 책임진 과장이라는 보직은 업무 권한이 많이 주어졌고, 자기 의지대로 창의적 시책을 펼 수 있어 직원 때보다 보람이 훨씬 컸다. 나는 관리자로서 건축 인허가를 더욱더 신속 간결하게 처리토록 주문했다. 의회 산업건설위원장은 상임위가 열릴 때마다 중구청 건축과는 인허가 처리를 공정하고 신속히 처리한다는 이야기가 들려온다며 우리 과 직원들의 자세와 수고를 늘 칭찬해 주었다.

나는 건축과장으로 근무하는 동안 특히 도시미관에 관심이 많았다. 광고협회와 긴밀한 협조 속에 공공 게시대, 공공 게시판을 정비하고 민간 위탁을 하여 관리토록 하였으며, 불법 플래카드 및 불법 광고물을 협회 차원에서 자율 정비토록 적극 지원을 했다. 이른 아침이나 저녁 정비가 있는 때는 함께 참가해 솔선수범을 보였고, 같이 식사를 하면서 의논하고 격려했다. 광고 협회에서는 가장 모범적인 민관협력의 표본이라며 총회 때 감사패와 부상(고급 혁대)을 전수해 주기도 했다. 상호 존중과 협력 속에서 민관이 함께 시책을 추진할 때 효과는 뛰어나고 보람은 더 크게 다가옴을 느꼈다.

　나는 당시 울산대학교 산업대학원 건축도시학 석사과정을 공부하고 있었다. 중구청 건축과장 재임 시 행정 경험을 바탕으로 도시미관 개선 관련 석사 논문을 제출했는데 졸업 때 우수 논문상을 받기도 했다.

　그렇게 보람 속에서 열심히 일하고 있던 나는 2004년 초 울산시청 인사부서로부터 시청 전입 의사 타진을 받았다. 처음 나는 건축과장으로 일하는 게 보람 있고 재미있어 시청으로 가는 걸 시큰둥했다.

　당시 울산시는 전국 체전을 앞두고 있어 종합운동장 완공 등 당면 공공건축 건립이 매우 시급한 실정이었고 일을 추진하던 건축팀장이 서기관으로 승진하자 나를 후임으로 추천했다. 향후 더 나은 발전을 위해서는 시청으로 들어가야 한다는 주변 의견과 더 가치 있는 일을 위해서 나는 시청으로 전입키로 했다.

　2004년 1월 20일, 중구청 건축과장으로 근무한 지 2년 6개월 만에 드디어 울산시청 종합건설본부 건축팀장으로 발령을 받았고, 중구청을 떠나 울산 시청에서 근무하게 되었다.

　북구청 청사 건립에 열정을 쏟고, 고통 받는 주민의 권익을 위해 아파트 준공을 도와주고, 그러한 결과로 사무관 승진을 하여 건축과장으로 근무할 시점은 열정이 끊임없이 피어나는 사십대 중반이었다. 열정 속에서 열심히 일하는 나의 가슴은 붉은 모란꽃처럼 의미와 보람으로 가득 찼다.

　되돌아보면 지방공무원의 꽃이라는 사무관 승진과 건축과장 보직은 내 공직생활에 있어 매우 의미 있는 시간이었고, 더 나은 발전을 가져오는 중요한 계기이자 기회였다.

마음 졸인 전국체전 시설, 공공인프라 구축

　직장에서 의미 있는 일을 성취한 다음 동료나 상사로부터 그 가치를 인정받고 칭찬을 듣는 일은 누구나 무한한 자긍심을 갖게 한다. 일을 성취한 뒤 붉은 노을빛으로 물드는 보람은 열심히 일한 대가에 대한 스스로 격려이고 가치 있는 존재라는 자존감의 선물이 아닐까.
　구청 건축과장에서 시청 건설본부 건축팀장이 되어 전문 기술인으로서 공공 인프라 구축에 참여한 시간은 건축과장 때와는 또 다른 보람이고 소중한 시간이었다.
　2004년 1월 나는 중구청 건축과장 임무를 마치고 울산시청 종합건설본부 건축팀장으로 새롭게 발령받았다. 새 근무처는 삼산동 한국산업단지 공단 건물 내에 있는 외청(外廳) 사무실이었다.
　1997년 광역시가 된 울산시는 2005년 10월에 있을 제86회 전국체전을 유치했다. 기존 운동장은 낡고 국제 육상 규격에도 맞지 않아 운동장을 다시 건립해야 했다. 체전을 치르려면 약 이만 석 규모의 종합운동장을 2005년 8월까지는 완공을 해야 했다. 2003년 10월에 착공한 운동장은 완공 때까지 약 22개월여 기간이 남아 있었는데 엄청 빠듯한 공기였다.

내가 그곳에 발령 받았을 때는 파일을 박는 기초 공사가 한창이었다. 발령을 받고 보니 빠듯한 공기 내 한 치 차질 없이 공사를 완성해야 한다는 책임감과 압박감이 밀려왔다. 여유가 없는 공기지만 그나마 안도가 되는 것은 국내외 굴지의 건설 경험이 있는 현대건설이 공사를 맡았다는 것이다.

공사 현장에서 공기 내 완공하려면 우선 두 가지가 받쳐주어야 한다. 하나는 날씨이고 하나는 안전사고이다. 여름날 잦은 비는 공사를 더디게 해 공기 내 완성을 어렵게 하며, 안전사고가 발생하면 수습하느라 공사가 중단되게 된다.

공사를 맡은 현대건설은 많은 공사 경험을 바탕으로 한 치의 오차 없이 일정을 따라 공사를 해나갔다. 공기 단축을 위해 주요 골조인 PC(Pre-cast) 콘크리트와 지붕 철골을 공장 제작 후 현장에서 조립하는 현대식 공법을 썼다. 이런 공장제작과 현장 작업을 병행하는 공법은 공사 경험이 많아야 하는데 현대건설은 이런 조건을 모두 다 갖추고 있었다.

당시 종합건설본부에는 업무 능력이 뛰어난 시설부장이 부임했다. 직속 상사인 부장은 새롭게 짓는 운동장은 후세에 귀감이 되는 건물로 지어 보자며 조감도와 설계도를 꼼꼼히 검토하고 현장을 방문하여 여러 개선점을 의논했다. 볼썽사나운 검은 아스팔트 광장은 패턴과 색상이 조화된 고강도 블록으로 아름답게 바꾸고, 귀빈실 인테리어도 품격 있게 개선했다. 로열 석에서 빤히 보이는 남쪽 옥외 화장실은 프라이버시 보호 가림막을 설치해 은폐를 하는 등 미흡한 부분을 찾아 개선해 나갔다. 또한, 보조 경기장은 문수 보조 경기장처럼 관람석과 지붕이 있도록 설치해 달라는 중구청장의 요청을 수렴하여 관람석과 지붕 설계변경을 했다.

걱정했던 여름비는 잦지 않았고, 근로자는 안전 수칙을 잘 지켜 한 건의 사고도 없었다. 현대 건설의 높은 기술력과 책임감, 근로자의 땀과 수고, 발주처의 적극적 지원으로 종합 운동장은 차질 없이 건립되고 있었다. 2005년 7월경 윤곽을 드러낸 운동장은 웅장했고 철골 지붕의 구조적 미는 아름다웠다.

종합운동장과 더불어 또 하나의 중요 체전시설물로 실내 수영장 건립이 있었다. 그동안 울산에는 국제 규격을 갖춘 실내수영장이 없었고 전국체전을 열려면 반드시 건립해야 하는 필수 시설이었다. 종합운동장보다 다소 늦게 시작한 실내 수영장 공사 또한 종합운동장 준공 시점인 2005년 8월까지 완공해야 했다. 날씨도 받쳐주고 시공사도 최선을 다하는 모습에서 원만하게 추진되는 듯했다.

2005년 4월은 공정이 60%에 도달한 시점이었다. 그즈음 울산에서는 플랜트 노조의 극심한 노동 투쟁이 일어났고 노조원들은 집단으로 플랜트나 철골 공사 현장을 돌아다니며 욕설과 방해를 했다. 그날도 노조원들은 실내 수영장 공사 현장에 몰려와 지붕 트러스 볼트 작업을 하는 근로자를 향해 돌을 던지고 욕설을 퍼붓자 겁에 질린 근로자들은 체결해야 할 볼트를 채우지 않고 지붕에서 내려와 버렸다.

2005년 4월 21일 오후 시간, 따르릉 전화가 울렸다. 공사 중인 실내수영장 지붕이 앞쪽으로 쏠려 기둥이 뽑히고 뒤틀림이 생기는 중대한 사고가 발생했다는 현장 감리자의 다급한 보고였다. 시설부장을 중심으로 팀장과 감독관이 현장에 급히 나가 바라본 모습은 망연자실이었다. 땅에 묻혀있어야 할 기둥이 뽑히고 커다란 지붕은 앞쪽으로 기울어 있었다. 사고 원인은 겁에 질린 인부가 볼트를 다 채우지 않고 내려와 힘의 균형을 잃어 지붕이 한쪽으로 쏠린 사고였다. 자칫 잘못하면 체전을 치를 수 없어 도덕적 책임을 지고 여러 공무원이 엄한 벌을 받아야 할 중대한 상황이었다. 긴급히 사고 현황을 시장에게 보고하고 어떻게 극복해야 할지, 누구에게 복구 자문을 받아야 할지, 시설부장, 감독관, 현장소장, 감리 단장…. 그 외 많은 기술진이 밤늦도록 합동회의를 했다.

시장을 비롯한 주요간부 회의에서는 공기 내 완성이 어렵겠다며 부산 실내 수영장을 빌리자는 의견이 나왔다. 부장을 비롯한 건설본부 감독관은 그것은 기술자로서 수치이고 기필코 공기(工期) 내 복구해 수영경기가 차질 없이 열리게 하자고 다짐을 했다. 이튿날 기자 브리핑을 열어 어떤 일이 있어도 완벽히 복구해 체전 행사에 지장이 없도록 하겠다고 시민과 굳은 약속을 했다.

시설부장과 담당자는 서울에 있는 최고의 철골 전문가를 찾아가 복구 방안에 대해 도움을 요청했고, 구조 설계를 한 일본인 기술자도 현장에 와 복구방안을 의논해 주었다. 전국 최고 철골 전문가들이 울산대 건축대학에 모여 울산대 교수 주재로 복구 방안과 튼튼한 기초 공법을 의논하고 제시해 주었다.

전문가가 제시한 복구 방안대로 우리는 사전 준비를 철저히 하고 사고난지 두 달여가 지난 2005년 6월 10일 복구 작업에 들어갔다. 대형크레인을 동원하고, 여러 가설재를 설치하였으며 건물 변형을 조정해줄 많은 잭(Jack)이 동원되었다. 대형크레인은 지붕을 붙잡고 무전기로 변위 정보를 서로 주고받으며 잭 높낮이를 조정하면서 조심스럽게 복구 작업을 했다. 기울었던 지붕은 시간이 지나자 서서히 원상태대로 돌아왔고 기둥도 제자리를 찾아갔다. 이른 아침부터 시작한 긴장된 복구 작업은 오후 여섯 시경에 종료가 되었다.

모든 기술진은 복구가 완성되자 현장식당에 모여 복구를 축하하는 맥주 파티를 벌였다. 시설부장은 "여기 모인 모든 기술진의 수고가 있었기에 오늘 우리는 사고 수영장을 시민과의 약속대로 원상태대로 복구하였습니다. 수고한 모든 이를 위해, 건배!" 현장소장은 화답하듯 "공기 내 마칠 것을 새롭게 다짐하면서! 위하여!"를 외치며 긴장과 수고로 칼칼해진 목을 축였다. 이후 시공사는 지연된 공기를 만회하기 위해 밤늦게까지 작업을 하고 최선을 다한 결과 두 달여 간의 공사 중단에도 불구하고 2005년 8월 27일 당초 계획대로 완공했다.

종합운동장과 실내수영장은 계획대로 완공이 되어 체전을 치르는 데는 한 치 차질이 없었다. 빠듯한 공기와 사고에도 계획대로 공사를 마칠 수 있었던 것은 시공을 맡은 건설사의 철저한 책임감과 발주처인 종합건설본부의 전폭적 지원, 근로자의 구슬 같은 땀이 어우러졌기 때문이다. 그렇게 완성된 체육시설에서 그해 시월 노무현 대통령이 참석한 가운데 성대한 개막식을 치렀다.

체전 개막식 날 우리 팀원 모두는 여름날 뙤약볕 아래 까만 얼굴로 현장을 누비면서 공기 내 차질 없도록 완성을 당부하고, 근로자를 격려하며 사고 수습에 온 힘을 다한 지난 시간이 영화의 스크린처럼 스쳤다.

전국체전은 종합 운동장과 실내 수영장에서 풍성한 경기 수확을 거두고 잘 마무리되었다.

전국체전이 지나가고 한 달 뒤 장애인 체전이 열렸다. 책임을 완수하였다는 안도감으로 긴장이 느슨해져 있던 시점이었다. 장애인 체전 폐막식 날 상상을 할 수없는 커다란 사고가 발생했다. 체전 마지막 날 오후 두시쯤, 사무실에서 근무하고 있는 나에게 종합운동장 남쪽 옥상에 설치된 성화대가 폭발했다는 청천벽력 같은 소식이 들려왔다. 우리 팀에서 감독한 성화대라 나와 기전 팀장, 동료직원은 현장으로 급히 달려

갔다. 사고현장은 횃불 모양의 커다란 성화대 머리가 옥상 바닥에 떨어져 있고 여러 부재가 튕겨져 나뒹굴고 있었다. 천만다행인 것은 사고 시간이 점심시간이라 인명피해가 없었다.

"휴~. 불행 중 다행이다."

시장은 현장을 둘러보고는 무거운 침묵 속 굳은 표정이었고 빨리 사고를 수습하라고 지시했다. 폐막식 행사는 간이 성화대로 대체 되고 흉물처럼 서 있는 사고 성화대를 보는 모든 감독관은 부끄럽고 미안했다.

나와 기전 팀장은 빨리 사고 수습을 해야 한다는 책임감으로 성화대 폭발 원인 분석 및 복구대책을 주재했다. 사고 성화대는 종합운동장 건립 시 공모 작품이었는데 빠듯한 공기(工期) 때문에 서둘러 설치했고 견실치 않았던 모양이다. 전국체전 때는 무사히 넘어갔으나 장애인 체전 때는 미량의 가스가 누출되어 성화대 안에 쌓였고 뜨거운 성화 열기로 폭발한 것이다.

대책회의에서는 시간이 걸리더라도 더 튼튼한 성화대를 만들어야 한다고 다짐했고 구조를 더 세밀히 검토하여 보완하였다. 복구비용은 책임 관계를 따져서 시공사 간 적정 분담토록 조정했다. 장애인 체전이 끝나자 신속히 파손 부분을 제거하고 새로 제작한 튼튼한 부재를 덧대어 완벽히 성화대를 복구했다.

두 체전 시설물을 건립하는 동안 사고 수습과 빠듯한 공기로 여러 우여곡절도 많았지만, 열정을 쏟으며 고뇌했던 종합운동장과 실내수영장에서 많은 사람이 운동하고, 나무 그늘에서 휴식하거나 주변을 산책하며, 컨벤션센터 결혼 하객이 운동장 녹색 잔디를 바라보면서 잠시 여유를 느낄 때, 나의 작은 땀방울이 시민의 삶을 풍요롭게 하는데 작으나마 일조를 했다는 생각으로 보람이 밀려오곤 했다.

이 외에도 종합건설본부에 근무하는 동안 나는 많은 공공건물 건립에 참여했다. 시청 신청사 건립, 장애인 체육관, 궁도장, 중구 국민체육센터, 보건환경연구원, 고래연구센터를 건립 감독하였다. 경제 인프라 구축을 위해 자동차부품 연구센터, 벤처 빌딩, 정밀화학센터, 테크노본부동 건립, 울산과학진흥센터, 자동차 충돌시험장, 화학연구센터, 농수산물 유통센터 등 여러 건물을 계획하고 발주하고 감독한 시간은 열정을 온전히 쏟은 시간이라 커다란 보람이 밀려오는 시기였다. 그렇게 종합건설 본부에서 공공인프라 구축을 위해 사년 반을 보낸 다음 감사실로 발령을 받았다.

지금은 종합건설본부를 떠나온 지 많은 시간이 흘렀음에도 감독했던 건물을 스칠 때면 많은 사람이 그곳에서 생산적 활동을 하고, 휴일에는 가족이나 친구와 운동하고 휴식하는 모습을 볼 때, 지나간 시간 동안 땀 흘리며 수고하고 고뇌했던 여러 기억이 스치고 뿌듯함이 밀려오곤 한다.

외숙의 죽음에서 삶의 성찰을

　산다는 것과 죽는다는 것은 순간이고 그 경계는 하루, 더 나아가 일분, 일 초 찰나에 있다는 것을 느끼면서 시간의 무거움과 삶의 허무함을 생각하게 된다. 죽음이란 존재에서 사라짐으로, 있음에서 없어지는 변화를 일으키며 애통함과 허무를 준다. 영혼만이 기억 속 추억과 그리움으로 남는다는 것을 나는 느꼈다.
　2008년 어느 가을날, 가족과 친척으로부터 존경을 받아 왔던 외숙이 운명하여 장례를 치렀다. 살아생전 삶의 지표가 되는 덕스러운 이야기를 들려주고, 사랑과 따뜻함, 정 많던 분이었다. 며칠 전만 해도 건강했는데, 외숙은 병원에 입원한 외숙모를 극진히 보살피면서 자기 몸은 돌보지 않았던 모양이다. 공중목욕탕에서 갑자기 쓰러져 뇌사 상태로 일주일 동안 입원하다가 하늘나라로 갔다. 산소 호흡기로 연명하던 외숙은 미국에 있는 자녀가 마지막으로 도착하자 보고 싶었던 사람을 다 보아 편안히 갈 수 있겠다 싶었는지 심장을 멈추었다. 가족과 친지 조문객은 떠나가는 외숙을 그리워하며 많은 슬픔의 눈물을 흘렸다.
　외숙의 죽음을 보면서 이런 글 하나가 생각났다. 〈태어났을 때 나는 울고, 내 주변은 축복으로 웃고, 마지막은 나는 안식으로 미소 짓고, 주변은 애통해 우는 삶을 사십시오.〉 늘 따뜻한 꽃잎을 피우며 사는 삶이 되라는 격언으로 여겨진다.

화장터에서 뜨거운 불에 다비(茶毘)된 외숙의 주검은 허망했다. 뜨거운 화로 속에는 몇 개의 뼈만 남았다. 일주일 전만 해도 존경받던 소중한 인격체였는데…. 한 줌의 분골을 보면서 '죽은 육신은 참 허망하구나!' 혼자 웅얼거렸다. 결국, 남는 것은 육신이 아니라 사랑과 따뜻함, 그리움만 남게 되는 영혼이라는 것을 다시금 생각하게 했다.

6.25 전쟁 공로로 받은 화랑무공 훈장을 자랑스러워하던 외숙은 죽으면 가고 싶어 했던 대전 국립묘지에 안장됐다.

나는 외숙의 죽음에서 삶을 조용히 생각해 보았다. 나라는 존재는 어디서 와서 어디로 가는 것일까, 나는 어떤 삶을 살아야 하나….

어머니의 아기 자리에 잉태되기 전, 나는 이 세상에 본래 존재치 않았다. 부모의 사랑이 있은 다음 나라는 존재가 시작되었다. 그리고 보면 영혼을 담는 육신은 부모로부터 받은 게 분명하다. 그러나 영혼은 어디서 오는 걸까. 먼 우주, 하늘로부터, 신으로부터, 조상으로부터…. 각자의 성격, 마음, 자아를 천성이라 말하는 걸 보면 하늘로부터 천부적으로 부여 받는 게 영혼이 아닐는지…. 삶을 다하는 그날 나의 육신은 애초 없었던 무(無)로 다시 돌아갈 것이고, 영혼은 내가 사랑했던 모든 사람의 가슴에 그리움으로 남을 것이다.

화장터 옆에는 한 무더기의 빛바랜 억새가 바람에 일렁였다. 일렁이는 억새를 바라보면서 일 년 살이 억새와 나의 삶이 먼 우주의 시각으로 볼 때는 시간적 차이나 있는 것일까. 먼 시간(역사) 속에서 본다면 억새와 나는 찰나의 삶이고 그 허무는 별반 달라 보이지 않았다.

화장터에서 화구마다 태워지는 여러 주검을 보면서 저 주검들은 어떤 삶을 살다가 생을 마감했을까 궁금했고 인생의 후반기를 살아가는 나는 어떤 삶을 살아야 하나 되돌아보게 했다. 가족사랑, 주변에 격려와 위로의 삶, 따뜻한 정을 주고받고, 가치가 있는 존재로 살아야겠다는 생각이었다.

또한, 피는 꽃잎, 봄날의 새순, 밤하늘의 별, 조각달, 바다의 물결…. 나와 연관된 여러 사물과 감각을 소중히 여기고 소소한 것에서 아름다움을 발견하고 행복을 찾는 삶을 살아가리라 마음을 다독였다.

짧은 삶을 살다 가는 외숙의 죽음을 보면서도 세상일이 힘들다며 불평하는 한 친척이 있었다. 나는 '개똥밭에 뒹굴어도 이 세상이 저 천국보다 낫다.'는 속담을 들려주며 그래도 살아 있는 지금이 죽음보다는 낫다고 말했다. 근심 걱정을 아예 안하려면 죽어 안식의 세상으로 가면 끝나겠지만 삶을 그런 식으로 마감해서야 되겠는가. 나는 친척에게 죽은 후 누릴 안식보다 현재의 삶이 훨씬 더 소중함을 느끼며 살자고 했다. 생각에 따라 존재의 삶도 얼마든지 자기 천국을 만들어 가며 살 수 있는 게 삶이라 여겨진다.

'혼불' 작가 최명희 선생은 난소암으로 죽음을 맞았을 때 마지막 인사로 '아름다운 한세상 잘 살다 갑니다.'라고 했단다. 또한, 천상병 시인은 귀천이라는 시에서 '아름다운 이 세상 소풍 끝나는 날 / 가서 아름다웠더라고 말하리라' 라고 읊었다. 소중한 삶을 아름답게 보고 즐거운 소풍처럼 여기며 살았다는 이야기다. 누구라도 마음을 선하고 아름답게, 존재의 가치를 느끼며 살아갈 때 이러한 안식관이 생기는 게 아닐까.

이러한 존재와 죽음에 대해 사유하고 있을 때였다. 화장터에 딸린 작은 식당 주인 내외가 외출 갔다 오다 화장터 앞에서 오토바이를 탄 청년과 가벼운 접촉 사고가 났다. 그 내외는 온갖 육두문자와 악다구니를 쏟아냈고 격렬한 몸싸움을 했다. 매일 연기와 사라지는 죽음을 보면서 저렇게 강퍅한 마음으로 악을 쓰면서 살아야 하나? 그 내외의 이해심 없는 삶이 지옥 같다는 생각이었다. 경찰이 와서 말리는 바람에 싸움은 끝났다. 싸움 구경은 잘하였지만 씁쓸한 웃음이 나왔다. 얼마나 산다고 저런 모습인가?

삶을 아름답게 보고 서로 사랑을 나누고, 따뜻한 마음을 주고받으며 사는 삶이 되어야 함을 내게 말해주는 슬픔과 성찰과 숙연함이 묻어나는 외숙의 장례였다.

정원관리, 그림 걸기, 음악방송의 기쁨

우리가 하는 일에 가치를 부여하면 하찮은 일도 의미와 보람으로 다가와 신바람 나게 된다. 마음 착한 어떤 신사가 이른 아침 길을 쓰는 청소부에게 물었다. "수고가 많습니다. 아침마다 길거리를 비로 쓸려면 힘들고 귀찮지요?" 그 환경미화원은 의외라는 듯이 "힘들긴요. 나는 남이 버린 쓰레기나 치우는 하찮은 일이 아닌 지구를 청결히 가꾸는 중이라오." 하면서 정성껏 비질하더란다. 이렇듯 자기가 하는 일에 의미를 부여하고 가치를 느끼면, 우리는 훨씬 더 행복한 마음으로 일할 수 있다.

나 또한 청사관리팀장으로 일하면서 이러한 가치를 나 스스로 부여하면서 일했다. 단순하게 청사 청소나 시설물 보수하는 팀장이라는 생각보다는 직원의 근무환경을 쾌적하게 하고 예술의 향기를 불어 넣어 업무로 고단한 심신에 잠시라도 쉼과 여유를 주고자 하는 일은 몹시 즐겁고 기뻤다. 그 기쁨은 베풂에서 오는 풍요였다.

종합건설본부에서 공공건물을 건립하며 의미 있는 시간을 보내고 있던 나는 2008년 7월 21일 갑작스럽게 감사실 발령을 받았다. 지금까지 감사일을 해본 적이 없어 나는 걱정스러웠다. 동료직원이 열심히 한 일에 대해 잘 잘못을 따지고 감찰하는 일은 온화한 내 심성과는 맞지 않았다. 상부 기관에서 합동감사가 오면 불편이 없게 이것저것 챙기는 일도 신경 쓰였다. 나는 감사 지식도 별로 없고, 개성 강한 직원의 틈바구니에서 존재감과 가치를 찾을 수가 없어 속히 감사실을 떠나고 싶었다.

그러던 차 울산시청 신청사가 삼년여의 공사 끝에 완공됐다(2005년 12월 28일 착공, 2008년 12월 27일). 청사관리팀장이 서기관으로 승진해 그 자리를 떠나자 기관장은 나를 청사관리팀장으로 지정했다.

2009년 1월 14일, 나는 드디어 청사관리팀장으로 발령을 받았다. 내가 발령 받았을 때 얼마 남지 않은 신청사 개청 전까지 사무실 재배치와 이사를 끝내야 했다. 청사관리팀은 부서마다 이사 날짜를 지정해주고 원만한 이사가 되도록 지원했다. 한 부서가 이사할 때마다 쏟아내는 쓰레기는 작은 산을 이루었다. 엘리베이터를 비롯한 시설물은 아직 안정이 되지 않아 고장이 잦았고 직원들은 불만을 쏟아냈다. 한정된 인원으로 어수선한 분위기를 정리하고 수습하기에는 힘이 부쳤고 밤늦게까지 치우고 고치고 정리해야만 했다.

그렇게 부산한 이사가 끝나고 드디어 2009년 2월 28일 전임 시장과 국회의원을 비롯한 많은 귀빈이 참석한 가운데 신청사 개청식을 가졌다. 개청식 행사동안 방송 시설은 원만할지. 엘리베이터는 고장 없을지. 노심초사 걱정이 많았으나 다행히도 개청식은 별 탈 없이 무사히 끝났다.

신청사는 최소 예산으로 작게 지었고 기존 청사는 리모델링해 사용했는데 당시 성남시청, 용인시청은 과대 청사라며 연일 언론의 포화를 받았다. 행정자치부는 울산시청을 낭비 없는 모범청사라며 칭찬했고 다른 지자체 청사의 표본으로 삼았다.

시장은 신청사(본관), 구관, 의사당, 광장, 실개천, 정원이 조화롭게 배치된 청사를 저비용 고효율의 모범 청사라며 자랑스러워했다. 시장은 정돈되고 쾌적한 청사 환경에서 높은 사무 효율이 나온다고 생각하는 듯했다. 각층마다 직원이 일하다 피곤하면 잠시 휴식할 수 있도록 아늑한 관엽 식물로 꾸민 휴식 공간을 만들도록 했고, 사무실은 각종 꽃 화분으로 장식해 산뜻한 사무환경이 되도록 했다.

점심 식사 후에는 실개천과 정원 산책길을 거닐면서 잉어, 붕어, 버들치, 고동…. 태화강 서식 물고기가 실개천에서도 살도록 했고, 수련, 부레옥잠, 물상추…. 수생식물을 키워 실개천을 운치 있게 했다. 청사환경에 대한 기관장의 높은 관심은 청사를 더욱더 잘 가꾸고 빛나도록 했다.

시장은 시청을 찾는 시민이 주차 불편이 있어서는 안 된다면 주차관리에도 깊은 관심을 가졌다. 팔층 주차동은 오층까지는 항상 비워 두게 해 방문 시민이 주차 불편이 없도록 했다. 평상시 차량 출입을 금지하는 광장도 행사 때만은 개방하여 시민이 차를 쉽게 대도록 했다.

신청사 개청 초기 나는 시장의 주차 관심도를 잘못 파악해 호된 꾸지람을 들은 일화가 있다. 그동안 주차 불편을 겪던 직원은 주차동이 새롭게 생기자 직원 주차를 늘려 달라고 호소했고 그러한 요청을 따라 직원 주차를 더 많이 배정했다. 어느 날 아침, 과장 자리로 인터폰이 울렸고 나와 과장은 시장이 주재하는 간부회의에 불려갔다. 시장실에 들어서자 "일 좀 하는 줄 알았더니 형편없는 생각을 가진 과장과 계장이야! 주차장이 시민을 위한 주차장이지. 직원 편하자고 만든 주차장이야? 시민이 편한 주차 계획을 다시 세우도록 해!" 불호령이 떨어졌다. 부시장은 호된 꾸지람을 듣는 부하직원이 안쓰러웠던지 스스로 주차 배분 계획을 이런 식으로 잡으라며 방향을 제시해 주었고, 시장을 설득해 겨우 주차 계획을 마련할 수 있었다. 그때 우여곡절을 겪으며 세운 주차 배분 계획은 세월이 흘러도 그대로 유지되고 있는데 방문하는 시민으로부터 좋은 호응을 얻고 있다.

　신청사는 비 잦은 여름이 되자 곳곳에 누수가 생겼다. 비새는 청사는 기술자로서 속상했고 빨리 찾아 보수하기 위해 좁고 어두운 천장 속을 기어 다녔다. 천장 속은 덥고 먼지로 싸여있어 그곳에서 빠져나올 때면 땀과 먼지로 범벅이 됐다. 특히 시장 집무 책상 위 천정 에어컨 물이 떨어질 때는 시장 집무를 방해할까봐 노심초사 걱정이었고, 시장 퇴근 후 수선을 위해 천장 속을 들락거렸다. 그러한 노력이 있어 여름이 가기 전 청사의 모든 누수를 보수할 수 있었다.

　신청사는 현대식 건물답게 엑세스 플로어(바닥에 공간을 두어 각종 전선이나 컴퓨터 선을 유연하게 설치할 수 있도록 하는 바닥 공법) 바닥을 설치했다. 바닥재에 붙은 얇은 철판은 접착력 부족으로 불량해 꿀렁꿀렁 불쾌한 소리를 냈다.

　시장실도 마찬가지여서 카펫을 찢고 이곳저곳을 수선했는데 새로 입주한 시장실이 누더기 집무실이 될 처지였다. 마침 시장이 다음 선거 출마로 일주일가량 비우는 사이 그때를 놓치지 않고 시장실, 접견실, 상황실 등 주요 실은 튼튼한 바닥재로 신속히 교체했다. 시장이 당선되어 돌아왔을 때 새 기분으로 집무를 볼 수 있게 부하직원으로서 노력한 것 같아 안심되었다.

　하나 아쉬운 점은 직원이 근무하는 사무실은 분량이 너무 많아 교체하지 못했는데, 꿀렁이는 소리를 들을 때마다 기술자의 책무를 다하지 못한 미안감에 마음이 불편했다.

　신청사 일층 로비는 넓어 휑하니 컸다. 시장은 행사에 오는 시민과 직원이 커피를 마시며 이야기를 나눌 수 있는 카페 공간을 만들도록 했다. 나는 잘된 청사 카페를 견학한 다음 운치 있는 커피 카페를 만들었고 '나눔 쉼터'라 이름 지었다. 그곳은 시청을 찾는 많은 사람과 직원 휴게 공간으로 잘 활용되고 있다.

신청사가 개청되자 시 의회는 의사동도 집행부 사무실처럼 쾌적한 사무 공간을 만들어 달라고 요청했다. 2인 1실로 되어 있어 함께 쓰기가 불편한 의원실은 1인 1실로 요구했고, 본회의장도 1인 1석 설치를 요청했다. 의장실을 비롯한 상임위원회실 수선, 신설되는 교육위원회 마련 등 공사할 부분이 많았다. 비회기에 늦은 밤까지 공사해 새 의회가 구성되기 전 공사를 가까스로 마쳤다. 그때 쾌적하게 개선된 의회에서 의정 활동을 하는 의원의 모습을 보면 공사를 차질 없이 마치려고 애썼던 지난 수고가 떠오른다.

청사관리를 하면서 내게 깊은 의미를 주는 일은 시설개선보다는 운치 있는 근무 환경을 만드는 창의적 일이었다. 정원을 가꾸고, 청사 갤러리를 만들고 음악 방송 시설을 마련하는 일은 즐겁고 재미있었다.

나는 분수와 실개천이 있고, 수목이 자라는 정원 가꾸기를 좋아했다. 물고기와 수생 식물이 있는 실개천에 버들개지를 사다 심고, 돌 틈새에는 노란 금계국과 보라색 송엽국을 심었다. 새봄이 오면 버들개지가 피어나고 그 아래로 졸졸 흐르는 실개천은 고향의 개울 정치를 주었다. 붓꽃, 금계국, 송엽국… 피어난 개천의 여러 꽃모습은 아름답고 정겨웠다. 또한, 정원에는 감나무, 석류나무, 산수유를 구해다 심어 계절 운치를 더했다. 수형 좋은 예쁜 감나무를 구하기 위해 온 산야를 훑기도 했다.

그런 노력으로 봄은 버들개지를 시작으로 매화꽃, 산수유, 목련이 피고 사월은 화사한 벚꽃이 피어 절정을 이루었다. 벚꽃이 지면 붉은 바다를 연상케 하는 영산홍 군무가 펼쳐졌고, 담장 따라 피어나는 오월 덩굴 장미가 마지막 봄을 불태웠다.

광장 주변에 마련한 사계절 꽃 화단에는 계절 초화류로 아름답게 장식했다. 그리고 정원에는 라일락, 꽃댕강, 목서 같은 향기 식물도 심어 은은한 향기가 피어나게 했다. 의회 청사 주변과 사층 화단에는 '스카렛 메일란드'라는 작은 장미 품종을 심었는데 그 장미가 피어날 때면 작고 여린 꽃이 주는 애잔함과 아름다움에 감탄했다.

여름이면 시원한 물줄기를 뿜어내는 분수와 정원의 푸른 녹음이 덥고 피로한 심신을 달래 주었다. 분수 주변에는 야외 카페용 녹색 파라솔을 설치하여 더위를 피하도록 했고 녹색 파라솔과 분수의 조화는 여름 낭만 운치를 더했다. 점심시간을 이용해 분수 앞에서 '70, 80 음악회'가 열리는 날은 시원한 물과 녹음과 음악이 어우러져 조화롭고 흥겨웠다.

가을 정원은 벚나무, 느티나무, 은행나무…. 주는 오색 단풍으로 물들었다. 이식한 지 오래되지 않은 감나무에서는 아직 몇 안 되는 참감이지만 발갛게 익어 갔다. 붉은 석류는 탐스럽게 익어 빨간 보석을 들어내 보였고, 광장 국화와 함께 가을 풍치를 물씬 풍겼다. 겨울은 하얀 눈이 정원과 광장에 포근히 내려앉아 온통 흰빛으로 채색되기도 했다.

사계절, 운치 있는 정원을 거닐며 직원과 인근 주민은 좋아했다. 점심 후 삼삼오오 짝을 지어 오붓하게 실개천이나 산책로를 이야기하면서 걷는 풍경은 여유로웠다. 정원을 거닐다가 꽃향기를 맡고, 물고기 유영을 보면서 일과로 고단한 심신을 잠시 내려놓는 동료의 모습에서 내 마음은 뿌듯해 왔다.

또한, 나는 그림과 사진, 조각…. 예술품을 직원에게 보여주고 싶어 일층 전시실을 마련하고 복도에 상설 청사 갤러리를 만들었다. 전시가 있는 날, 식사를 마친 직원들이 감상평을 이야기하며 관람하는 모습은 여유롭고 평화로웠다. 청사 곳곳에 서양화, 한국화, 사진, 조각 등 여러 장르의 그림을 구매해 설치했고, 복도에 마련된 청사 갤러리에는 현대 국립미술관과 울산 미술협회에서 반년마다 임차해온 그림으로 교체 전시했다. 직원들은 생활 속에서 유명 작가의 그림을 감상할 수 있어 좋아했다.

또한, 화장실 스피커로 음악 방송을 들려주어 용변 보는 잠시 동안만이라도 베토벤, 모차르트, 차이콥스키…. 명곡이 귓전에 들려오도록 했다.

이렇듯 운치 있고 근무하기 좋은 환경을 만들기 위해 사무 공간 가꾸기, 정원 가꾸기, 그림 전시, 음악 방송 들려주기는 다른 사람을 행복하게 한다는 생각에 나는 하는 일마다 그지없이 즐겁고 기뻤다. 어떤 이는 청사관리가 단순한 일이라며 하찮게 보기도 했으나, 나 스스로는 몹시 의미 있고 가치 있는 일이라 여겨, 신바람 나는 청사관리 일과였다.

실개천에 피어나는 버들강아지

어릴 적 나무하러 동네 뒷산을 오르내렸다. 삭정이나 물거리를 하려면 높은 산에 올라가야 했다. 어머니가 싸주는 도시락을 지게 한쪽 가지에 묶고는 이른 아침 깊은 산 속으로 들어갔다. 아직 사람의 손을 타지 않은 깊은 산에는 삭정이와 죽은 물거리가 많았다. 소나무에는 주로 삭정이가 많았고 숲 아래에는 생육경쟁에서 퇴화한 죽은 물거리가 많았다. 삭정이나 물거리를 열심히 낫으로 베어 모으다 보면 시간은 금세 지나갔다.

배가 출출해 오면 하던 일을 멈추고 도시락을 꺼내 같이 간 친구들과 둘러 앉아 꿀맛 같은 점심을 먹었다. 도시락은 모두 보리밥에 김치, 절인 깻잎이나 콩잎 같은 밑반찬 종류였다. 점심을 먹고 잠시 휴식을 한 다음 삭정이를 더 모으고 오후 두세 시쯤 새끼로 단단히 묶어 지게를 중하부쯤에 찔러 넣어 짊어지고 내려왔다.

집까지 지고 내려오려면 먼 길이었고 한참 걸렸다. 무거운 땔나무 짐을 지고 내려오면 땀방울이 이마에 송송 맺히고 다리 근육이 팍팍해 왔다.

"어이! 좀 쉬었다 가자."

누군가 외치자 얕은 바위나 논두렁 같은 쉼터에 지게를 받치고 모두 쉬었다. 그런 쉼터 중에 큰 감나무가 그늘을 드리우고 산길이 모이는 접점에 쉼터 하나가 있었다. 그곳은 바로 개울가였고 갈증 나는 목을 축이기 좋은 곳이었다.

추운 겨울이 한풀 꺾이는 '우수' 즈음 햇살이 따뜻한 한낮이면 개울 얼음이 조금씩 녹아내리고 그 아래로 개울물은 졸졸졸 소리를 내며 흘러내렸다. 나뭇가지에 붙은 고드름도 녹아 한 방울씩 똑똑 떨어졌다. 그 즈음 개울가에 자라는 갯버들에서는 버들강아지가 피기 시작했다. 졸~졸~졸…. 얼음 아래로 흐르는 개울물 물소리와 버들강아지에서 봄이 멀지 않았음을 느끼곤 했었다.

시청에 새 청사를 건립하면서 정원을 다시 조성하였고 그곳에 실개천 하나를 만들었다. 실개천에는 어릴 적 개울처럼 강자갈 사이를 맑은 물이 흘러 제법 운치를 자아냈다. 그 실개천에서 고향 개울가 버들강아지 생각이 나 청사관리 팀장이던 나는 갯버들을 사다 심고 싶었다. 묘목장에서 어린 갯버들을 사와 나는 실개천 바위틈에 정성껏 심었다. 흙이 부족해 뿌리를 잘 내리지 못할까 걱정 돼 흙을 퍼 와서 뿌리를 덮어 주기도 했다. 물가여서 모든 묘목이 잘 자랄 줄 알았는데 몇 그루는 죽었다. 살아남은 갯버들은 눈길과 손길을 주는 관심과 사랑 속에서 뿌리를 내리고 잘 자라주었다.

이듬해 '우수' 절기가 올 무렵, 실개천 갯버들은 솜털 뽀송뽀송한 꽃을 피워냈다. 가지에 조랑조랑 달린 버들강아지는 벌써 꿀벌이 날아와 입맞춤을 하였다.

'봄이 오고 있대요, 새 봄이…. 봄은 나로부터 시작한대요.' 그렇게 버들강아지는 재잘재잘 봄소식을 전해주고 있었다.

　내 관찰로는 새 봄은 분명 버들강아지로부터 제일 먼저 오는 듯한데, 사람들은 왜 매화로부터 봄이 오는 것이라 여기는 걸까. 버들강아지는 꽃이 아니라는 걸까. 꿀벌이 입맞춤 하는 것으로 보아 버들강아지는 분명 꽃이 맞다. 순박하고, 여리고, 청순하고, 맑고, 앳되고…. 새 봄 소식을 가장 먼저 전하는 전령의 꽃, 그것은 버들강아지다.

　아직 겨울이지만 한낮 햇살에 봄기운이 살짝 묻어나는 이월 중순의 점심시간, 식사를 마친 직장 동료와 인근 회사 직원이 실개천 산책을 한다. 그들은 버들강아지를 보고는 "와! 벌써 버들강아지가 피었네!" 하며 반가운 인사를 건넨다. 지나가는 모든 사람들이 버들강아지를 보고 반가운 인사를 건네고, 눈을 가까이 가져가 신기한 듯 세심히 관찰하기도 했다. 맑은 개울가에 무리 지어 핀 버들강아지…. 그들은 우리에게 새 봄 맞을 준비를 서서히 하라고 말을 건넸다.

　갯버들 가지에 붙은 모든 버들강아지가 활짝 만개할 즈음, 봄은 우리 곁에 어느 듯 성큼 다가와 매화, 산수유, 목련 같은 꽃을 피워내기 시작한다. 매화를 필두로 피어나는 본격적인 꽃나무 축제가 시작된다. 매화가 피면 뒤 따라 산수유, 목련이 피어나고, 사월에 들어서면 거리에 꽃등을 단 듯 벚꽃이 화사하게 피어나 봄의 절정을 이뤘다. 그 벚꽃이 질 즈음 붉은 영산홍이 바다를 이루고, 마지막으로 요염한 오월 넝쿨장미가 피어났다.

　그렇게 봄꽃 축제가 한바탕 신명나게 지나고 나면 녹음방초 우거지는 싱그러운 여름이 성큼 찾아 들었다. 버들강아지로 시작한 봄은 장미가 질 무렵이며 내년을 기약하면서 우리 곁을 무던히 떠나갔다.

붉은 감을 기다리며

　시청에는 초록원이라는 정원이 있다. 이곳은 졸졸 흐르는 실개천이 있고, 녹음은 풍성하며, 잔디는 포근하게 자란다. 크지 않는 정원이지만, 이곳을 찾는 사람에게 휴식과 위안을 준다. 점심시간에는 직원은 물론이고 인근 병원 환자, 사무 종사자들이 와 잠시나마 머리를 식히고, 여유를 느끼며 기분을 전환하곤 했다. 정원이 조성되고 시간이 흐르자 나무와 잔디, 물고기…. 모든 생명이 자기 자리를 찾아 조화롭게 자라고 생활했다. 창밖으로 정원을 바라보고 있노라면 작은 나무 하나에도 애정을 쏟았던 정원이라 정이 안 가는 나무가 없지만 유독 감나무에 더 애정이 간다.

　정원에서 자라는 감나무를 보고 있으면 청사관리계장으로 근무할 때, 먼 곳에서 감나무를 캐다가 정원에 심었던 기억이 되살아난다. 봄이 오면 정원은 벚꽃 등 무수한 꽃이 피어났고, 여름이면 푸른 녹음이 싱그러웠으며, 가을은 아름다운 단풍으로 물들고, 겨울은 앙상한 가지와 눈꽃이 피어나 사계절의 변화를 확연히 느낄 수 있었다.

　가을이 오면 정원 풍경이 단풍만으로는 뭔가 부족해 감나무 한그루를 심자고 시장에게 건의했다. "감나무 좋지! 감나무 중에서도 참감나무를 한번 구해 보도록 해!" 지시가 있었다. 실무자와 나는 울산 근교에서 옮겨 심을 감나무를 찾아보았다. 대개 감나무는 집 울안에 있어 마음에 들더라도 옮겨올 수가 없다. 그런 연유로 들이나 야산에서 수형이 양호한 건강한 감나무를 찾아야 했는데 그게 쉽지 않았다.

한번은 도시개발 지구로 지정되어 주민이 떠나간 빈 마을에서 수형이 괜찮은 늙은 감나무를 어렵게 발견해 옮겨 심었다. 옮겨 심은 감나무는 잡초처럼 건강하게 뿌리 내릴 줄 알았다. 그런데 늙은 감나무는 시난고난 앓다가 한해를 못 버티고 죽었다. 기력이 쇠잔한 감나무를 하늘소 애벌레가 침입해 속을 다 갉아먹었던 것이다. 징그러운 하늘소 애벌레는 튼튼한 턱으로 개미굴처럼 길을 내면서 나무 변재를 다 갉아 먹어 영양분이 가지로 가지 못하게 했다. 잎이 피지 않는 죽은 감나무는 다른 나무와 조화되지 못하고 을씨년스러웠다. 옮겨온 그해 늦은 가을 죽은 감나무는 애석하게도 토막 내 어디론가 사라졌다.

마을마다 붉은 감이 가을 운치를 더하는 늦은 가을, 우리는 다시 참감나무를 찾아 나섰다. 울주군과 경주 도시 근교를 샅샅이 훑었다. 마을마다 가장 흔한 것이 감나무지만 수형이 예쁜 건강한 감나무는 참 찾기 힘들었다. 좋은 수석이나 희귀난이 귀하듯 아름답고 균형 잡힌 건강한 감나무는 쉬 눈에 들어오지 않았다.

이곳저곳을 헤매다가 어느 산골 들판에서 우리는 간절히 찾던 수형 좋은 감나무 한그루를 발견했다. 붉은 감을 주렁주렁 달고, 아직 청년 같은 건강한 모습에 잘 뻗은 감나무는 보기에도 아름다웠다. 값을 치르고 뿌리가 다치지 않도록 조심스럽게 분 뜨기 작업을 했다. 분을 뜨는 동안 '이 나무가 시청 정원에서 건강히 자라게 해주십시오.' 하고 혼자

만의 기도를 했다.

어렵게 옮겨온 감나무를 실개천 가에 정성스럽게 심었다. 식재 기술자는 뿌리가 잘 내리도록 적당한 깊이로 흙을 판 후 거름도 주고 지주목으로 단단히 지지한 다음 흙을 덮어주었다. '감군! 제발 이곳에서 정붙이고 터 잡아 잘 자라주게.' 하면서 나는 다정다감하게 속삭였다.

정원에 강제 이주해온 감나무는 첫봄이 되자 자연의 이치를 따라 여린 잎을 틔웠다. 뜨거운 여름날, 정착하지 못한 뿌리가 충분한 수분을 잎으로 전해주지 못해 감나무는 일찍이 잎을 떨구었다. 잎 떨구기는 감나무가 생명을 유지하기 위한 애절한 자구 노력이었다. 다시 한 해가 가고 봄이 왔다. 새잎은 피어났지만, 여름날 조금만 더워도 잎은 기력을 잃고 힘들어했다. 그다음 해는 정붙이고 살려는 감나무의 살가운 노력 때문이었는지 잎은 건강하여 여름을 견디었고 가을 낙엽이 되어 떨어졌다.

사년이 지나자 감나무는 새로운 이주지에 완전히 정착한 느낌이었다. 봄이 오자 잎을 무수히 틔워냈고 몸체는 건강했다. 봄이 중간쯤 지날 즈음에는 감꽃까지 피워냈다. 많은 감꽃이 피지는 않았지만 감꽃이 핀 감나무는 고맙고 대견스러웠다. 노란 감꽃을 피워낸 감나무가 대견스러워 나는 두 팔로 감싸 안아 주었다.

감꽃이 지고 나니 그곳에 작은 열매가 열렸다. 눈을 들어 몇 개인지 살펴보았다. 한 열 개 정도가 열린 것 같다. 뜨거운 햇볕이 내리쬐는 여름날, 아이가 포동포동 커가듯 참감은 동실동실 커갔다. 많지 않은 감이지만 가을이 오면 예쁜 감잎 단풍 사이로 불을 먹은 붉은 감이 가을운치를 더해줄 걸 생각하니 어떤 기대감이 벅차올랐다. 까치밥으로 남겨 놓은 감을 먹기 위해 늦은 가을이나 겨울에는 까치나 직박구리 새들이 정원을 들락거릴 것이다. 생각만으로도 계절의 풍요가 느껴졌다.

　나는 감나무를 보면서 해마다 뿌리를 더 깊게 내려 해가 갈수록 더 많은 감을 우리에게 선사해 줄 것을 기대했다. 어릴 적 온 동네를 붉게 물들였던 고향의 감나무처럼 붉은 감을 주렁주렁 달고 가을의 서정을 우리에게 담뿍 안겨 주었으면 좋겠다. 사람들은 빨갛게 익은 감에서 풍요의 가을, 사색의 가을을 더 가슴 깊이 느끼게 될 것이다.

오묘한 오색팔중 동백이 피어나면

　울산 시청 정원은 여러 종류의 나무가 잡성촌을 이루어 어우러져있다. 봄이면 동백, 매화, 산수유, 목련, 벚꽃, 영산홍으로 이어지는 꽃의 축제가 봄의 화사함과 환희를 준다. 그들 꽃나무 중에는 특이한 꽃나무 한그루가 있다. 그 이름은 '오색팔중동백' 나무이다.

　오색팔중동백은 이름 그대로 한 나무에 붉은 꽃, 분홍 꽃, 하얀 꽃, 여러 색이 혼합 채색된 꽃…. 다양한 색깔을 가진 여덟 겹꽃이 피는 특이한 동백이다. 꽃이 질 때는 다른 동백처럼 꽃송이 채로 낙화하지 않고 한 잎 한 잎 낱개로 흩어지며 떨어진다. 매년 3월 하순부터 4월까지 피었다가 지는 꽃이다. 4월 중하순쯤이 가장 아름답고 많이 핀다. 꽃이 피면 오묘한 꽃을 보기 위해 많은 사람이 찾아와 역사의 아픔을 되새기고 무탈하게 커주어 감사하다며 두 손 모아 기도하기도 한다. 특히 부산여대 교수 십여 명은 매년 고운 한복을 차려입고 와 나무에 헌다식을 하고 간다.

　이 동백나무가 이처럼 많은 사람으로부터 관심과 사랑을 받는 데는 이유가 있다. 오색팔중동백은 본래 울산 동백이라는 이름으로 오래전부터 울산학성에서 자생 하던 동백이었다. 임진왜란 때 울산을 점령한 왜장 가토 기요마사가 울산학성에서 이 동백을 발견하고 꽃이 아름답고 신비해 일본으로 가져가 군주 도요토미 히데요시에게 바쳤다.

부하로부터 전리품을 받은 도요토미 히데요시는 이 동백나무를 교토 지장원(일명 춘사, 동백절)에 심었다. 1세는 400년의 풍상을 견디지 못하고 1983년 고사했다. 2세는 약 100년의 수령으로 지장원에서 건강하게 자라고 있고, 그 나무에서 꺾꽂이한 3세인 작은 묘목(약 40cm)을 24년 전(1992년) 가져와 울산시청 정원에 심었다. 환국한 지 20여 년이 지나 지금은 수고(樹高)가 약 3m의 건강하고 풍성한 자태를 뽐낸다.

400년 만에 고국을 찾아왔지만, 너무나 오랜 세월 왜국 풍토에 익숙했던 탓일까. 일본에서 3본의 묘목을 가져와 울산시청, 독립기념관, 사천 조명군총에 각각 한그루씩 심었으나 애석하게도 두 곳은 고사했다. 시청에 심은 동백만이 조상이 살던 고향이라는 귀향 본능으로 뿌리를 내리고 건강하게 잘 자라 주었다.

나는 이 동백을 보면서 여러 생각을 해보게 된다. 전쟁 중 강제로 고향을 떠나 먼 타국으로 이식되어 갈 때 동백나무는 얼마나 서러웠을까? 임란 시절 조선 도공이 왜국으로 끌려갈 때 비통한 심정 그대로였을 것이다. 도공이 향수를 그리며 아름다운 조선 도자기 꽃을 피웠듯이, 동백 또한 고국을 그리워하며 따뜻한 꽃잎을 피웠을 것이다. 그런 설움, 한을 태생 속에 가져서 그런지 화려함 속에도 아려오는 아픔이 배여 있는 듯하다. 하얀 꽃잎 속 붉은 줄무늬는 고국에 돌아온 기쁨의 눈물과 그동안 타국에서 흘린 눈물의 흔적 같기도 하다. 가까이서 꽃을 세심히 보고 있자면 아름답게만 느껴지는 것이 아닌 역사의 애환, 아픔이 함께 느껴진다.

2012년에는 동백나무 환국 이십 주년을 맞아 대대적인 헌다례식이 있었다. 지장원 주지를 설득해 동백 환국에 지대한 공을 세운 부산 삼중 스님과 부산여대 교수들이 주축이 되어 많은 시민이 보는 가운데 성대한 헌다 의식을 치렀다. 무사 귀환을 기념하고 무탈하고 건강하게 자라준 고마움에 예를 갖추고 차를 올리는 의식이었다.

　한편 처음 이 동백이 울산시청에 왔을 때 시청 조경 관리자는 이 나무가 고사하거나 훼손되지 않도록 많은 정성을 기울였다. 환국 당시에는 이 나무가 기후에 적응하지 못할까 봐 온실로 덮어 보호하고 영양제를 주어 지극정성으로 보살폈다. 이 동백나무가 제 자리에서 자랄 수 있도록 몇 년 전 청사를 지을 때 정원 계획을 대폭 바꾸기도 했다. 해마다 봄과 가을에는 정성껏 거름을 주고, 각종 병충해가 달려들지 않도록 약제도 뿌려준다. 누가 부러뜨리거나 훼손하지 않게 감시 카메라를 설치해 주야로 감시한다. 겨울 추위에 혹시 동사할까 봐 바람 보호막으로 보호하기도 하고…. 이러한 보살핌 덕분인지 지금까지는 잎도 건강하고 꽃도 왕성하게 피워 청년 동백으로 자라 주었다.

　이 동백이 유명해지면서 유사 동백을 오색팔중동백이 아닌지 확인해 달라는 요청도 많았으나 가서 살펴보면 언뜻 비슷해 보이나 세세히 살펴보면 달랐다. 그런 확인 과정을 거치면서 오색팔중동백은 시청 정원에 있는 것이 유일한 희귀목임을 더욱더 확인하게 되었다.

　몇 년 전 이 희귀 동백나무에서 삽목(挿木)한 어린 묘목을 양묘장에서 키운 다음 본래 자생지였던 학성공원에 몇 그루를 심었다. 그곳 동백이 무럭무럭 자라 자손을 번창시켜 임진왜란 이전의 오색팔중동백 숲을 이루었으면 하는 바람이다. 그 숲을 보면서 우리는 소중한 역사 교훈을 배우게 될 것이다.

삶을 아름답게 바라보기 청사 갤러리

'꿈을 나누며, 삶을 아름답게 바라보기'
이 아름다운 글은 시청 갤러리를 알리는 카피 글이다. 갤러리 입구 천정에 매달려 있는 나무 푯말에 쓰여 있다. 청사 갤러리는 복도와 계단, 벽면에 약 120여 점의 회화와 사진 조각품이 설치된 상설 전시장이다. 미술품이 장식된 청사는 권위적인 관공서 이미지를 벗고 예술의 향기를 준다. 누구라도 관람하면서 예술의 향취를 느낄 수 있다.

신청사는 2008년 새로 지었고, 구청사는 2010년 리모델링을 했다. 새 청사이지만 화강암으로 치장한 복도는 매정하고, 차갑고 무거운 벽면으로 재료만큼이나 마음에 무감각, 건조함, 딱딱함을 주었다. 무감각의 석벽에 예술의 온기를 불어넣을 수 없을까 고심했다. 예술품을 구매해서 설치할 수도 있겠으나 너무 많은 예산이 들어 엄두를 내지 못했다.

좋은 방법이 없을까 고민만 하던 중 새 부시장이 부임했다. 부시장은 예술을 사랑하는 분이었고, 청사근무 환경을 둘러본 뒤 복도 벽이 너무 딱딱해 보인다며 그림과 조각, 사진 등 예술품을 설치토록 지시했다. 관료 조직상 중요 간부 지시는 신속히 움직이게 한다. 예술품을 설치하려면 추진 시책도 세워야 하고 예산도 마련해야 하는데 부시장의 지시는 추진 속도를 빠르게 했다.

  나와 담당자는 먼저 미술품이 잘 설치된 기관을 방문했다. 정부청사와 호텔, 대기업 본사 등 예술품 설치로 근무환경을 높이고, 사업에 문화 콘텐츠를 접목하는 건물을 견학했다. 견학 결과 그림을 매입해 고정 전시하는 것보다 순환시켜 다양한 예술품을 보여주는 임차 방식이 좋다는 것을 알았다. 상사에게 임차 방안을 보고하고 신속히 추진해 나갔다.

  수준 있는 작품 전시를 위해 절반은 국립현대미술관에서 임차하고, 나머지는 지역작가의 창작 의욕고취를 위해 지역 미술협회에서 임차키로 했다. 국립현대 미술관을 찾아 중견작가의 수준 있는 작품이 반입될 수 있도록 협조를 구했다. 지역 미술협회도 가능한 대작으로 반입하되 작가가 중복되지 않도록 선정 기준을 주었다. 여러 번의 조율 끝에 반입 작품을 결정하였고 훼손을 대비한 보험 가입을 한 다음 반입을 했다.

  소중한 예술품이 무진동 차로 시청에 실려 오던 날, 전국 유명 작가의 작품을 관람할 수 있다는 기대감으로 마음이 들떴다. 설치 기술자는 반입된 예술품이 벽면과 조화되도록 잘 배치해 나갔다. 큰 벽면에는 큰 그림으로 작은 벽면에는 작은 그림이 부착되게 배치하고 풍경화 같은 구상화는 구상화끼리 추상 그림은 비구상 그림과 서로 이웃하여 조화를 맞춰 나갔다. 감독공무원인 나와 팀원도 늦은 밤까지 설치 기술자와 의논하고 감독했다.

  무채색의 화강석 벽면이 차츰 찬란한 그림으로 채워지자 어떤 풍요감이 밀려왔다. 동료직원들이 출근해 변화된 청사 환경에 놀라워할 생각에 늦은 밤 수고가 피곤한 줄 몰랐다. 설치 작업은 자정이 넘어 완료되었고 작품을 최종적으로 확인하며 바라보았다. 색상의 아름다움, 고향 추억, 자연의 포근함, 꽃의 향기, 기발한 창의성, 작가의 의도, 수고의 땀…. 작품은 눈을 호사롭게 했고 감상이 주는 평온함과 아름다움이 무척이나 좋았다. 이튿날 채색된 벽면과 쾌적한 청사 분위기에 직원들은 무척 좋아했고 수고했다는 격려는 보람으로 다가왔다.

그렇게 청사 갤러리에 첫 미술품이 설치됐다. 이후 6개월마다 순환 교체를 하고 있는데 바뀔 때마다 새로운 분위기를 주어 직원들이 좋아한다. 전문 갤러리를 가지 않고도 수준 높은 작품을 감상할 수 있어 좋다며 흡족해한다.

그림, 조각, 사진 등 예술품이 청사 갤러리에 설치되어 반응이 좋아지자 인근 관공서와 회사에서는 시청 갤러리를 모방키 위해 견학을 왔다. 임차하게 되면 큰 예산을 들이지 않고도 다양한 예술품을 감상할 수 있어 정서 함양에 매우 좋다는 점을 설명해 주었다. 또한, 지역작가들은 자기 작품이 공공장소에 전시되는 것을 뿌듯해했고, 창작 의욕을 고취하는 계기가 되기도 했다.

〈미술은 잠자는 감성을 일깨워 일상적 눈으로 볼 수 없는 다른 세계를 보여주며, 일상의 틀을 깨우고, 놀라운 경험과 생동감을 보여준다.〉는 글을 보았다. 청사 복도에 설치된 알 듯 모를 듯한 여러 장르의 그림에서 나는 일상의 눈으로 보지 못하는 새로운 세계를 발견하곤 한다. 또한, 업무 스트레스로 기운이 저하될 때 아름다운 꽃이나 바다 같은 작품에서 새로운 기분전환을 가져오기도 한다.

이제는 예술이 전문인의 전유물이 아닌 생활 속에서 느끼는 예술로 발전해 갔으며 좋겠다. 시청과 같은 공공기관뿐 아니라 공공장소, 회사, 공장, 학교, 음식점 등 곳곳에서 생활 속에 예술이 꽃피어 우리의 마음을 풍요롭게 가꾸어 갔으면 한다. 시청 갤러리처럼….

두 아이를 위한 헌신

자녀는 삶에 무엇인가? 사랑의 결실, 종족 보존, 작은 사회, 천륜, 보호, 기쁨, 사랑, 단란, 걱정, 헌신…. 부모는 자녀로 인해 여러 감정을 갖게 되고 살아가야 할 존재 이유와 동기를 갖게 된다. 자녀와 부모는 뗄 수 없는 천부적 혈연과 사랑이다. 대부분 동물의 수컷은 잉태만 시키고 양육의 책임을 지지 않은 채 떠나가지만, 인간은 자녀가 자립할 때까지 아버지도 함께 무한 책임을 지고 헌신을 한다. 나는 어린 나이에 부모의 이른 죽음이 사랑을 갈급하게 해서 그런지 두 딸에게만은 사랑의 갈증을 남겨 주고 싶지 않았다. 그러한 자녀관은 두 딸에게 무한 사랑을 주게 했고 헌신적 양육으로 아버지의 책임을 다하고자 했다.

모든 부모가 소망하듯 나와 아내도 두 딸이 건강하고 총명하기를 바랐다. 나의 자녀 공부관은 부모가 책을 보는 모범을 보이면, 아이들은 스스로 제 능력껏 공부한다는 자율 공부관이었다. 아내는 누군가 이끌어주어야 훨씬 능률이 높다는 공부관이었다. 세상 아버지들은 대개 나와 같은 생각일 거고, 어머니들은 아내와 같은 생각이리라. 자녀에 대한 어머니의 높은 기대감으로 학원을 보내지 않으면 내 아이만 뒤처질 것 같은 불안감 때문에 무리해서라도 학원이나 과외를 시킨다. 모든 어머니의 자녀에 대한 공부 불안감을 먹고 사는 좀비가 사교육이라는 생각이다.

아내는 교사라서 그런지 아이들에게 공부 강도가 컸다. 초등학교도 들어가기 전 학습지 공부를 시키고, 아름다운 절대 음감을 많이 들으면 총명해진다는 주변 이야기를 듣고 큰아이를 피아노 선생에게 과외를 시작했다. 먼 거리를 주에 한두 번 아내는 아이를 태워 주었는데 굴곡이 심한 이차선 도로라 사고 나면 어쩌나 노심초사 걱정이었다. 큰아이는 그곳에서 피아노를 배우는 재미보다는 그 집에서 키우는 토끼가 더 좋았던지 토끼 이야기를 더 많이 했다.

큰아이와 네 살 차이의 작은아이는 초등학교에 입학하자 본격적인 학습지 선행 교육이 시작되었다. 학습지 선생은 우리 집을 들락거렸고, 한 시간 정도 수업을 하고는 돌아갔다. 학습지 선생은 아이들의 학습 능력이나 학교 숙제를 아랑곳하지 않고 잔뜩 숙제를 내주었다. 아이들은 학교 숙제도 벅찬데 학습지 숙제까지 하려니 커다란 부담이었고 힘들어했다. 아내는 숙제를 미루면 아이들을 꾸중했다. 공부 피곤증이 초등학교 때부터 몰려오기 시작했을 것이다.

아내는 큰아이에게 다양한 교양, 예술체험을 시켜주고 싶다며 초등학교 사학년 때 KBS 울산 방송국 합창단에 가입시켰다. 노래를 잘 부르거나 목소리가 좋아서 그랬던 것은 아니고 단지 어릴 때 소중한 문화 경험이 삶을 윤택하게 하리라는 생각으로 예술 체험을 시켜주고 싶었던 것이다. 합창단 선생은 엄격했고 연습 시간에 늦으면 엄한 벌을 주었다. 바쁜 아내는 아이를 태워주기 어려웠고 연습하러 가야하는 토요일 오후는 내가 태워 주어야 했다. 출발 시각이 늦으면 아이는 벌 받을 생각에 불안해했다. 나는 큰아이, 작은아이, 합창단 친구 한 명을 소형차에 태워 달렸고 바쁜 마음을 나 몰라라 하듯 자주 켜지는 빨강 신호등이 얄미웠다. 나와 두 딸은 붉은 신호등이 파랑 신호등으로 바뀌기를 바라면서 먼발치서 "부처님!, 부처님!"을 부르는 장난기 섞인 기도를 하곤 했다. 그러면 신기하게도 파랑 신호로 바뀌었는데 부처님이 도운 거라며 우리는 깔깔깔 웃곤 했다.

울산 대공원 개장식 날이었다. 비가 오는 가운데 KBS 열린 음악회가 있었는데 KBS 울산방송국 어린이 합창단이 찬조 출연하게 됐다. 어린이 합창단은 아이보리색 단복으로 맞추어 입고 멋진 화음의 합창을 했다. 행사가 끝난 뒤 무대 뒤에 기다리고 있을 아이에게 빨리 가야 했는데 나와 아내는 어쩌다 늦었다. 다른 아이들은 부모 따라 먼저 가고 큰아이만 남아서 비를 맞으며 무서워 울고 있었다. 우리가 나타나자 몹시 반가워했고 두려움에 울고 있는 큰아이 모습이 애잔했다. 소중한 문화 경험을 준 합창단은 초등학교 오학년까지만 하고는 그만두었.

큰아이가 중학교에 들어가자 아내는 잘 가르친다는 종합반(달동 소재 00학원)이 있다며 그곳에 다니도록 했다. 아직 어린 나이에 자정까지 학원에 매여 있는 모습은 안쓰러웠다. 나는 늦은 밤 학원 앞에서 아이를 기다렸다가 데려왔는데 학원은 아이에게 가혹한 형벌 같아 화가 나기도 했다.

큰아이는 중학교 때 공부 스트레스를 풀어주는 방법으로 성악을 배우고 싶어 했고, 취미로 성악 과외를 했다. 주에 두 번인가 성악 여선생(30대 후반 미혼, 암으로 이른 죽음)이 왔고 선생의 피아노 반주를 따라 부르는 가곡, 오페라 아리아, 부드러운 팝송이 아이의 공부방에서 틈새로 들릴 때면 나는 귀를 기울이고 들었고, 아름다운 노래 소리에 내 마음은 평온으로 물들었다. 한번은 부산 KBS 방송국 콩쿠르에 성악 선생의 권유로 큰아이는 출전했으나 성량이 풍부하지 않아 입상에는 실패했다. 나는 혹시 그런 실패가 아이의 자신감을 잃게 하는 것은 아닐까 걱정이었다.

작은아이는 초등학교 시절, 학교를 마칠 시간 엄마가 마중 나와 있는 친구를 몹시 부러워했다. 비 오는 날 점심시간에 내가 잠시 짬을 내 마중가면 "비 오는 날이면 다른 엄마들이 우산 들고 기다리는 모습이 제일 부러워요. 엄마도 내게 그래 주었으며 좋겠어요." 그런 아이에게 "엄마는 몹시 바쁜 사람이야. 그래서 아빠가 이렇게 너를 데리러 온 거야." 하면서 나는 아이의 마음을 다독였다. 작은아이는 아빠가 와준 것만으로도 행복해했고, 작은 승용차에 여러 친구를 태우고는 즐거워했다.

두 아이의 공개학습이나 운동회 참석은 주로 내 몫이었다. 다른 부모들은 다 오는데 아빠 엄마가 보이지 않으면 아이가 몹시 상심하고 기다릴까봐 외출을 내고 참석했다. 특히 작은아이는 나를 보고 몹시 반가워하며 "우리 아빠야!" 하면서 친구에게 소개하고 손을 흔들어 반가워했다. 공개 학습 시간, 학급 장기 자랑 때는 예쁜 작은아이를 가운데 세웠고 질문도 작은아이가 하도록 선생님은 배려해 주곤 했다.

본격적으로 내가 두 딸에게 헌신한 시간은 중학교와 고등학교 다닐 때이다. 큰아이는 문수중학교를 작은아이는 옥동중학교에 다녔다. 나는 당시 시청에 근무하고 있어 출근길에 등교시킬 수 있어 두 아이의 등교 책임을 내가 맡았다.

큰아이가 중학생이었을 때다. 토요일 하교 시간에 맞추어 아이를 태우러 갔다. 내가 운전하는 티코 차를 이학년까지는 부끄러워하지 않아 친구보고 같이 타고 가자고 얘기하던 아이가 삼학년이 되자 티코 차는 부끄럽다며 아이들이 안 보는 뒷길에 주차토록 했다. 버스에서 탄 친구들이 티코를 탄 자신을 볼까 봐 고개를 숙이고 피해 가자고 조르기도 했다. 그럴 때마다 "티코 차면 어때! 당당해져 봐!" 내가 말했지만, 부끄러움 많은 청소년기라 아빠의 작은 차가 창피했던 모양이다. 나는 아이를 봐서라도 차를 바꾸지 않을 수가 없었고 중소형(SM3) 중고차로 바꾸자 큰아이는 아주 좋아하고 편안해 했다.

작은아이는 중학교 1학년 때 옥현중학교에서 옥동중학교로 전학했다. 중학교 1학년 2학기 중간 쯤 아이의 건강이 갑자기 안 좋아져 등하교를 힘들어했다. 직장 가는 길에 나는 작은아이 등교를 도와주었는데 작은아이는 등교 시간이 늦을까 봐 조바심을 냈다. 조바심 내는 아이를 위해 나는 늦다 싶으면 신호도 무시하는 위험한 운전을 했다. 아이를 내려준 다음 옥동 뒤 산복도로로 출근했는데 여덟 시까지 조기 출근해야 하는 마음은 항상 바빴다.

작은아이가 간혹 하교 시간에 건강이 몹시 좋지 않다며 좀 와달라는 메시지가 오면 나는 걱정스러운 마음으로 외출을 내고 학교 앞에서 기다렸다. 친구들과 나오는 작은아이의 모습을 보면 안심되었으나 혼자 힘들어하면 학교 입구에서 나를 기다릴 때는 걱정이 밀려왔다. 한번은 학교 안 교직원 주차장에서 작은아이를 기다리다 교칙을 위반했다며 교장 선생에게 혼쭐이 난 적도 있다. 토요일이면 작은아이를 태우고 집으로 오는 느긋한 차 안에서 아이와 나누는 대화는 그지없이 정답고 평온했고 나를 가장 행복한 시간으로 만들었다.

아이들은 성장하여 고등학교에 다녔는데 큰아이는 무거 고등학교를, 작은아이는 우신고등학교를 다녔다. 고등학교 아침 등교도 내 담당이었다. 큰아이는 아침 7시 50분까지, 작은아이는 7시 40분까지 학교에 등교해야 했는데 잠 많은 청소년 시절이라 아침에 일어나기 힘들어했다. 등교시간이 되면 각종 옷가지, 수건, 식탁 위 그릇 등 흐트러진 모습이 전쟁터 같았다.

아내는 바쁜 출근 시간에도 아침 식단을 마련하려고 애를 썼고, 아이들보고 아침을 먹고 가라고 종주먹이지만, 나와 아이들은 먹는 둥 마는 둥 집을 나서 급히 운전해 등교해야 했다. 한길이 정체되거나 빨강 신호등일 때는 좀 더 빨리 가려고 골목길을 택했고 골목길 네거리에서 충돌할 뻔한 아찔한 순간도 있었다. 아이는 지각할까 봐 조바심이고, 매일 아침 등교 전쟁을 치러야 했다.

큰아이가 다니는 고등학교는 높은 곳에 있지 않아 차에서 내려 교문까지 걸어가는 수고가 덜했으나, 작은아이가 다니는 고등학교는 높은 언덕 위에 있어 가파른 언덕길을 뛰다시피 오르는 모습을 볼 때면 약한 체력이 안쓰러웠다. 아침 등교를 시키고 나면 나는 휴~ 하고 한숨을 내쉬었고, 아침 여덟 시쯤이면 직장에 도착해 일과 시작 전까지 잠시 여유를 가질 수 있었다. 나는 직장 주차장 차 안에서 마음을 가다듬고 하루를 어떻게 살아야 할지 아침기도를 하곤 했다.

두 아이의 고등학교 하교, 야간자율학습을 마치면 밤 열시나 열한시였다. 주로 학생의 어머니가 와서 아이를 기다렸는데 나는 고단한 아내를 위해 그 일을 내가 도맡다시피 했다. 야간 자율학습을 마치고 나오는 아이를 기다리는 동안 '당신의 밤과 음악' 같은 클래식 방송을 듣거나 책을 읽었는데 어두운 실내등 아래 책을 읽으면서 자꾸만 시력이 나빠졌다.

야간 자율 학습을 마친 아이는 파김치가 되었고, 그런 아이를 나는 옥동이나 무거동에 있는 학원이나 과외 수업하는 곳에 태워 주어야 했다.

자정이나 새벽 한 시경 달과 별을 보며 집으로 오는 아이는 피곤에 절어 있었다.

토, 일요일도 바쁘기는 마찬가지였다. 아이들은 일요일만이라도 늦잠을 자고 싶어 했으나 학원이나 과외가 기다리고 있어 그럴 수 없었다.

두 아이가 중고등학교를 마치는 9년 동안 등하교 외에도 나는 옥동과 무거동, 중구 홈플러스 인근…. 영어, 수학, 언어 학원을 릴레이 하듯 태워주고 태워 와야 하는 힘든 시간이었다. 그런 수고는 부모로서 아이와 고생을 나눠야 한다는 생각이었기에 참아내야만 했다. 기다리는 동안 할 수 있는 것은 차 안에서 책 보기, 지루하다 싶으면 골목길 산책하기, 소공원에서 가벼운 운동하기로 무료한 시간을 보냈고, 무더운 여름밤은 모기와 전쟁도 치러야 했다. 나는 두 아이를 기다리면서 많은 책을 읽을 수 있었는데 책 읽기는 훗날 내 영혼에 소중한 자양분이 되었다.

등하교, 학원 태워주고 태워오기 수고는 두 딸이 대학에 들어가면서 내려놓을 수 있었다. 아이를 돕기 위해서는 때로는 친구나 동료와 친교의 자리도 피해야 했고, 나의 삶을 어느 정도는 포기하고 희생해야 했다. 소중한 아이들과 동고동락하는 시간은 즐겁고 행복한 시간이었다. 이 모든 수고는 아이들을 위한 사랑이고 헌신이고 아버지의 책임감이었다.

두 딸에 대한 지나간 애환과 후회

　자식을 낳아서 기르다 보면 걱정, 불안, 당황, 기쁨 등…. 여러 감정에 휩싸이게 된다. 아이들은 부모의 바람대로 자라주지 않을 때도 있다. 특히 사춘기 때는 더 그렇다. 성장기에 엇나가던 아이도 부모의 온전한 사랑만 있으면 일순간 방황할지라도 다시 본래의 착한 심성으로 돌아온다. 자녀가 우여곡절을 거치면서 바른 인격으로 성장하여 가치 있는 삶을 살아갈 때 모든 부모는 한시름 놓고 자식 키운 보람으로 행복이 밀려오기도 한다.

　내게도 두 아이를 키우면서 아이들로 인해 기쁨, 웃음이 더 많았지만 때로는 걱정과 불안 속에서 밤을 지새우고, 감정 통제를 못 해 아이에게 아픔을 준 후회로 눈물 흘리기도 했다.

　큰아이가 초등학교 사오학년쯤 되었을 무렵이다. 산에는 진달래가 붉게 피어있고…. 우리 가족은 봄꽃 구경도 할 겸 무룡산 등산을 가기로 했다. 어느 일요일 김밥을 싸고 과일을 준비해 집을 나섰다. 큰아이는 그날따라 컨디션이 좋지 않았지 집을 나설 때부터 산에 오르기 싫다며 투정이었다. 그래도 가족이 함께하는 등산이니 같이 가자고 설득해 데리고 갔다. 살아오면서 느낀 점은 무슨 일을 할 때 가족 네 명 모두의 의견이 완벽하게 일치하는 경우는 극히 드물다는 것이다.

나는 높지 않은 무룡산을 오르면서 운동도 하고, 산 정상에서 야호를 외치고, 푸른 산과 멀리 보이는 망망대해를 바라보며 찌든 때를 씻어내고, 가족이 싸간 도시락을 맛나게 먹으며 보낼 등산 생각으로 기분이 좋았다. 초입에서는 새 봄풀, 매화, 진달래를 보면서 콧노래도 흥얼거렸다. 차츰 산을 오르자 땀방울이 송송 맺히고 산등성에 지어진 팔각정에서 잠시 쉬면서 시원한 산들바람을 맞았다. 그곳에서 바라보는 공단은 웅장했고 울산은 대한민국의 발전의 심장이라는 느낌이었다.

적당히 쉰 우리는 정상을 다시 오르기 시작했다. 큰아이는 이쯤에서 내려가자고 투정이었지만 나는 산에 왔으면 정상을 가야지 중도 포기할 수 없다며 아버지의 권위로 올라갈 것을 종용했다. 큰아이는 마지못해 뒤처져 따라왔다. 팔부 능선쯤 올랐을 때, 큰아이는 혼자 쉬면서 기다릴 테니 세 가족만 정상을 갔다 오면 안 되겠냐고 했다. 나는 조금만 오르면 정상이니 참고 가자고 설득했고 이 정도 산을 못 오르면 훗날 성공하는 사람이 될 수 없다며 겁을 주기도 했다.

오르는 도중 큰아이는 자꾸만 뒤처지더니만 산모퉁이를 돌 즈음 시야에서 벗어났다. 나와 아내, 작은아이는 큰아이가 곧 따라 오겠지 생각하면서 산을 올랐고 오르다가 큰아이가 오면 함께 가자며 쉬었다. 올 때가 되었는데도 나타나지 않아 나는 뭘 하나 싶어 다시 내려갔다. 그런데 아이가 쉴 만한 곳을 찾았으나 보이지 않았다.

큰아이는 제 고집대로 등산을 포기하고 하산을 한 것이다. 나는 아내한테 그 사실을 알리고 작은아이와 천천히 내려오라고 말하고 큰아이를 찾아 나섰다. 내가 걱정했던 것은 아이가 하산 도중 길이라도 잃으면 어쩌나 하는 생각이었다. 햇볕 나는 낮에는 길을 잃어도 목숨이 위태롭지 않지만, 기온이 떨어지는 밤은 저체온 증으로 위험할 수도 있었다. 나는 큰아이 이름을 부르면서 급히 산을 내려갔고 두 갈래 길에서는 이 길일까 저 길일까 망설이기도 했다. 올라오는 등산객한테 물으니 아이 하나가 내려가는 것을 보았단다. 나는 다시 바삐 내려갔고 아무리 빠르게 걸어도 가시거리 내 보이지 않았다. 큰아이가 다른 길로 들어서 산 속을 헤매는 것은 아닐까 걱정 중에도 제 마음대로 내려가 버린 행동에 대해서는 화가 몹시 났다. '어떻게 부모한테 이런 걱정을 끼칠 수 있단 말인가!' 화가 머리끝까지 뻗쳤다.

　나는 출발점에 거의 도착했고 나무 사이로 혼자 오도카니 서있는 큰아이를 발견했다. 큰아이가 안전하다는 안도감도 잠시, 부모 걱정을 끼친 것에 몹시 화가 나서 다가가자 말자 흠씬 두들겨 팼다. "네가 산 속에서 죽으려고 환장했나! 산 속이 어디라고 너 혼자 내려간단 말이고? 너 진짜 산 속에서 헤매다가 죽어 볼래?" 하면서 무차별 구타를 가했다. 아이가 울고 어른이 두들겨 패는 모습을 본 동네 주민은 무슨 일인가 싶어 주택 베란다에서 우리를 힐끔힐끔 쳐다봤다.

　아이를 야단치고 있을 때 아내와 작은아이가 도착했다. 작은아이는 나에게 언니 그만 때리라고 애원했고, 제 언니한테는 빨리 용서를 빌라고 했다. 씩씩대던 나는 감정을 추스르고 "한 번만 더 그런 식으로 하면 산 속에 놔두고 올 거야." 호통을 쳤다. 시간이 지나자 감정이 누그러들었고 평온을 찾았다. 감정이 누그러지자 작은아이는 급히 산에서 내려오려다가 자칫하면 낭떠러지에 떨어질 뻔 했다며 위기의 순간을 이야기했다. 미끄러져 떨어지려는데 다행히 나무가 받쳐주어 추락하지 않았단다. 그 이야기를 듣던 나는 이래저래 큰일 날 뻔한 산행이었구나,

하면서 안도했다.

　화가 지나가고 평온이 찾아들자 나는 큰아이에게 미안과 후회가 밀려왔다. "애리야. 많이 아프지? 아빠가 때린 것 미안하구나. 길을 잘못 들어 산 속을 헤매면 죽을 수도 있어 몹시 걱정했단다. 아빠가 마구 때려서 다시금 미안하구나! 너를 너무 사랑한다!" 하면서 큰아이에게 사과를 했다. "아빠 미안해요. 제가 잘못 했어요. 걱정 끼쳐드려 죄송해요." 큰아이는 내게 용서를 구했다. 그날 저녁 우리 가족은 화목을 위해 외식을 했고 저녁을 먹으면서 서로 이해와 사랑으로 감쌌다.

　이후 큰아이는 성장하면서 별 애환 없이 착한 아이로 성장해 주었다. 장녀답게 어질고 속이 깊었다. 말은 조용하고 차분하였으며 온화한 성품이었다. 허튼소리를 하지 않고 심지가 깊은 아이로 자라주었고 언제 봐도 든든한 기둥 같은 존재였다.

　우리 가족은 큰아이보다는 작은아이로 인해 걱정과 당황과 가슴 쓸어내림이 더 많았다. 작은아이가 세 살 때였다. 아직 말로 의사 표현을 하기 전이었다. 아내는 신정 시장 인근 은행에 볼일을 보고 '길거리 포토 스토어'에서 큰아이와 재미난 포즈 사진을 찍고 있었다. 큰아이와 얼굴을 맞대고 포즈를 취하면서 사진을 찍는 동안 작은아이에 대한 주의를 소홀히 했고, 그 사이 작은아이는 홀로 거리를 배회했다. 작은아이는 제 엄마와 언니 있는 곳에서 멀어져 방향을 잃었던 모양이다.

　아내와 큰아이가 포토스토어에서 나왔을 때 작은아이가 보이지 않았다. 아내는 작은아이를 큰 소리로 불렀으나 보이지 않자 당황했다. 아내는 전화로 근무 중인 나에게 울면서 "아리가 없어졌어요. 빨리 신정 시장 기업은행 앞으로 와 주세요." 했다. 나는 놀라서 황급히 오라는 장소로 갔다. 아내는 눈물범벅으로 혼비백산이었고, 큰아이도 작은아이 이름을 부르면서 이곳저곳 두리번거리며 찾고 있었다. 아내로부터 자초지종을 들은 나는 아이 이름을 부르면서 주변 골목을 찾았으나 찾을 길이 없었다. 일단 파출소에 실종 신고를 했다. 주변에 있는 아주머니에게 혹시 빨간 스웨터를 입고 있는 세 살짜리 아이를 보지 못 했느냐고 물었으나 다들 모른다는 답이었다. 안절부절못하며 조금 더 범위를 넓혀 인도를 따라 찾아 나섰다.

그때 저만치서 한 아주머니가 작은아이를 보듬고 우리 쪽으로 걸어오는 게 보였다. 아내는 황급히 뛰어가 아이를 받아 안고는 찾은 기쁨에 엉엉 울었다. 아이를 안고 온 아주머니 말에 의하면 우리 가족이 아이를 찾는 안타까운 모습을 보면서 버스를 탔는데 버스가 얼마쯤 갔을 때 차창 밖을 보니 빨간 스웨터를 입은 꼬마 아이가 울면서 태화교 방향으로 아장아장 걸어가더란다. 직감에 저 아이가 부모가 찾는 그 아이이구나 하는 생각이었고, 기사한테 급히 차 좀 세워달라고 부탁해 내려서 아이를 보듬고 왔단다.

찾은 곳은 제 엄마가 있었던 곳에서 오백 미터는 족히 넘을 거리였다. 나와 아내는 아주머니에게 "이렇게 고마울 수가 있을까요? 감사합니다! 고맙습니다!" 인사를 수도 없이 했다. 아이를 찾아준 아주머니한테 사례를 하려 했으나 극구 사양했다. 아주머니가 보험 설계사 일을 하고 있다고 해 훗날 작은아이 이름으로 보험 하나를 가입했다. 만약 그때 아이를 찾지 못했다면 한평생 아이한테 죄지은 마음과 보고 싶은 그리움으로 온전한 가정을 이룰 수 있었을까 하는 생각을 하면 지금 생각해도 아찔해지곤 한다.

작은아이는 성장하여 초등학교 6학년이 됐다. 아이는 친구들을 잘 웃기고 이야기도 잘해 친구들 사이에서 인기가 많았다. 작은아이는 친구들 권유로 학생대표에 출마했고 친구들의 적극적 도움으로 당선이 됐다. 그런 아이를 두고 친척들은 가문의 영광이라며 우스개 이야기를 했다.

그 시점 작은아이에게 사춘기가 찾아왔고 질풍노도의 시기에 접어들었다. 이유 없이 반항적이기도 하고 잘 나간다는 아이들(?)과 어울렸다. 담임선생은 아내한테 아이의 걱정을 하면서 가정 지도가 필요하다는 이야기를 했다. 그때부터 아내는 나쁜 친구와 사귀며 아이가 잘못된 길을 걸을까 노심초사 걱정이었고 불안해했다. 아이의 일거수일투족을 감시하고 시간별 공간별 무엇을 했는지 어느 친구와 있었는지 따지곤 했다. 그럴 때마다 아이는 몹시 반항했고 격한 반응을 보였다

2010년 작은아이는 중학교에 입학했고 4월에 들어섰다지만 아침저녁은 쌀쌀했다. 그동안 작은아이를 감시해 오던 아내는 불안감을 떨치지 못하고 작은아이 가방을 뒤졌다. 담배 한 개비가 나오자 아이가 담배에 손을 댄 것 같다며 아버지가 아이를 방치하고 있다고 나를 힐난했다. 무책임한 아버지라는 아내의 힐난에 나는 몹시 화가 났고 아직 어린 나이에 담배를 피우는 것만큼은 용서할 수 없다고 흥분했다.

아이가 학원을 마치고 온 저녁 여덟 시경, 집에 들어오자마자 "네가 담배를 피운다며…. 어디 할 게 없어 담배를 배우나! 그런 식으로 학교생활 할 것 같으며 공부 때려치워!" 하면서 감정 통제를 못 하고 이곳저곳 때렸다. 아이는 "아빠! 내가 뭘 잘못했다고 그래요. 제발 때리지 말고 말하세요. 내 말 좀 들어봐요. 난 담배 안 해요." 울면서 항변했지만 나는 아내의 말에 더 비중을 두어 때리지 말라며 피하는 아이를 흠씬 팼다. 그리고는 너 같은 딸 두고 싶지 않으니 당장 나가라고 집 밖으로 쫓아냈다. 나는 아이를 쫓아내 놓고 씩씩거렸다. 한참의 시간이 지난 후

흥분을 가라앉히고 나는 작은아이를 찾아 나섰다. 작은아이는 차가운 계단에서 맨발인 채로 울면서 오들오들 떨고 있었다. 나는 그 모습이 너무나 안쓰러워 아이를 부둥켜안고 함께 꺽꺽 울었다. "아빠가 미안하구나. 춥지? 어서 집으로 들어가자." 아이를 달랬다.

후에 아이의 이야기를 듣고 보니 아이는 담배를 모르는 아이였다. 친구가 피워보라고 준 것을 멋모르고 가방에 넣어 두었고 깜박 잊고 있었는데 그게 제 엄마한테 발각된 것이다. 담배를 본 아내는 아이가 담배를 피운다고 오해해 그 소동이 벌어진 것이었다. 그때 이성적으로 아이의 이야기를 들어보고 차분히 훈계하지는 못할망정 감정만 앞세워 무차별 구타한 내가 두고두고 후회스러웠다.

이 외에도 아이가 사춘기 시절 반항적이거나 짜증스러워하면 감정을 참지 못하고 아이한테 완력으로 다스리려 했다. 무거동 전자상가에서 갖고 싶은 폰을 사주지 않는다고 불평과 짜증내는 아이를 몹시 나무라고, 아침에 일어나 투정하는 아이를 달래주지는 못할망정 화내면서 병마개를 던져 아이 눈두덩에 맞혔을 때는 내가 왜 이리 감정통제를 못 하나 한심스러웠다. 옥동에 있는 수학학원 예비 테스트할 때도 힘들어하는 아이 마음을 위로해 주기는커녕 같이 화내고 나무라기만 한 나는 왜 그랬는지 시간이 지난 지금도 후회가 막급하다.

작은아이가 한번은 가출을 해 마음 졸인 일도 있었다. 어느 날 작은아이는 몹시 불안해하면서 친구를 만나고 오겠다고 나간 다음 밤을 꼬박 새우도록 연락이 없고 집에 들어오지 않았다. 그때는 아이 건강도 나빠 약을 먹어야 하는데 연락은 안 되고 나와 아내는 걱정 속에서 뜬눈으로 밤을 새웠다. 아는 친구한테 물어도 보았으나 다들 모른다는 답변이었다. 이튿날, 찾을 방법이 없어 경찰에 신고하자 경찰은 소방서 119 지령실 도움을 받으라고 했다. 119 지령실 도움으로 핸드폰 위치 추적을 하자 삼호초등학교 인근이었다. 나와 아내는 급히 삼호 초등학교 정문으로 가 친구들과 배회하는 작은아이를 발견해 집으로 데리고 왔다. 작은아이를 불러낸 아이들은 초등학교 때 어울러 지내던 친구들이었다. 집에 온 작은아이에게 왜 집을 나갔는지 물으니 사춘기 때 친구들과 추억거리를 만들고 싶었단다.

이렇듯 작은아이의 질풍노도 같은 사춘기 방황은 가출에서 집으로 돌아온 이후부터 사그라들기 시작했다. 작은아이는 이런 식으로 살아서는 안 된다는 자아가 싹트기 시작했고 마음을 다잡자 사춘기 방황은 끝을 맺었다. 이후 작은아이는 아내와 내가 쏟는 사랑 속에서 잘 나가는 아이들과는 결별했고 착한 심성으로 성장해 주었다. 중학교 2학년부터는 말썽 한번 안 부리는 착한 학생이 되었다.

고등학생이던 작은아이는 교통사고로 자칫 목숨을 잃을 뻔한 적도 있다. 우신고등학교 정문은 경사져서 가팔랐고 정문 앞 도로는 차들이 제법 많이 다녔다. 토요일 오전 자율 학습을 마친 아이는 정문 앞에 기다리는 제 엄마한테 가려고 길을 건너려는 순간이었다. 승용차 한 대가 갑자기 속도를 내면서 아이 옆을 치고 지나갔다. 아이는 충격으로 넘어졌고 정신을 잃었다. 긴급히 울산대 응급실로 실려가 머리부터 발끝까지 CT 및 X-ray로 검사했다. 천만다행으로 타박상 외에는 뼈나 신경, 허리, 뇌…, 그 어디에도 이상이 없었다. 내가 소식을 듣고 응급실에 달려갔을 때 나를 본 아이는 "아빠 놀랬죠? 검사 결과 큰 이상은 없대요." 나를 되레 위로하는 모습에서 생명에는 지장이 없겠구나, 안도 했다.

사고 원인은 승용차를 몰던 한 아주머니가 아이를 발견하고 브레이크 밟는다는 게 액셀러레이터를 밟았던 것이다. 차는 갑자기 속도를 내

달렸고 아이를 치고 얼마를 가다가 멈추었다. 사람을 치는 커다란 충격에도 즉사하거나 중태에 빠지지 않았던 것은 작은아이가 등에 메고 있던 백팩 책가방 때문이었다. 넘어질 때 두툼한 책가방이 먼저 땅에 닿아 완충 역할을 해주어 머리를 크게 부딪치지 않았고 타박상에 그칠 수 있었다. 아이는 며칠 입원해 치료받은 다음 퇴원을 했다. 또 한 번 작은아이로 인해 놀란 가슴을 쓸어내려야 했다.

여러 애환이 많았던 아이지만, 작은아이는 인정도 많고 이야기도 정감 있게 잘하며 주변에 대한 배려심도 많은 착한 아이다. 타인에게 폐 끼치는 것을 싫어하고 이해심도 많으며 정직하고 바른 마음을 가진 아이였다. 예쁜 얼굴에 활짝 웃는 웃음은 순수하고 싱그러워 피곤한 내 마음을 풀어주는 비타민이었다.

어머니를 일찍 여의었던 나는 성장하면서 부모 사랑이 많이 그리웠고 아이들만은 사랑에 대한 결핍이 없도록 양육하고 싶었다. 많은 사랑을 아이에게 주다가도 때로는 내 감정을 통제 못하고 훈육한답시고 아이를 구타하는 미성숙한 내 모습은 몹시 후회스럽고 미안하고 가슴 아파온다.

아이를 기르면서 때로는 그들로 인해 웃고, 울고, 화내고, 걱정하고, 사랑을 주고, 행복해하고…. 그게 자녀와 함께하는 여느 가정의 모습이 아닐까. 아이들이 성장하는 과정에서 그들로 인해 수많은 감정이 흐르지만, 그러나 그 모든 것의 바탕에 사랑이 있는 한 갈등은 치유되고 바른 심성으로 성장하게 된다. 아이를 키우면서 느낀 나의 경험이고 자녀관이다.

아내와 오붓했던 솔마루 길

직장 정원에도 가을 단풍이 물들고 있었다. 감나무, 느티나무, 마로니에…. 푸름을 자랑하던 나무들이 가지 끝부터 예쁜 주홍빛 노랑 잎으로 변해갔다. 물들어 가는 단풍이 가을 서정을 우리에게 한껏 안겨 주고 있었다. 덥지도 춥지도 않은 기온과 푸른 하늘은 여름 동안 미뤄 두었던 등산이나 둘레길 산책에 더 없이 좋은 계절이다.

2009년 10월, 추석과 개천절 연휴를 맞아 가을 풍경을 담고 싶어 아내에게 간월재 억새 산행이나 남산 솔마루길 중 하나를 걸어보자고 했다. 휴일이면 둘레길이나 숲길을 오붓하게 산책하는 다른 부부가 나는 많이 부러웠다.

가장 가깝고도 먼 것이 부부라 하였던가. 애석하게도 나는 결혼 초 아내와 몇 번의 산행 외는 함께 숲길을 걸어보지 못했다. 나와 아내는 여행이나 산행을 가면 이런저런 이유로 티격태격 다툼이 잦았다. 이번 산행을 이야기하면서 아내의 의견을 묻는 나는 조심스러웠다. 그러나 아내는 뜻밖에도 싫다는 소리를 하지 않고 같이 가잔다.

아점을 먹은 다음 오전 11시쯤, 솔마루 길 산책에 나섰다. 보건환경

연구원을 출발하여 크로바 아파트까지 약 6km를 걸을 계획이었다. 보건환경 연구원에서 시작한 산책길은 첫 초입부터 가파른 오르막길이었다. 오랜만에 걷는 가파른 산길은 거친 숨을 몰아쉬게 했다. 한발 한발 오르다 보니 오르막은 끝나고 평지 길이 나왔다. 소나무 숲길은 피톤치드의 영향일까 기분이 상쾌했고 아파트에서 나던 짜증은 어느새 사라졌다. 집에서는 나의 웃음과 말투를 밉게만 보던 아내의 마음도 숲속에 오니 너그러워지는 모양이다. 서로가 목소리를 낮추어 평온하고 맑은 목소리로 순화된 언어를 사용한다. 숲이 나와 아내 사이를 부드럽게 하는 가교 역할을 했다. 둘은 도란도란 정겹게 이야기하고, 얼굴에는 평온한 미소를 띠면서 행복한 산책길을 걸었다.

산책길 중간에는 시어가 아름다운 시(詩) 푯말이 있었다. 푯말에는 정일근 시인이 지은 바다와 관련한 시도 있었다. 아내는 그 시를 읽고는 나지막한 둔덕 너머 바다가 있는 줄 착각을 했던 모양이다. 산책을 하다가 옹기종기 모여 있는 사람에게 아내가 물었다. "바다는 어디 있어요?" 그러자 한 남자가 뜬금없다는 듯 "무슨 바다 말이죠? 먼 내륙지방에서 오셨어요?" 하면서 한바탕 웃는다. 둔덕 위에 올라보니 보이는 것은 수많은 시립공원 묘지들뿐이었다. 나와 아내는 겸연쩍어하며 그곳을 황급히 떠나왔다.

다시 둘은 걸으면서 지난시간 섭섭했던 말, 자녀 성장, 집안 일…. 여러 이야기를 도란거리면서 걸었다. 걷다가 배가 출출해 한적한 길섶 풀밭에 김밥을 내어 놓고 둘은 맛나게 점심을 먹었다. 야외에서 아내와 오붓하게 김밥을 먹어본 지가 얼마만이던가. 준비한 커피도 마시고…. 휴식 후 나는 배낭을 둘러메고 아내와 함께 다시 길을 걷는다. 산책길에는 시를 적은 푯말이 듬성듬성 있었는데 푯말이 나올 때마다 잠시 서서 운율을 따라 낭송해 보니 시가 주는 잔잔한 울림이 있다.

한 시간 반 정도를 걸었다. 목재 데크로 설치된 태화강 전망 쉼터가 나왔다. 그곳 산중턱에서 내려다보는 태화강 전경은 명품 풍경이었다. 탁 트인 시야, 사행천 태화강, 꽃단지 대공원, 도심의 스카이라인은 매우 운치가 있었고, 시원한 전경은 가슴을 뻥 뚫리게 했다. 솔마루 길 중에서도 으뜸가는 관망 장소인 것 같았다. 한참을 도심 이곳저곳을 주시하며 감상에 젖는다.

나는 아내와 단란하고 친밀한 분위기를 더 느껴보고 싶어 아내에게 이쯤에서 내려가 태화강변에 있는 전망대 커피숍에서 차를 마시자고 했다. 아내는 좋다며 나의 의견에 전부 동의해 주었다. 오늘만큼은 불협화음이 없는 완벽한 하모니였다.

산을 내려와 둘은 태화강 전망대 커피숍에 들려 가장 경치가 좋은 자리에 앉았다. 의자에 앉아 바깥 풍경을 보고 있는데 자꾸만 움직인다. 가만히 살펴보니 360도 회전하는 전망대였다. 그곳에서 이곳저곳을 바라보는 풍경 또한 "와!" 하는 감동이다. 바람결 따라 일렁이는 태화강의 잔물결은 평화롭고, 강과 조화되는 문수산은 한 폭의 풍경화 같다. 건너편 짙푸른 댓잎은 건강미가 넘쳐흐른다. 여름 태풍으로 쓰러진 강변의 풀들은 지쳐보였지만 다시 생명의 활력을 찾아가고 있었고, 아래에 난 산책로에는 자전거 마니아들과 보행하는 사람들로 북적였다. 모든 전경이 평화롭고 강과 아름다운 조화를 이뤘다.

전망대를 나와 아내와 나는 강변길을 걸었다. 편안한 걸음걸이는 안단테 보폭이다. 우리 곁을 스치는 자전거 애호가는 형형색색의 복장을 갖추고 힘찬 페달을 밟았다. 강변 둔치에는 쑥부쟁이, 황하 코스모스, 억새, 갈대…. 가을 서정을 만들어 가는 소재들이 곳곳에 펼쳐져 있었다. 강 가운데 작은 섬에는 왜가리 한 마리가 외롭게 서 있는데 그 모습이 망중 휴식을 취하는 걸까, 아니면 고독일까, 생존의 전략일까 궁금해졌다.

산책을 마치니 오후 4시 30분이었다. 아내는 오늘 산책길에서 만난 가을 전경이 가슴을 풍성하게 했나 보다. 자전거도 배우고 싶고 다음 주에는 하늘 억새 축제에도 가보고 싶다며 생기 돋는 희망을 이야기했다.

오랜만에 아내와 함께 걸은 둘레길 산책은 우리 부부에게 단란, 평온, 행복을 준 길이었다. 이 모든 것은 자연에서만 느낄 수 있는 치유의 선물이 아닐까. 흘러가는 강물처럼, 조화로운 숲처럼, 서로 이해 속에서 알콩달콩 살아가자고, 그곳에 행복이 찾아온다고 속삭였다. 아내는 동조의 눈빛으로 미소를 띠며 나를 쳐다보았다.

오랜만에 아내와 걸은 솔마루 숲길은 사막 같은 메마른 마음과 각박함을 정화시켜준 가을날 소중한 치유의 시간이었다. 집에 도착해 흘린 땀을 씻어내는 샤워는 한층 더 시원하고 상큼했다.

작은형님의 죽음

    2012년 3월 7일, 나는 또 하나의 소중한 상실을 겪었다. 존경하던 작은형님이 아픈 지 삼일 만에 칠십 삼세를 일기로 운명한 것이다. 삼형제의 둘째였던 작은형님은 혈육 간에 늘 가교역할을 했다. 명절 또는 성묘 때, 기타 집안 대소사가 있으면, 기름 같은 역할로 형제간에 사랑과 정이 넘치도록 마음을 내는 형님이었다.

    작은형님은 술을 참 좋아했다. 밥보다도 술을 더 좋아했고 한 잔의 술이 들어가면 신바람이 나 이야기가 거칠 줄 몰랐다. 술을 좋아하는 형님이었지만 건강관리도 철저해서 항상 새벽 등산을 다녀오곤 했다. 가족 사랑도 남달라 새벽 등산을 갔다 오면 과일 주스를 만들어 온 가족이 신선한 아침 주스를 마시고 일터로 나가게끔 했다. 아이 돌보기를 좋아해 세 명의 외손녀를 손수 돌보고 키우셨다.

    술을 좋아하다 보니 몇 해 전 대장이 꼬여 수술을 받은 적은 있지만, 지금까지 큰병 없이 건강하게 살아오셨던 분이다.

    건강하던 분이 갑자기 배가 아프다면서 쓰러졌고, 의식을 잃고 생사의 갈림길에서 대수술을 했다. 수술을 하여 확인한 결과 장 유착으로 혈

액공급이 원활치 못해 소장, 대장에 괴사가 생겼고 패혈증으로 장기가 갑자기 파손되면서 죽음에 이른 것이다.

많은 죽음 중에서도 혈육의 죽음은 마음을 더 아프게 한다. 형제는 어머니의 아기 자리를 같이 공유하고 시차를 달리할 뿐 같은 젖꼭지를 빨며 자라고 유전인자가 같기 때문에 그럴 것이다. 그래서 형제를 피를 나눈 혈육이라 하는 것 같다.

혈육의 죽음은 살아오면서 서로 동고동락하며 정과 사랑으로 연결되어 있어 슬픔이 더 커 보인다. 나 또한 이번 죽음을 맞아 형님과 지낸 지난 시간을 그리워하며 많은 눈물을 흘렸다. 그게 피를 나눈 혈육지간에 느끼는 인지상정이 아닐까.

사랑하는 이의 죽음은 우리의 삶에 많은 영향을 미친다. 죽음이 내면을 지배한 사람으로는 뭉크가 떠오른다. 뭉크는 다섯 살 때부터 서른두 살까지 어머니를 시작으로 누나, 아버지, 남동생의 죽음을 차례대로 겪어야 했단다. 가장 가까웠던 부모형제가 죽어가는 것을 보면서 그 슬픔, 고통은 무척이나 컸을 것이고, 뭉크의 내면을 지배하고 있었을 것이다. 그런 그는 죽음에 대한 두려움과 우울, 슬픔을 가슴속에 담고 살았다. 그러한 그의 내면은 그림에서 너무나 잘 나타나 있다. 그의 유명한 그림 '절규'는 삶에서의 두려움과 공포를 잘 보여주는 그림이다. 죽음이 밑바탕에 깔린 뭉크는 내면적 괴로움, 슬픔으로 신경쇠약, 알코올중독, 정신분열까지 얻게 된다. 한평생을 고독과 우울 속에 산 그였다.

나 또한 때로는 뭉크와 비슷한 내면을 느낄 때가 있었다. 어린 나이에 아버지의 죽음, 청소년기 어머니의 죽음이 고독과 음울을 느끼면서 살아가게 했다. 처한 삶의 환경에 적응해 가며 무난한 듯한 삶을 살고 있지만, 영혼 깊숙이 언제나 외롭고 고독했다. 이런 나에게 작은형님은 늘 용기를 주려했고 덕담을 주던 형님인데, 존경하는 형님의 죽음은 또 다른 슬픔과 우울, 고독감을 주었다.

형님의 죽음을 보면서 영혼이 떠난 시신은 허망함을 다시금 느꼈다. 숨을 멈추고 심장 박동이 정지한 싸늘한 육신은 침묵만 있는 생물적 물체일 뿐이었다. 육신은 영혼이 함께할 때 그 가치를 가지게 되고 온전한 생명으로서 교감, 사랑, 정(情)을 주고받게 된다. 생명이 떠난 육체는 마지막에 한 줌의 분골로 남을 뿐이었다. 형님의 분골을 보면서 삶의 허망함과 종국에는 한 줌의 재로 남는다는 사실에서 물질, 원망, 미움에 집착하고 목매는 강퍅한 삶이 얼마나 우매한지를 다시금 느꼈다. 영혼의 소중함을 느끼고 삶은 죽음으로 종결되는 것이 아니라 아름답고 따뜻한 추억이 주는 그리움으로 산 자의 가슴에 남는다는 것을 가슴 깊이 새긴다.

내 주변의 소중한 사람이 죽음을 맞을 때마다 천상병 시인의 '귀천' 시가 자꾸만 생각난다. 〈아름다운 이 세상 소풍 끝나는 날 / 가서 아름다웠더라고 말하리라.〉. 이런 죽음관은 사랑, 자비, 덕, 선함, 이타적 마음, 격려, 위로, 용서, 화목… 같은 삶에서 오는 것이 아닐까. 나 또한 죽음을 맞았을 때 시어 같은 담담하고 미련 없는 죽음을 맞았으면 좋겠다.

불러도 오지 않을 형님, 그 작은형님은 오직 가슴에 그리움으로 남아있고 지난 시간을 생각하면서 마음 속 이야기를 나눌 뿐이다. 명절이나 제사 때면 작은형님의 빈자리가 유독 커 보이는 요즈음이다.

부모님 묘 이장이 이어준 영혼의 끈

"여보! 신발장에 있는 끈 좀 줘요."

분리수거를 하려고 신문 뭉치를 묶던 나는 아내에게 말했다. 아내가 건네준 붉은 비닐 끈으로 열십자로 묶어 현관 한켠에 두었다. 분리수거하는 날 나는 재활용 창고에 그것을 가져다 신문 모으는 자리에 갖다 놓게 될 것이다. 이렇듯 흐트러진 물건을 끈으로 묶으며 하나로 일체화된다. 또한, 끈은 별개로 떨어진 두 물건을 이어주기도 한다.

세상살이에는 물리적 끈만 있는 게 아니다. 사람과의 관계를 묶어주는 마음의 끈도 있다. 갈등을 풀어주고 관계를 이어주어 이해 속에서 하나의 공동체가 되도록 하는 사람은 소중한 끈과 같은 사람이다.

한 가정에서 끈의 역할은 대부분 자녀가 한다. 부부간 냉전이 오면 어린 자녀는 엄마와 아빠를 오가며 애교를 부리거나 의사소통 매개 역할로 부부가 화해하도록 끈이 되어준다. 부모는 자녀에게 가정 해체의 아픔을 주지 않으려고 부부 갈등을 참아내며 온전한 가정을 이루려 노력한다. 자녀라는 끈이 없다면 깨지기 쉬운 유리 같은 부부가 될지도 모른다.

2014년 가을, 부모의 묘를 이장했다. 부모의 묘 이장은 형제 간 갈등을 치유해준 소중한 영혼의 끈이었다. 삼십여 년 전, 화개장터가 고향이던 우리 집은 산골이 싫어 선산만 두고 부산으로 떠나왔다. 장조카는 사업마다 실패했다. 실의에 빠진 조카는 귀농하여 살겠다며 고향으로 돌아갔다. 선산에는 밤, 고사리, 매실이 풍성했고 부지런히 일하면 얼마든지 안정된 삶을 살 수 있었다. 하지만 성실치 못한 심성은 귀농해서도 바뀌지 않았고 농협 대출을 받아 무리한 사업을 벌여 큰 빚을 졌다.

그뿐만이 아니었다. 이웃에 사는 제 고모의 땅을 몰래 담보 대출을 해 농협 돈을 빌려 썼고 결국 선산과 누님의 땅은 경매로 넘어갔다. 이 외에도 부당 대출로 피소된 조카는 도망 다니는 신세가 됐다. 혼자이던 누님은 그 사실을 알고 형님을 찾아가 당신의 아들이 저지른 일이니 대신 갚아 주어야 한다며 다툼이 일었다. 못난 자식을 둔 게 죄라고 자책하던 형님은 어렵게 돈을 마련해 누님의 돈을 갚았다. 하지만 의좋게 지내던 형제 간 우애는 손상을 입었고 마음의 상처가 커 미움이 남았다. 누님은 빠짐없이 참석하던 부모 제사도 잘 오질 않게 되었다.

경매 받은 산 주인은 전원주택지로 개발한다며 어머니 묘 이장을 요구했다. 이장비용을 받은 형님은 윤달은 무엇을 하던 탈이 없다며 윤구월 초여드렛날 부모님 묘를 이장키로 했다.

이장하던 날, 나는 새벽어둠에 집을 나서 고향으로 향했다. 가을비가 부슬부슬 내렸다. '하필이면 오늘 같은 날 질척이게 비가 올 게 뭐람.' 나는 날씨를 탓했다. 고향 누님 집에 도착해 비의 의미를 다시금 생각해 보았다. 달리 생각하니 추적추적 내리는 비는 부모님 눈물로 여겨졌다. 형제 간 다툼이 가슴 아파 울 수도 있겠고, 고향을 떠나는 이별이 서러워서 울기도 할 것이며, 사십 년만의 자녀들과 만남이 좋아 흘리는 눈물일 수도 있겠다는 생각이었다. 그런 생각이 들자 '비 좀 맞으며 어때.' 나는 비옷을 주섬주섬 챙겨 입고 이장할 묘로 향했다.

어슴푸레 날이 밝아 오는 아침, 가장 어른인 할머니 묘부터 개장했다. 90년도 넘은 봉분은 다 허물어지고 초라했다. 비를 가리기 위해 간이 천막을 친 후 제물을 차리고, 술잔을 올려 절을 하면서 개장을 고하였다. 절차가 끝나자 이장 전문가는 정수리 흙부터 먼저 삽으로 떴다. 보조원과 둘이서 숙련된 삽질로 묘를 빠르게 파 내려갔다. 관이 묻혔던 자리까지 파 내려가는 데는 그리 많은 시간이 걸리지 않았다. 관 있던 자리에서 유골을 찾았으나 흔적이 없다. 검은 흙빛만 약간씩 보일 뿐이었다. 이장 전문가는 완벽하게 흙으로 풍화됐다고 말했다. 그 모습을 보면서 '사람은 무(無)에서 와서 무(無)로 돌아가고, 죽으면 한 줌의 흙이 되는 게 인생이다.' 라고 회자하는 말이 사실임을 깨달았다. 가져올 유골이 없어 토치램프에 불을 붙여 유골이 있던 자리에 화장 형식을 취하고 흙을 덮은 후 그곳을 떠나왔다.

다음은 오십년이 넘은 아버지 묘로 이동했다. 묘를 덮은 잔디는 무성했다. 세월의 무게에 짓눌린 봉분은 조그만 분묘로 변해 있었다. 제물을 올리고 술을 따르고 두 번의 절을 하고…. 그런 다음 묘를 파 내려갔다. 안장한 지 오랜 시간이 흘렀음에도 아버지 묘는 제법 많은 유골이 수습되었다. 검은 흙이 묻은 유골은 마른 나뭇가지 같았다. 수습된 유골을 오동나무 상자에 정성껏 담았다. 그런 다음 뚜껑을 닫고 하얀 천으로 곱게 묶었다.

아버지 묘는 밭에 안장을 했었는데 그곳은 가족의 추억이 고스란히 간직된 곳이었다. 어머니는 이곳에서 봄이 오면 고구마 순을 심고, 여름날 뙤약볕에서는 콩밭을 맸으며, 가을이면 참깨 단을 머리에 이고 땅거미가 지면 귀가했다. 초등학교 시절, 학교에서 돌아오다 냇가 건너 신작로에서 바라보면 어머니는 뙤약볕 아래 고된 일을 하였다. 그 모습이 안쓰러워 내가 그곳에 가면 그때서야 아버지 묘에 식은 밥을 펼친 후 "영감, 일 안 하고 시원한 땅 밑에 누워 있으니 좋소!" 하면서 고수레를 한 다음 점심을 먹곤 했다.

　나는 이장을 하고나면 더는 이곳에 성묘를 오지 않게 될 것이라 생각하니 밭의 이곳저곳에 옛 기억을 생각하며 자꾸 눈길이 갔다.

　마지막으로 사십여 년 전 돌아가신 어머니의 묘로 이동했다. 어머니 묘는 아버지 묘와 떨어진 야산에 있었다. 찾아간 묘에는 생전에 좋아하던 고사리가 곳곳에 피어 있었다. 그 모습은 자식을 기다리는 어머니 모습 같았다. 어머니는 어떤 모습으로 변해 있을까? 개장 의식을 치르고 안장했던 자리까지 파 내려가자 유골이 보였다. 어머니의 육신은 아버지와는 달리 거의 다 흙으로 풍화되고 이마 뼈 쪼끔과 정강이뼈 두 개만 남아 있었다. 이장 전문가는 흙의 종류와 습도에 따라 시체의 풍화 속도가 달라진단다. 마지막까지 남는 게 이마와 정강이뼈라며 이상적인 풍화라고 설명했다. 지켜보던 네 형제는 거의 다 흙으로 변한 어머니의 육신을 보면서 어떤 허무를 느꼈다. 쪼끔 남은 유골을 수습하여 상자에 정성을 다해 담은 후 하얀 천으로 조심스럽게 쌌다.

　"죽으면 한 줌의 흙으로 돌아가는 게 인생인기라. 욕심도 미워할 것도 없다."

　형님은 한줌의 흙으로 변한 어머니의 유골을 보면서 웅얼거렸다.

　어머니는 내가 고등학교 2학년 때까지 살아계셨다. 집 가까이 산을 샀을 때 당신이 묻힐 장소를 찾은 듯 몹시 좋아했다. 시간이 나면 이곳 부추 밭에 재를 뿌리고, 호미로 풀을 뽑으며 즐거워했다. 일이 고되면 밭떼기 옆 큰 바위에 앉아 봉초 담배를 피우며 시름을 내려놓았다. 나는 산그늘이 지며 지게를 지고 마중을 갔고 어머니와 다정히 산허리를 돌아 집으로 올 때면 강아지처럼 신이 났다.

여느 어머니가 다 그렇듯 어머니 또한 자식 사랑이 컸다. 온화한 심성, 따뜻한 마음, 부부 정을 모르고 살았던 한(恨)…. 어머니에 대한 기억과 회한이 밀려와 자꾸만 손수건을 눈에 갖다 댔다.

개장을 마친 네 형제는 부산 영락원 화장장으로 향했다. 화장을 해야만 추모 공원에 안장할 수 있었다. 유골을 손에 들고 어머니 묘를 떠나올 때, 선산 없는 고향은 이제 그 의미가 퇴색될 것 같았고 언제 고향을 다시 찾아오겠나 싶어 앞산과 냇가와 하늘에 자꾸만 눈길이 갔다.

오후 두시쯤, 화장을 한 다음 부산 시립 추모 공원에 부부 합장으로 안장을 했는데 사십년을 떨어져 있다가 함께 안장한 모습은 자식들 보기에 좋았다. 내가 사는 울산에서도 가까워 자주 찾을 수 있겠다 싶어 좋은 곳에 안장을 하였다는 위안이 밀려왔다.

안장을 마친 네 형제는 뒤풀이를 위해 모두 큰형님 집으로 갔다. 돼지 목살과 소주 상이 차려지고…. 소주를 마시면서 네 형제는 부모님이 주었던 사랑, 기억을 이야기하고 안식을 바라는 추모의 덕담을 주고받았다.

얼마간의 시간이 지났을 때, 형님은 나머지 삼 형제에게 무거운 응어리를 내려놓으려는 듯 조용히 말했다.

"오늘 부모님 이장을 보면서 우리 형제는 다 어머니 젖을 먹고, 사랑을 받으면서 자랐다. 돌아가신 어머니 죽음을 슬퍼했던 때가 엊그제 같은데 육신은 거의 흙으로 변해 있었다. 우리도 언젠가는 흙으로 돌아갈 목숨 아니것나! 형제끼리 미워하지 않도록 하자. 이번 어머니 묘 이장을 계기로 가슴 속 상처는 서로가 용서하고 의좋게 살아가자. 고향 동생도 예전처럼 부모님 제사에 꼭 오도록 하게."

"오빠 나도 많이 미안해요. 혼자 살면서 힘들게 모은 재산을 조카가 속였을 때는 너무 화가 나 오빠한테 섭섭한 말을 했네요. 지금이라도 용서를 빕니다. 앞으로는 제사 때도 내려오고 더 마음을 내서 의좋게 지내도록 할게요."

고향 누님은 미안해하면서 낮고 부드러운 목소리로 말했다. 우리 형제들은 어머니를 봐서라도 의좋게 살자고 다짐을 했다. 죽으면 흙이 될 인생, 용서하고, 욕심을 줄이고 사이좋게 살자며 술잔을 부딪쳤다. 늦은 밤까지 술잔을 기울이며 형제간의 정을 돈독히 했다. 아침 기상을 했을 때 고향 누님의 목소리는 밝았고 재담을 쏟아냈다. 듣고 있던 형님과 형수도 웃음이 피어났다.

집안 큰일을 마치고 생각하니 이장하는 날 내린 비는 형제간의 다툼이 가슴 아파 어머니가 운 눈물이라 생각되었다. 그리고 어머니는 한 줌의 흙으로 변한 모습을 손수 보여주면서 욕심도, 원망도, 미움도 다 내려놓으라는 영혼의 메시지를 자식들에게 남겨주었다. 어머니의 묘 이장을 계기로 형제 간 미움은 용서와 화해로 변화되었고, 어머니는 자식들이 의좋게 지내도록 소중한 끈으로 우리를 매어 주었다. 이튿날, 화해한 자식들이 보기 좋은 듯 어머니의 영혼이 담긴 가을 햇빛은 더 찬란하게 형님 집을 비췄다.

서기관 승진과 상수도본부 근무의 보람

먼 길을 달려온 공직 생활 그 종착점도 얼마 남지 않았다. 봄꽃이 만개하면 꽃자루만 남기고 낙화하듯 공직생활도 가슴속에 흔적만 남긴 채 어느 날 홀연히 떠나야 함을 문득 느끼곤 한다. 승진을 꿈꾸며 열심히 일한 나로서는 한 단계 더 승진한다면 그 승진은 공직의 마지막 승진일 거라 생각했다.

청사관리팀장을 맡은 지 삼년 반이 지나고 있었다. 동료의 손길이 가면 우중충한 청사 분위기가 새롭고 화사하게 변화하는 청사관리팀장은 보람의 나날이었다. 공직은 일정 기간이 지나면 순환 보직을 해야 하는데 삼년 반을 청사관리팀장으로 일한 나는 다른 보직으로 옮겨야 할 시점이었다.

2012년 7월 3일, 나는 청사관리팀장에서 아파트 인허가를 담당하는 건축주택과 주택팀당으로 발령을 받았다. 당시 건축주택과는 중대한 행정 착오로 시민단체와 의회, 언론으로부터 많은 질타를 받는 시점이었다. 도시개발 과정에서 문수산의 많은 수목이 훼손되자 개발지와 숲 경계지점에 경관 녹지를 지정했다. 아파트 사업자는 준공 시점에 기부채납 해야 할 경관 녹지를 회피한 채 타인에게 매도해 부당 이익을 취했다. 그 땅을 매수한 사람은 그 곳에 새 아파트를 지었고 경관 녹지를 조성할 수 없게 되었다.

행정청은 기부채납 해야 할 부지라는 것을 나중에 알았고, 그 가치만큼 대체 용지를 기부토록 아파트 업자에게 요구했다. 사업주는 마지못해 우신고등학교 인근 야산을 대체 부지로 내놓았다. 하지만 건설업자는 저당권을 해제할 돈이 없다며 기부채납 이행을 차일피일 미뤘고, 시민단체와 의회에서는 행정청이 책임져야 한다며 질타했다. 나는 발령을 받아 기부채납 진행 상황을 수시로 파악하고 수습 방안을 모색하는 것이 임무였다. 내가 승진하여 그 자리를 떠난 다음 훗날 행정청은 소송에서 승소해 재산 환수에 나선 것으로 알고 있다.

언양 삼남에는 약 1,000여 세대의 임대 아파트를 짓다가 사업주 부도로 이십년 가까이 된 흉물아파트가 있었다. 짓다만 콘크리트 구조물은 도시 미관을 크게 해쳤고 유령의 집 같았다. 빨리 새 사업주가 나타나 공사 재개를 하거나 철거하기를 학수고대했다. 어느 날 고대하던 새 사업주가 나타났고 나와 담당자는 빨리 공사 재개를 할 수 있도록 행정지원을 했다. 전 사업주는 부당하다며 나와 담당자를 협박하기도 했다. 그래도 굴하지 않고 새 사업자가 빨리 공사 재개를 하게끔 도왔고 사업주는 사업변경 승인을 받은 다음 공사에 박차를 가해 깔끔하게 마무리해 입주시켰다. 나와 담당자의 적극적인 행정지원으로 도심의 흉물이 사라지고 산뜻한 아파트 단지로 다시 태어난 모습에서 공직자로서의 뿌듯함이 밀려왔다.

또한, 도심 내에는 재개발이나 재건축을 추진하다 중단된 공사 현장이 많았는데 우범지역이 되어 사회적 골칫거리였다. 하루빨리 추진되어 우범지역이 사라졌으면 하는 마음이지만 경기침체와 민간 소유라 쉽지 않았다. 부동산 경기가 살아나자 재건축 현장은 공사 재개 움직임이 서서히 일었고, 공사를 재개하려는 사업주가 나타나면 나를 포함한 주택 팀원 모두는 조속히 사업진행이 추진되도록 모든 도움을 주려했다. 그런 결과로 방치되었던 현장은 하나 둘 공사재개를 한 다음 완공하여 대부분 깔끔하게 마무리되었다.

그리고 아파트 입주민의 화합과 공동체 형성을 위해 노력하는 아파트 단지를 발굴해 모범 공동주택 단지 상을 제정했다. 주민과 화합을 이루고, 회계를 투명하게 하고, 에너지를 절약하는 친환경 아파트 단지에 대해서는 엄격하게 심사하여 모범단지로 선정한 다음 "0000년도 최우수 모범 아파트" 동판을 제작하여 정문 입구에 부착해 주었다. 모범 아파트로 선정된 주민은 아파트 가치 상승과 모범단지라는 자긍심으로 무척 좋아했다.

이렇듯 맡은 임무에 최선을 다하고 성실하게 일해 왔는데도 두어 번의 승진 누락이 있었다. 사무관 승진이 나보다 늦은 동료가 먼저 서기관으로 승진하는 인사를 보면서 마음 한구석에는 부러움과 자괴감이 들었다. 나는 인사부서를 찾아가 자꾸만 승진이 누락되는 사유를 넌지시 물었다. 인사담당자는 그동안 열심히 일한 성과는 잘 알고 있다며, 곧 좋은 소식이 있지 않겠냐고 위로해 주었다.

나는 학연, 지연으로는 별다른 배경이나 인맥을 갖지 못했기에 오직 기관장이나 상사의 인정만이 유일한 배경이었다. 그런 연유로 성실히 일하고 좋은 인성으로 나의 가치를 만들어 갈 수밖에 없었다.

퇴근하면 취미로 수필 쓰기를 공부했다. 울산관광협회 주관 '울산을 알리는 수기' 공모가 있었는데 나는 '솔마루 길'이라는 수기를 응모해 최우수상을 받았다. 수필 쓰기를 배우는 교우 중에 시장과 친분을 가진 분이 있었는데 우연히 식사할 기회가 있었던 모양이다. 식사를 하면서 울산관광 수기 응모 이야기가 나왔고 시청 직원이 우수상을 받았다고 말하자 시장은 "그 직원 열심히 일만 하는 줄 알았더니만 글도 쓴단 말이야?" 의외라는 표정이더란다. 아마 이러한 글쓰기도 나의 인성과 이미지를 높이는데 조금이나마 일조하지 않았을까 하는 생각이다.

단체장 삼선이던 시장은 더 이상 시장에 출마할 수가 없었고 2014년도는 시장으로서 마지막 직무 수행을 하는 해였다. 그해 1월은 현 시장의 마지막 인사가 있는 달이였고 모두가 궁금해 하는 가운데 정기 인사 발표가 있었다. 긴장 속에 기다리던 나는 상수도본부 급수부장으로 승진한 명단에 내 이름이 있음을 발견하고 무척 기뻤다. 사무관 승진한 지 10년 6개월이라는 긴 세월이 흐른 후의 영광스러운 서기관 승진이었다. 인사 발표가 신문에 나자 가족과 지인은 진심으로 나의 승진을 축하한다며 축하 인사를 보내왔다.

승진하여 상수도본부 급수부장으로 보직은 받았으나 아직은 직무대리였다. 사무관 승진 때도 그랬지만 직무대리는 자칫 징계라도 받게 되면 보직 해임되기 때문에 늘 불안했다. 우려했던 대로 직무대리 기간 중 자칫하면 보직이 해임될 뻔 아찔한 일화가 있다.

2014년 4월, 특·광역시 급수부장은 수도 발전 공동 연구를 위해 지방자치 단체의 출장 여비로 각자 부담해 선진 상수도 시설 견학과 세미나 참석을 위해 미국으로 출국했다. 애석하게도 출발 하루 전날 세월호 사고가 있었다. 공동 연구를 주관하던 상수도 협회에서는 항공권, 숙박, 세미나 약속 등 모든 것이 예약되어 있어 취소하면 많은 위약금을 물어야 하고 신뢰 실추가 우려된다며 계획대로 진행한다고 했다. 출국

해 있는 동안 언론을 통해 들려오는 소식은 애도 기간 중 외국에 나간 공무원은 신분상 처벌한다는 소식이 들려왔다. 귀국하자 중앙정부에서는 급수부장들을 징계토록 했다. 급수부장들은 인사위원회에 출석해 외유성이 아닌 상수도 연구를 위한 세미나 참석과 선진수도 시설 견학 및 연구 자료를 수집하기 위해 다녀온 출장인데 징계는 부당하다며 호소를 했다. 인사 위원회에서는 순수 연구, 세미나 참석 및 수도 시설 견학은 직무 수행을 위한 출장임으로 세월호 애도 기간이라는 이유만으로 벌하는 것은 가혹하다면 불문에 부쳤다. 인사위원회를 나온 나는 안도의 한숨을 내쉬었고 놀란 가슴을 쓸어내렸다.

인사위원회의 배려로 징계를 받지 않게 된 나는 승진 결격 사유가 해소되었고 2014년 8월 7일 드디어 직무대리를 벗고 지방기술 서기관으로 정식 승진할 수 있었다.

이렇게 승진하여 내가 마지막으로 근무한 상수도 본부는 도심 외곽에 있는 한적한 곳이지만 환경만은 장점이 많았다. 정문 앞 진입로에 늘어선 열주 느티나무는 푸른 터널을 이루어 지나칠 때마다 싱그러움과 정겨움을 주었고, 정문을 들어서면 경비는 거수경례로 정중히 맞아주었다. 출근해 언덕 위 주차장에 차를 대고 동쪽을 바라보면 찬란히 비춰오는 햇살은 하늘이 주는 아침 미소 같았다. 그 햇살을 보면서 하루를 어떻게 살아야 할지 잠시 명상과 기도에 젖곤 했다. 차에서 내려 맑고 신선한 공기를 깊숙이 들이마시며 사무실로 향하는 광장 소나무 숲에서는 알락할미새, 곤줄박이, 직박구리 같은 새들이 아침 인사를 하며 맞아준다. 점심을 먹고 길섶에 난 들꽃에 눈짓을 주면서 걷는 휴식은 또 얼마나 평온하던지…. 야근을 마치면 보안등의 푸른 불빛은 침전지 위에 고요히 내려앉고, 구름에 달 가듯 구름 사이로 보름달은 유유히 흐르곤 했다. 이렇듯 하루 일과를 자연의 신선함과 함께 시작하는 상수도 본부는 평온 속 기분 좋은 아늑한 직장이었다.

　이곳에 근무하는 동안 하늘이 내려주는 비는 무한 축복이라 여겨졌다. 댐에 물이 가득 차면 마음까지 풍요로워진다. 고마운 비가 계곡을 흘러 댐에 담기면 시민이 안전하게 마실 수 있도록 정수과정을 거치게 된다. 정수는 혼화지, 침전지, 여과지, 오존 접촉, 활성탄지를 거치게 되는데 그런 여과와 정수 과정을 거치면 미네랄 많은 깨끗하고 안전한 수돗물로 재탄생 되는 것이다. 이런 정수 과정을 보면서 내 마음의 정수 장치는 무엇일까 곰곰이 생각해 보게도 했다.

　상수도 공급을 책임진 급수부장으로 근무한 지 3년 6개월이 지나간다. 근무하는 동안 통합 물 관리 센터 건립, 도·송수관 복선화, 정수장 연계관로, 배수지 확충 사업, 천상 고도정수 처리시설, 수질연구소 증축 등 상수도 선진화 사업을 추진하여 상수도 안정적 공급 기반을 구축하는 데 최선을 다하여 왔다. 그리고 수도정비 기본계획(변경)을 수립해 체계적 시설 투자가 되도록 기틀을 마련했다. 또한, 반구대 암각화 보호와 사연댐 기능 유지를 위해서 중앙정부에 우리 시 입장을 설명하는 등 상수도 발전을 위해 온 힘을 쏟으며 근무했다.

　시민에게 안전하고 깨끗한 수돗물을 공급하는 막중한 임무를 성실히 수행하고, 마음 고운 동료들과 화기애애하게 근무한 시간은 즐겁고 보람된 시간이었다. 이러한 공직 생활도 이제는 마감해야 할 시간이 점점 다가오고 있다. 승진의 기쁨을 주고 일의 재미와 가치를 내게 안겨주었던 마지막 공직 생활 근무처인 상수도본부 급수부, 곧 있으며 나는 이곳을 뒤로 한 채 제 2의 인생길을 걸어가야 한다.

눈물을 닦아 주었던 민원인

공무원은 시민의 혈세로 급여를 받아 생계를 유지한다. 하는 일은 시민의 불편을 개선하거나 공공이 해야 할 영역을 맡아 일하고 있다. 즉 도로를 개설하거나, 시립미술관 같은 문화 인프라구축, 환경을 보존하고, 교통 불편의 해소, 국가가 보호해야 할 사회적 약자에 대해 복지 시혜를 베푸는 등 시민이 안락하고 행복한 생활을 할 수 있도록 돕는다. 또한, 억울함을 호소하는 시민의 눈물을 닦아 주기도 한다. 공무원이 맡은 소임을 열심히 일할 때 도시는 더욱 발전하고, 시민은 각자의 삶 속에서 안전하고 평온한 삶을 살아가게 될 것이다.

주택팀장으로 있을 때 일이다. 시장 업무 보고가 있어 비서실에 대기 중이었다. 갑자기 삶에 찌든 아주머니 아저씨 약 십여 명이 비서실로 몰려오더니 "시장 면담하러 왔소! 시장을 만나게 해주시오!" 한다. 시장은 시정에 대한 정책 구상과 행사 참석, 손님맞이, 직원 결재…. 늘 바쁜 일정이라 사전 약속을 하고 방문해야 하는데 약속도 없이 불쑥 방문한 것이다. 비서는 느닷없는 주민의 집단 방문에 당황하며 일단 상담실로 안내한 후 무슨 일인지 자초지종을 들었다. 난 대기하는 동안 나와는 상관

없는 민원(民怨)이겠거니 생각하며 유유자적 태연히 앉아 있었다.

잠시 후 비서가 나와 전하는 이야기로는 아파트를 건립하면서 도로 확장을 하는데 아파트 사업자가 집을 싸게 사려해 시장한테 항의하러 왔단다. 비서로부터 이야기를 듣는 순간 내일이다 싶어 정신이 번쩍 들었다. 시장실에 찾아오는 주민은 자기를 들어내 보이기 위해 고함을 지르면서 시장을 만나게 해달라고 떼쓰는 경우가 종종 있다. 오늘도 그럴까 봐 걱정이었고 결재를 미룬 채 찾아온 주민에게 "제가 담당 계장입니다. 찾아온 사유를 듣고 해결 방안을 마련해 볼 테니 저희 사무실로 가입시더!"하면서 근무하는 사무실로 안내했다.

사무실에 와 민원 안내석에 앉은 주민들은 군중심리로 흥분하여 모두가 큰 소리로 자기 불만을 늘어놓았다. 한마디씩 하는 말들은 개구리가 합창하듯 소란스러워 도대체 무슨 이야긴지 알아들을 수가 없었다. 주위를 환기시킨 후 "여러분의 이야기를 충분히 들을 테니 한 분 한 분 차분한 목소리로 말씀해 주세요." 공손히 이야기했다. 그때서야 질서가 잡히기 시작했다. 찾아온 목적은 동구 00 지역에 아파트를 건립하면서 주변 도로를 확장하는데 건설사가 턱없이 싼 가격으로 강제 매수하려 해 삶의 터전을 잃게 생겼고 억울해 못 살겠다는 이야기였다.

주민이 쏟아내는 이야기를 충분히 경청한 나는 건설사와 주민이 협의할 수 있도록 동구청 건축과 직원과 협조해 중재 자리를 만들겠다고 약속하고 달래어 돌려보냈다. 돌아가던 주민은 "우리 이야기를 들어주어서 고맙소, 말이라도 따뜻하게 해주고 마음을 알아주니 답답한 마음이 좀 풀리오." 하면 이주 후 중재 협상 자리에서 만나자며 약속하고 돌아갔다.

억울함을 호소하는 주민을 돌려보낸 뒤 난 한 아주머니의 눈물을 닦아주었던 지나간 일화가 생각났다.

　어느 날 사무실에 사십 대 중반쯤 되어 보이는 아주머니가 "서상호 계장 계신가요?" 하면서 나를 찾았다. "제가 서상호인데요. 어떤 일로 오셨는지요?" 하고 물었다. 자리에 앉자마자 억울해서 못 살겠다며 눈물을 흘리고 자기의 답답한 마음을 좀 풀어 달란다. 그분께 커피를 한잔 주면서 무슨 억울한 일이냐고 물었다. 찾아온 여인은 남구 00 아파트 도로 확장에 자기 집이 들어가는데 건설사에서 강제 수용을 하려고 집달관을 보내와 언제까지 집을 비우라는 무서운 통보를 받았단다. 다른 집들은 보상을 받고 다 떠나갔는데 자기만 보상 협의를 못했단다. 버티면 더 올라가겠거니 하는 안일한 마음과 하루하루 벌이를 찾아 일터로 나가다 보니 협의할 기회를 놓쳤단다. 건설사는 협상 진전이 없자 강제 매수를 하려고 했고 집기를 들어내려고 집달관이 온다는 통보를 받았다. 그때서야 늑장 대응에 화들짝 놀라 모든 일을 팽개치고 이렇게 눈물로 호소하게 되었단다.

　그녀는 눈물을 흘리며 "적정 보상이 될 수 있도록 계장님이 힘 좀 써 주이소. 그 은혜 안 잊겠습니다!" 하는 간절한 호소에 도와주어야겠다는 마음이 들었다. 삼십년 가까이 삶의 터전으로 살던 집을 강제철거당하면 누구나 억울한 심정이 들 것이다. 그것도 주변 시세보다 턱없이 낮은 가격에 보상하려 할 때는 얼마나 속상하겠는가. 난 아주머니의 가슴 아픈 사연을 알았으니 일단 돌아가라 했다.

　며칠 후 건설사와 억울함을 호소한 아주머니 내외를 불러 회의실에서 협상 중재를 했다. 아주머니는 눈물로 읍소 작전이고 아저씨는 억울해서 못 살겠다며 가슴을 두드리고 목청을 높였다. 건설사는 불경기로 회사도 몹시 어려운 실정이라 많은 보상을 주기 어렵다며 엄살을 떨었다.

우선 중재자로서 건설사 관계자에게는 조금 더 높은 가격을 주문하였고, 민원인 부부에게는 기대치를 조금 낮춰 달라고 요청했다. 중재하여도 팽팽한 주장과 이해관계로 언성만 높을 뿐 좀처럼 합의가 이루어지지 않았다.

나는 민원인 부부에게 잠시 복도에 나가 있으라 했다. 건설사 측 관계자와 면담을 하면서 억울한 시민 소원 들어준다고 생각하고 조금만 더 매입비를 올리라고 설득했다. 감독청의 요청이라 마지못해 들어준다는 듯 이전보다 좀 더 높은 가격을 제시하면서 마지노선이라 했다. 다음은 건설사 관계자를 복도에 대기시키고 민원인 부부를 들어오라 했다. 기대치를 조금만 낮춰야겠다고 말하면서 건설사가 최종 제시한 금액을 수용하는 것이 원만해 보인다고 했다. "……." 고심하던 부부는 아쉽지만 제시한 금액을 수용하겠다고 했다. 합의한 금액은 통보된 강제수용 금액보다 약 30% 상승한 금액이었다. 쌍방은 합의하고 나서도 서로 아쉬워하는 표정이었다.

그 부부는 눈물로 호소할 때와는 달리 일이 해결된 후에는 고맙다는 말 한 마디 없다. 하지만 공무원이 민원을 해결할 때 인사를 받자고 일하는 것은 아니지 않은가. 공무원으로 일하면서 억울함을 호소하는 시민을 보면 항상 마음이 애잔해 오고, 나의 작은 노력이 애타는 사람의 눈물을 닦아주었다는 생각을 할 때면 공직자로서 커다란 보람이 밀려왔다. 주민의 애로 사항을 가슴으로 품어 안으며 적극적으로 해결해 주는 선한 공직자가 되는 것은 모든 공무원의 본분이 아니겠는가.

언제나 기분 좋은 느티나무 숲길

상수도본부로 출근하는 아침이면 느티나무 숲길을 지나온다. 그 길을 지나칠 때면 그 전에 가졌던 기분과는 달리 새롭게 전환되곤 한다. 우울한 기분이 들 때면 '힘내요.' 하고 위안을 주는 것 같고, 기분이 평온할 때는 '오늘도 더 좋은 일이 있을 거야!' 기분을 고조시켜 주는 듯했다.

내게 위안과 격려를 주는 품격 있는 길은 직장 입구에 줄지어선 느티나무 숲길이다. 이 숲길은 300m가 족히 넘는다. 수령 이십년은 넘을 커다란 느티나무가 왕복 이차선 양쪽으로 소실점을 향해 줄지어 선 모습이 깔끔하고 정감 있어 나는 이 길을 좋아한다.

팔을 벌려 서로 치켜든 모습이 군 의장대 사열을 지나가는 느낌이어서 하루를 시작하는 기분이 좋다. 또한, 산만하고 바쁘게 출근하는 마음을 정리하게끔 해주었다. 큰 사찰의 불이문을 지나 사천왕문을 지날 때 마음을 가다듬는 그런 기분이랄까.

서기관으로 승진한 이곳에 첫 부임 때였다. 찾아가는 길도 잘 모르고, 긴장으로 가득한 부임길이었다. 차를 운전해 입구에 들어섰을 때 열을 지어 서서 사열하듯 '이곳에 부임한 것을 진심으로 환영합니다. 짝짝짝!' 반갑게 반겨 주는 듯한 느티나무 숲길에서 몹시 기분 좋았던 기억이 난다. 부임 때 긴장한 마음을 제일 먼저 가슴으로 안아주면서 추슬러 준 첫 인상 때문인지 일 년 내내 이 길을 지나칠 때면 친근하고 정감이 간다.

이곳에 부임 이후로 삼년 넘게 이 길을 지나치고 있다. 나는 느티나무 숲길에서 계절의 변화를 더 정확히 느낄 수 있었다. 겨울은 동면하는 곰처럼 잔뜩 웅크린 채 꼼짝 않던 느티나무도 이월에 접어들면 땅 밑 수액을 끌어오는 소리가 들려오는 듯했다. 그러다가 삼월이 지나갈 무렵이면 갈색 새순을 틔워내고 아기 잎으로 변했다. 그럴 때는 새 생명이 주는 신비감이 환희로 부풀어 올랐다. 그 즈음 느티나무 숲길 옆 다랑논 두렁에도 파란 풀이 자라고 농부의 물가두기 손길이 바빠졌다.

시간이 지나 사월이 되면 신록으로 물든 느티나무 길은 청순하고 싱그러웠다. 파스텔 연둣빛 길은 십팔세 소녀의 깨끗한 피부 같았다. 숲길 옆 줄지어 선 박태기나무도 붉은 꽃을 피워냈는데 연둣빛과 붉은색의 보색 조화는 단아했다. 유월로 접어들어 여름이 오면 어른 잎으로 자란 숲길은 뜨거운 태양이 강렬할수록 쉬어갈 그늘을 더 깊게 드리웠다. 순찰을 돌다 지친 경찰차 하나가 숲길을 찾아와 쉬곤 했다. 가을이 오는 시월이면 느티나무는 붉고, 노랗고, 주홍빛 단풍으로 물들었다. 꽃단풍 길은 낭만과 운치 있는 길이 되어, 차에서 내려 걷고 싶게 했고 가을 서정이 물씬 풍겨왔다.

십일월이면 단풍은 낙엽이 되어 떨어지고 바람이 일면 저네들끼리 이리 뒹굴고 저리 뒹굴었다. 자동차라도 지나칠 때면 졸졸거리며 뒤따르는 모습이 장난꾸러기 강아지 같았다. 십이월 겨울이 와 낙엽이 저버린 앙상한 가지는 깊은 침묵에 들었지만, 눈꽃이라도 피어나면 동화세계를 보는 듯한 느낌이었다. 소실점을 이루며 가지런히 열 지은 모습은 아름답기도 하지만, 어떤 사물로부터 단체로 환영 받고 존경 받는 느낌이 들었다. 아침마다 합동 목례로 반갑게 맞아주고, 퇴근 때는 내일 만나자며 저녁인사를 건네는 느티나무 숲길은 그냥 지나치기가 미안해 "우리 내일 만나요." 인사를 건네곤 했다.

신혼여행 때 함께 간 신혼부부들이 양쪽으로 줄을 지어 서로에게 하이파이브로 앞날을 축하해고, 군 제대 때 후임 병들이 내무반 앞에 양줄 지어 박수치며 환송해 주던 그런 기분을 느끼는 길이었다.

아름다운 숲길에는 때로 사랑이 피어났다. 어두운 밤이 찾아오면 으슥한 숲길에는 환희 넘치는 사랑이 머물다 갔다. 차 안 청춘 남녀의 순수한 사랑인지, 늦게 찾아온 애틋한 로맨스인지, 나는 알 길이 없지만 어둠을 지키는 느티나무는 알지 않겠는가. 달콤한 입맞춤에는 느티나무는 못 본 척 눈을 돌리며 부러워했을지도 모른다. '사랑은 나이와 관계없이 찾아오고 그 어떤 사랑도 사랑은 아름다워요!' 나무들은 그렇게 말하면서 '사랑의 세레나데'를 합창했을지도….

두 팔 활짝 벌려 뻗친 가지는 청자 빛 하늘 캔버스에 실금 추상화를 해마다 늘려가고 있었다. 한해가 지날 때마다 느티나무는 그림을 십 센티미터나 그려갈까. 느티나무는 그래도 세월이 흐르면 다 채워지게 되어 있다고 내게 말했다. 줄지은 느티나무는 내게 지혜의 메시지도 전해 주었다. '우리처럼 누구라도 따뜻하게 맞이하고. 늘 반가워하는 마음으로 살아가라'고 나지막이 들려준다.

직장 앞 느티나무 숲길, 나는 그 숲길을 지나칠 때마다 서로 정다운 인사를 나누고 지혜를 배우고 계절을 느끼며 얼마 남지 않은 출근길을 기분 좋게 지나칠 것이다.

수돗물 = 생명수, 안심하고 드세요

　매년 3월 22일은 '세계 물의 날'이다. 물의 날에는 물이 풍족해야 할 것 같은데 가뭄으로 그렇지를 못해 애태운 때가 있었다. 2014년 11월부터 오지 않은 비가 우수(雨水)가 지나고 꽃이 만발하는 봄이 완연한데도 비다운 비를 뿌리지 않았다. 일 년 가까이 지속된 가뭄으로 댐은 바닥을 들어냈고 힘겨워했다. 식수 공급에 비상이 걸렸지만, 인간의 힘으로는 어찌할 수 없어 2015년 6월 하순경 기우제를 지내기로 했다.
　정수장 뒤쪽 후미진 곳에 커다란 돼지 저금통과 시루떡, 막걸리를 조촐히 준비했다.
　"비를 내리는 천지신명(?)이여, 차린 음식을 흠향하고 비를 흠뻑 내려주소서."
　간절한 마음으로 모두가 기원했다. 기우제 때문일까 팔월에 들어서자 폭우가 쏟아지고 댐을 가득 채웠다. 그득한 댐 물은 소중한 수돗물의 원수(原水)로 쓰인다. 이렇듯 댐이 바닥을 들어내면 상수도 종사자들은 시민의 식수에 영향을 줄까 노심초사 큰 걱정에 휩싸인다.
　생명의 젖줄인 비, 그 비는 어디서 오는 걸까. 위성사진을 볼 때면 놀

랍게도 먼 인도양이나 태평양에서 비구름은 길을 나서고 있다. 인도와 중국 대륙을 거치고 때로는 오키나와를 지나 먼 여행을 하다가 우리가 사는 곳에 비를 내려주고 어디론가 홀연히 떠난다. 우리가 마시는 물은 바다와 하늘과 햇살과 바람이 만들어 낸 자연의 축복이다.

비가 내려 댐에 담긴 물은 착수정에 도달하면 불순물이 덩어리가 되어 가라앉도록 약품을 투입하고 응집지, 침전지에서 불순물을 가라앉힌 다음 여과지에서 여과를 한다. 그런 다음 고도정수처리시설인 오존 접촉과 활성탄 여과를 하여 극미량의 맛이나 냄새까지도 모두 제거해 안전한 수돗물로 만든다. 정수지에 모인 수돗물은 송수펌프로 도심 언덕에 있는 배수지로 보내져 가정 수도꼭지로 공급하게 된다. 이러한 과학적 정수 과정을 통해 샘물처럼 깨끗하고 청량한 수돗물이 되는 것이다.

위생적이고 안전한 수돗물을 생산하기까지는 많은 재원과 수고가 따른다. 1934년 일제 강점기, 우정정수장은 울산 최초의 수도시설이었다. 그 당시 울산의 일일 생산량은 1천 톤으로 현재 120만 시민이 마시기 위해 생산하는 34만 톤에 비하면 극히 미미한 생산량이었다. 1986년 소규모 정수장을 통폐합하여 회야 정수장이 완공되었고, 2003년에는 천상 정수장이 완성됨으로써 체계적인 수돗물 공급을 하게 됐다.

수돗물을 안전하게 생산하고 비상시에도 중단 없는 공급을 위해서는 끊임없는 시설투자를 하게 된다. 수백억 원을 들여 회야 정수장 시설개선을 완료하였고 2016년 7월에는 천상 일반정수장 고도처리시설을 완공했다. 상수도 선진화 사업 일환으로 도·송수관 복선화 설치, 정수장 간 송수연계 관로 설치 및 간접배수로 안전한 수돗물 공급을 위하여 배수지를 확충하고, 구 남산 정수장에 2017년 8월 완공 목표로 물 관리 센터를 건립하여 체계적인 상수도 관리 시스템을 구축하고 있다.

그리고 수돗물 생산에 있어서는 260여명의 종사자가 한 치의 차질이 없도록 각자 맡은 분야에서 혼신을 다하고 있다. 정수장 중앙감시반원들은 철책을 지키는 초병의 마음으로 모두가 잠든 시간에도 감시 모니터를 보면서 수돗물 생산에 여념이 없다. 도로에 누수가 생기면 심야일지라도 긴급 출동하여 즉시 복구를 하게 된다.

수질 연구소는 원수, 정수, 수도꼭지에서 먹는 물로서 적정한지 정기 및 수시로 검사를 한다. 원수에서는 과도한 중금속이나 방사능 물질이 혹 있는지, 정수한 물에서는 대장균, 일반세균을 비롯한 186개 항목에 대해 먹는 물로서 충분히 안전한지 정밀 검사를 하고 있으며, 가정 수도꼭지도 임의로 선정하여 혹시 대장균이나 미생물이 감염되었는지 감시하고 검사한다. 이러한 검사가 철저한지 시민단체, 학계 전문가로 구성된 '수돗물 평가 위원회'에서 분기별로 확인 점검을 하고 있다. 수질연구소의 정밀 검사와 수돗물 평가 위원회의 감시 시스템을 통해 수돗물은 매우 안전하고 건강한 물로 확인되고 있다.

이렇듯 수돗물은 정확한 생산 시설을 거쳐 철저한 검사를 하는 안전하고 건강한 생명수이다. 유엔이 발표한 국가별 수질지수에서 우리의 수돗물 품질은 122개국 중 8위로 선진국과 비교해도 조금도 뒤떨어지지 않는다. 자연과 기술과 재원과 수고가 어우러진 소중한 수돗물, 시민의 생명수로서 낭비 없이 귀하게 쓰이는 수돗물이었으며 좋겠다.

'생명수 = 수돗물, 안심하고 드세요!'

댐은 가뭄으로 애타고…

 햇빛을 주고, 비를 뿌려주며 눈을 내려주는 하늘이 더없이 고맙지만 상수도 업무에 종사하는 나는 한 가지 아쉬움(?)이 있다. 여름 우기 때 한꺼번에 많은 비를 쏟아 낼 것이 아니라 일 년 내내 골고루 비를 뿌려 준다면 얼마나 좋을까 하는 생각이다. 작년 차바 태풍 때 엄청난 폭우를 쏟아내던 하늘은 그때를 잊은 듯 요즈음은 비를 거의 내려주지 않아 심한 가뭄에 시달리고 있다. 그럴 때마다 골고루 내려주며 깨끗한 댐 물을 안정적으로 시민에게 공급할 수 있을 텐데 하는 아쉬움이 든다.
 지난해 10월에 찾아온 태풍 차바는 어마어마한 홍수 피해를 주었다. 소양강 댐처럼 큰 댐이 울산에 있었다면 홍수 피해도 막고 지금처럼 가뭄 기에 낙동강 물을 공급 받지 않고도 안정적으로 원수(原水)를 공급 받을 수 있을 것이다. 그러나 애석하게도 울산에는 소규모 댐뿐이라 많은 비가 올 때마다 방수로를 월류(越流)해 하천으로 흘러가 버리는 물을 볼 때마다 '저게 다 돈인데. 저게 다 시민의 생명수인데.' 하는 안타까움과 아깝다는 생각이 든다.
 지난 가을부터 시작한 가뭄은 우수, 경칩이 지났는데도 비다운 비가 내리지 않아 비가 몹시 기다려진다. 가뭄이 깊어져 대곡 댐, 사연 댐, 회야 댐 수위는 현저히 낮아졌고 댐은 목마름에 젖어 있다. 주변을 둘러보면 댐만이 목마른 게 아니다. 꽃 피우고 잎 틔워야 하는 요즈음, 뭇 생명 또한 영양분을 가득 담은 단비를 몹시 기다리고 있을 것이다. 바짝 마른 대지에서 꽃을 피워내는 들풀과 꽃나무를 보면 고혈을 짜내는 것 같아 애잔해 온다. 뭇 생명이 목말라하는 것은 단순한 감성적 안타까움이겠지만, 사람이 마셔야 할 식수 댐이 말라가는 것은 현실적 안타까움이다. 사연 댐은 90% 정도가 줄어든 11%정도의 저수율을 보이고 있고 회야 댐도 절반이하인 45% 정도로 줄어들었다. 댐을 둘러볼 때마다 그득 차 있어야 할 댐이 황토 빛 속살을 들어낸 모습에서 몹시 갈증을 호소하는 것 같아 애처롭기 그지없다. 댐이 댐 같지 않고 자꾸 저수지 모양으로 쪼그라드는 모습이 댐 신세가 처량해 보인다. 이렇게 댐 물이 적게 된 연유에는 가뭄 탓도 있지만, 반구대 암각화 보호를 위해 수위를 낮춘 원인도 크다. 울산은 계곡이 깊지 않아 많은 비가와도 금세 바다로 흘러가 버리고 계곡은 건천으로 변해 버린다. 그런 실정임에도 반구대 암각화가 잠기는 것을 최소화 해 달라는 문화재 기관의 요청을 들어주어 비가 오면 댐에 그득 물을 담지 못하고 암각화 아래로 수위를 낮추다보니 진작 시민이 마셔야할 물이 자꾸만 부족해지고 있다.

작금의 가뭄으로 댐에 담긴 원수만으로는 공급하는데 한계가 있어 이제는 부득이 낙동강 물을 공급받아야할 처지다. 작년엔 봄비가 골고루 와 주었고 태풍 덕분에 일부러 수위를 낮춘 사연 댐을 제외한 다른 댐은 그득 채울 수 있었다. 가득 담긴 댐 물로 지금까지는 낙동강 물을 공급 받지 않고도 버틸 수 있었지만 겨울과 봄 가뭄이 심한 요즈음은 조만간 많은 비가 오지 않으면 낙동강 물을 끌어 올 수밖에 없다.

상수도 공급에 종사자하는 한 사람으로서 낙동강 물을 끌어와 정수해서 수돗물로 시민에게 공급할 때는 괜히 송구스러운 맘이 들곤 한다. 대곡 댐, 회야 댐 등 관내 댐은 1급수이지만 낙동강 물은 겨울철은 2·3급수, 삼복염천에는 조류로 4급수로 떨어진다. 수질이 안 좋은 낙동강 물을 고도정수처리를 하면 기술적으로는 안전한 수돗물이 생산 될 수 있다손 치더라도 덜 깨끗한 낙동강 물을 정수해 시민에게 공급할 때는 미안하고 송구한 마음이다. 이러한 사정을 모르고(혹 알면서도) 반구대 암각화 보호를 위해 사연 댐 수위를 무조건 낮추고 낙동강 물을 더 마시면 되지 않느냐고 주장하는 사람들을 보면 맑고 깨끗한 원수를 공급 받아 마시고자 하는 시민들 욕구(마음)에 예의가 아닌 듯하다.

이렇듯 여러 사정을 고려할 때 암각화를 근본적으로 보호하고, 사연 댐 기능을 유지하며 하류 홍수 예방을 위해서는 '생태제방'이 최적 안이라 생각된다. 빨리 그런 방향으로 결정이 되어 하루속히 사연 댐을 그득 채워 봤으면 한다. 그럴 때 사연 댐도 오랜만에 시민을 위해 제 기능을 다한 것 같아 뿌듯해 할 것이다.

앞에서 살펴보듯 울산은 수자원이 풍부하지 못한 곳이다. 그러한 실정을 아는 시민들께서는 한 방울의 수돗물도 아껴주었으면 하는 바람이다. 수도꼭지를 틀 때마다 쏴~ 쏟아지는 시원한 물소리에 아무리 써도 끊임없이 나오는 화수분이겠거니 하는 낭비적 마음을 내려놓고 물 절약에 동참해 주었으면 한다. 각 가정에서는 절수변기나 절수기 꼭지를 설치하고 양치할 때는 컵에 물을 받아쓰며, 샤워 시 비누칠 할 때는 잠시 샤워기를 잠가놓는다던지, 그릇을 씻을 때는 개수대에 물을 받아 씻는 생활의 지혜를 실천해 소중하게 생산되는 수돗물을 아끼고 절약해 주었으면 하는 바람이다.

종착역을 기다리며

    기차를 타고 먼 곳으로 떠나거나 해외여행을 갈 때 종착점이 다가오며 의자를 바로 하고 선반 위 짐을 챙겨 도착에 대비한다. 기차가 정거장에 멈추거나 비행기가 계류장에 도착하면 무사히 도착했다는 안도감, 해방감과 함께 더는 갈 수 없고 이제는 내려야 한다는 어떤 아쉬움이 밀려온다.

    1977년 2월부터 출발한 40여 년의 긴 여행을 달려온 나의 공직생활, 종착점에 다다르는 지금의 나는 기차나 비행기가 종착점에 다다를 때의 느낌이 묻어난다. 시원함과 섭섭함, 안도감과 아쉬움이 교차한다. 느리게 달려온 인생 완행열차, 긴 여행을 하는 동안 참 많은 풍경이 차창을 스쳐 지나갔다.

    군 생활 때 노(老) 원사가 '늙은 군인'의 노래를 자주 부르며 군복과 함께 흘러간 청춘을 아쉬워하곤 했다.

    나 태어나 이 강산에 군인이 되어
    꽃 피고 눈 내리길 어언 삼십년

무엇을 하였느냐 무엇을 바라느냐
푸른 옷에 실려 간 꽃다운 내 청춘!

퇴직이 얼마 남지 않은 나는 지금 노(老) 원사가 늙은 군인의 노래를 부르는 심정이 되어 공직과 함께 흘러간 지나간 시간을 회상해 본다. 푸른 제복은 아니지만, 공무원이라는 직업과 함께 꽃다운 청춘이 지나갔고 세월 따라 내 삶도 강물처럼 많이 흘렀다. 공무원 입문할 때 소년 같았던 나는 어느덧 하얀 반백의 머리로 변했고 눈가에 주름은 자글거리며 탄력 없는 피부는 세월이 많이 흘렀음을 직감할 수 있다.

사십 여 년 전 고등학교 삼학년 때, 우연한 기회에 시험이나 한번 쳐 보자던 치기어린 행동이 평생 내 직업이 될 줄이야. 국가관이 투철하거나 봉사 정신이 남보다 뛰어나서 꼭 공무원이 되어야겠다는 의지가 있었던 것은 분명 아니었다. 내가 공무원 입문할 때만 해도 하위직 공무원은 박봉이라 별 인기가 없었다. 고향 옆집 형님은 "지게 목다리를 두드릴지언정 면서기는 안 한다."며 면서기 공부하는 동네 다른 형을 비웃곤 했다. 당시만 해도 직장에 취직하려면 대기업에 취직해야지 교사나 공무원은 늘 푼수 없는 직업으로 인식되곤 했다. 지금 공무원 준비하는 수험생의 배움, 지식, 경쟁, 고뇌에 비교하면 하늘과 땅 차이의 격세지감이다.

어이하다가 공무원이 되었지만, 되도록 남을 이해하려 하고 상대편 이야기를 잘 들어주는 온화한 나의 성격은 공무원과 잘 맞았다. 사익(私益)이 아닌 공익을 위해 일하고 기본적으로 봉사 정신이 가슴에 자리 잡고 있어야 하는 공무원은 시간이 지날수록 나와 궁합이 맞았다.

건축공무원으로서 일조권이나 조망권, 사생활 침해 분쟁을 원만히 합의토록 주선하고, 부도난 아파트 입주민을 도와 준공 처리하여 재산권 행사를 돕고, 아파트 도로 확장에 편입되는 토지 보상 불만 주민은 합의가 되도록 중재하는 등 주민의 애로 사항을 해결해 주려 했고 고맙다는 인사를 해올 때는 공무원으로서 보람이 가슴에 밀려오곤 했다.

그리고 시청사, 북구 청사, 종합운동장, 실내수영장, 테크노 파크, 벤처 빌딩 등… 많은 공공 건축물을 차질 없이 완성하여 시 주요행사를 무난히 치르도록 하였고 새로 건립한 건물에서 열심히 일하는 직원들 모습을 보거나 시민의 여가 활동 장소로 사랑받는 것을 볼 때면 기술자로서 자랑스럽기도 했다.

공직에 근무하는 동안 이러한 본연의 임무 외에도 여러 일을 했다. 비상근무나 단속 공무원이 되어 사회계도 활동을 하거나 동원에 참여하기도 했다. 산불 현장에 동원되고, 푸른 산을 조성키 위해 식목행사에도 참석해야 했다. 일손이 부족한 농촌은 벼 베기를 도우러 가고, 구제역이 창궐할 때는 전염을 차단키 위해 임시 검문소에서 차량 소독 상태를 확인해야 했다. 한때는 단란주점 야간 단속에도 동원되었는데 종업원은 손님 석에 앉아 서빙을 할 수 없었다. 규정을 어긴 업소 주인과 실랑이를 벌이는 일도 있었다. 또한, 거리 환경 정화를 위해 이른 아침시간 지정된 대로(大路)에서 빗자루로 거리를 쓸거나 전봇대에 붙은 불법 광고물을 제거하기도 했다. 눈이 많이 와 도로가 막히면 제설작업에 동원되기도 하고…. 글리디스태풍(1991년) 때는 태화강 제방이 유실되려 해 둑이 무너지지 않도록 밤새 모래주머니 쌓는 작업에 동원되기도 했다.

이렇듯 자기에게 주어진 고유 임무 외에도 사회 질서, 재난 수습, 일손 부족 돕기 등 시민의 안녕과 질서를 위해 봉사해야 했다. 산업화 시대 몸 사리지 않고 일한 선배 공무원이나 나와 같은 베이비붐 세대 공무원들의 열정과 헌신이 있었기에 나라 발전의 초석을 다듬을 수 있었다고 자부한다.

　공직에 있는 동안 같이 근무했던 상사나 동료로부터 여러 성향의 인격체도 많이 만났다. 이해심 많고, 부하가 즐겁게 일하도록 다정다감한 상사, 열정과 성실, 합리적 판단으로 혼신을 다하는 동료, 언제나 밝은 표정으로 적극적이고 긍정적으로 살아가는 사람, 따뜻한 마음으로 협력적이고 배려심 많은 동료 등… 배울 점 많은 인격체도 많았다. 하지만 자기 과시적인 사람, 화를 잘 내는 사람, 모욕적인 사람, 게으른 사람, 부도덕한 사람, 일을 회피하는 사람… 등과 같은 부정적 인격체를 만나기도 했다. 그러고 보면 직장은 배움터 같은 학교라 생각된다. 타인의 여러 인격은 바로 나의 거울이고 스승이라 여겨지기 때문이다.

　공직은 우리 가족이 안정적으로 생활할 수 있게 해주었다. 누구나 가족에 대한 책임감은 직장을 가져야 하는 가장 큰 동기이지 싶다. 나 또한 공직의 월급이 풍족하지는 않지만, 가족을 먹여 살리고, 아이들 공부를 시키고 가끔은 단란히 외식할 수 있게끔 생활을 보장을 해 주었다. 그런 공직이 감사할 뿐이다.

　퇴직이 가까워 오는 시점에 베이비붐 세대(1955년~1963년생)의 애환을 그린 책 한 권이 생각난다. 서울대 송호근 교수가 쓴 '그들은 소리 내 울지 않는다.'라는 책이었는데 읽는 내내 베이비부머의 가족에 대한 무한 책임감과 허탈감, 불안, 쓸쓸함이 묻어나는 글이었다. 베이비붐 세대는 자기는 부모로부터 도움 없이 혈혈단신으로 살아왔음에도 자식에 대한 책임감이 그 어떤 세대보다 강하단다. 자녀에게 모든 고혈을 쏟고 나면 노후에 빈껍데기만 남은 채 쓸쓸히 인생을 보내는 베이비부머가 70% 정도란다.

나 또한 그런 베이비붐 세대의 빈껍데기에서 예외일 수가 없다. 아이들 뒷바라지하고 가족 건강에 투자하다 보니 재산이라고는 작은 아파트 한 채 달랑…. 아직도 대학을 마치지 못한 두 자녀는 자립하지 못해 불안은 나를 짓누른다.

여느 베이비부머의 애환이 나 또한 가슴에 똬리를 틀고 있지만, 그나마 공무원 연금이 있어 조금은 안도한다. 그마저도 없었다면 노후 불안은 절벽 위에 서 있는 장님 같은 심정일 것이다. 큰 부를 늘려갈 수는 없어도 노후 안정을 주는 공무원 연금은 박봉을 참아내며 청렴하게 살아가는 공무원의 버팀목이었다. 퇴직 후 연금과 관련한 나의 바람은 쪼그라드는 연금이 아닌 나라가 부강하여 더욱더 노후 안정을 가져다주는 연금이었으면 하는 소망이다.

퇴직 이후 나의 삶을 생각해 본다. 최우선은 건강해야겠다. 평소 지론도 '건강하면 행복하다.'는 생각이었다. 건강을 위해 적절히 운동도 하고 즐거움을 갖고 살리라. 그리고 꼭 돈벌이가 아닐지라도 뭔가 지적인 활동을 하며 하루하루 가치 있게 살았으면 좋겠다. 편안함, 무능력, 무노동, 지루함이 아닌 내가 좋아하는 어떤 일을 하면서 정신적 발전을 멈추지 않았으면 하는 바람이다. 그리고 나이가 들어도 마음속에 간직하고픈 것은 들꽃 하나에도 마음을 주고 궁금해 하는 호기심이다. 호기심 있는 한 아직은 청춘이고 호기심을 잃는 순간 죽음이 멀지않은 노인이 되기 때문이다.

꽃이 피고 지고, 푸른 잎이 낙엽이 되기를 사십여 번, 인생의 삼분의 이를 공직생활로 보내고 나는 이제 종착역에 도착하려 한다. "손님 여러분 잠시 후 퇴직 역에 도착할 예정이니 내릴 분은 미리미리 잊으신 물건 없는지 준비하여 내릴 준비를 해주시기 바랍니다." 이런 하차 멘트가 내게 들려오는 듯하다. 나는 공직이라는 열차 좌석에서 일어나 선반의 가방을 챙기고 서서히 통로를 걸어 나가 내릴 준비를 한다.

막상 퇴직 역에서 내리고 나면 어떤 변화가 있을까. 공직이 주는 구속감, 책임감, 도덕성을 홀가분하게 벗고 우선 마음의 자유가 주어지지 싶다. 그 반면 걸어보지 못한 제 2의 인생에 대한 불안감이 밀려오면서도 나머지 삶도 아름답게 살아가기를 다짐하게 될 것 같다.

내게 많은 배움과 성장을 주었고 아내와 결혼하여 아이들과 가족을 이룰 수 있게 한 고마운 공직생활…. 막상 퇴직 종착역에 내리면 어리둥절 홀로 서 있는 내게 한줄기 고독한 바람이 훑고 지나가리라. 그런 다음 나는 잠시 하늘을 쳐다본 후 제 2의 인생을 위해 나머지 미지의 길을 뚜벅뚜벅 걸어가게 될 것이다.

인생은 강물처럼…

서상호 자서전

발 행 일	|	2017년 4월 20일
지 은 이	|	서상호
발 행 인	|	李憲錫
발 행 처	|	오늘의문학사
출판등록	|	제55호(1993년 6월 23일)
주 소	|	대전광역시 동구 대전로 867번길 52(한밭오피스텔 401호)
전화번호	|	(042)624-2980
팩시밀리	|	(042)628-2983
전자우편	|	hs2980@hanmail.net
다음카페	|	cafe.daum.net/gljang 문학사랑 글짱들
다음카페	|	cafe.daum.net/art-i-ma 아트매거진(아띠마)

공 급 처	|	한국출판협동조합
주문전화	|	(070)7119-1752
팩시밀리	|	(031)944-8234~6

ISBN 978-89-5669-811-3
값 15,000원

ⓒ 서상호, 2017

* 이 책은 ㈜교보문고에서 E-Book(전자책)으로 제작하여 판매합니다.
* 잘못 제작된 책은 바꾸어 드립니다.
* 본문에 사용한 종이는 **친환경 재생지 '그린라이트'** 80g/㎡을 사용하였습니다.